# L'instruction en famille

*Une liberté qui inquiète*

**Savoir et Formation**
*Collection créée par Jacky Beillerot (1939-2004),*
*Dominique Fablet (1953-2013) et Michel Gault,*
*dirigée par Paul Durning*

À la croisée de l'économique, du social et du culturel, des acquis du passé et des investissements qui engagent l'avenir, la formation s'impose désormais comme passage obligé, tant pour la survie et le développement des sociétés, que pour l'accomplissement des individus.

La formation articule savoir et savoir-faire, elle conjugue l'appropriation des connaissances et des pratiques à des fins professionnelles, sociales, personnelles et l'exploration des thèses et des valeurs qui les sous-tendent, du sens à leur assigner.

La collection *Savoir et Formation* veut contribuer à l'information et à la réflexion sur ces aspects majeurs.

Dernières parutions

Jacques BEC, Jacky SINGERY et Dominique TRICOT, *La formation en alternance : complexité et dynamique des dispositifs*, 2014.
Philippe CHAUSSECOURTE (dir.), *Enseigner à l'école primaire : dix ans avec un professeur des écoles*, 2014.
Séverine PARAYRE et Alexandre KLEIN (dir.), *Education et santé. Des pratiques aux savoirs*, 2014.
Jean CHAMI et Chantal HUMBERT, *Dispositifs d'analyse des pratiques et d'intervention. Approches théoriques et cliniques du concept de dispositif*, 2014.
Jean-Luc PRADES, *Figures de la psychosociologie. De la critique de Taylor à l'actepouvoir de Gérard Mendel*, 2014.
Maxime DELALOY et Michel FOUDRIAT, *Les chefs de service en action sociale. Discours normatifs, constructions individuelles et contextuelles*, 2014.
Elisabeth LUISIN-PAGNOD, Monique SOULARD-PECHBERTY, Frédéric DURIEZ (dir.), *Protéger les personnes vulnérables. Regards croisés sur la profession de mandataire judiciaire à la protection des majeurs*, 2014.
Yves GUERRE, *Jouer le conflit. Pratiques de Théâtre d'Intervention* (2$^{de}$ édition revue et augmentée), 2014.
Yves GUERRE, *Vers l'âge d'or de l'éducation populaire. Le peuple éducateur*, 2014.
Michèle GUIGUE (dir.), *Les déchirements des institutions éducatives. Jeux d'acteurs face au décrochage scolaire*, 2013.

Michèle Guigue et Rébecca Sirmons
*Avec les contributions de*
*Laetitia Branciard et Aleksandra Pawlowska*

# L'instruction en famille

## *Une liberté qui inquiète*

Du même auteur

Michèle Guigue,
*Ethnographies de l'école*,
Bruxelles, De Boeck, 2014.

Michèle Guigue (dir.),
*Les déchirements des institutions éducatives.
Jeux d'acteurs face au décrochage scolaire*,
Paris, L'Harmattan, 2013.

Michèle Guigue (dir.),
*Le point de vue des jeunes sur l'orientation en milieu scolaire*,
Paris, L'Harmattan, 2001.

Michèle Guigue-Durning,
*Les mémoires en formation.
Entre engagement professionnel et construction de savoirs*,
Paris, L'Harmattan, 1995.

© L'Harmattan, 2015
5-7, rue de l'Ecole-Polytechnique, 75005 Paris

http://www.harmattan.fr
diffusion.harmattan@wanadoo.fr

ISBN : 978-2-343-05620-3
EAN : 9782343056203

# TABLE DES MATIÈRES

Introduction .................................................................................. 9

## PREMIÈRE PARTIE

### L'INSTRUCTION EN FAMILLE - PERSPECTIVES FRANÇAISES

*Michèle Guigue*
**Chapitre 1. L'obligation scolaire en questions** ................................ **19**

1 - 1. De l'alphabétisation à l'instruction ........................................ 19
1 - 2. L'État et la famille ................................................................ 28
1 - 3. « Scolarité obligatoire » une formule qui va de soi ? ............ 34

*Michèle Guigue*
**Chapitre 2. L'instruction en famille sous contrôle** ........................ **41**

2 - 1. Contrôler l'instruction obligatoire ........................................ 42
2 - 2. Principes et modalités des contrôles aujourd'hui ................ 49
2 - 3. Conceptions et stratégies des acteurs ................................ 54
2 - 4. Le contrôle pédagogique,
       climats et styles d'interactions ........................................... 62
2 - 5. Conclusion .......................................................................... 67

*Aleksandra Pawlowska*
**Chapitre 3. Les motivations des familles
       pour une pratique marginale, l'IEF** ................................ **69**

3 - 1. Démarche et problématique ............................................... 69
3 - 2. Le profil des familles enquêtées ......................................... 71
3 - 3. Conditions et raisons du choix de l'IEF ............................... 72
3 - 4. Trajectoire des mères ......................................................... 73
3 - 5. L'enfant au centre de la famille .......................................... 74
3 - 6. Conclusion .......................................................................... 75

*Rébecca Sirmons*

**Chapitre 4. L'instruction en famille, une expérience personnelle** ............ 77

    4 - 1. De souvenirs d'enfance à des projets de mère de famille ............ 77

    4 - 2. Notre parcours ............ 79

    4 - 3. Loving to learn, learning to love ............ 82

    4 - 4. Une journée type ............ 85

    4 - 5. L'IEF, une école des parents ............ 87

*Laetitia Branciard*

**Chapitre 5. Une instruction en famille à temps partiel et non choisie pour Benjamin, élève à « besoins éducatifs particuliers »** ............ 91

    5 - 1. L'entrée à l'école ............ 92

    5 - 2. Le diagnostic de dyslexie ............ 94

    5 - 3. Les adaptations à l'école primaire ............ 94

    5 - 4. Deux entrées en $6^e$ ............ 95

    5 - 5. L'organisation d'une journée « de classe » ............ 98

    5 - 6. Les liens avec le collège et le respect des programmes ............ 99

    5 - 7. L'aide apportée par les enseignants de L'ASEEM ............ 101

    5 - 8. Le développement de compétences spécifiques ............ 102

    5 - 9. Conclusion ............ 104

## DEUXIÈME PARTIE

### PERSPECTVES INTERNATIONALES

*Rébecca Sirmons*

**Chapitre 6. Le *homeschooling*, perspectives nord-américaines** ............ 109

    6 - 1. Le homeschooling, une pratique qui s'institutionnalise ............ 109

    6 - 2. Autorité parentale et culte de l'enfant ............ 114

    6 - 3. Des enjeux sociopolitiques ............ 119

*6 - 4. Conclusion* .......... *125*

**Chapitre 7. Les familles de homeschoolers :
projets éducatifs et profils sociodémographiques** .......... **127**

*7 - 1. Les pionniers du homeschooling,
l'étude de J. Van Galen* .......... *128*

*7 - 2. Les homeschoolers aujourd'hui,
des situations plurielles* .......... *132*

*7 - 3. Profil sociodémographique des familles* .......... *137*

*7 - 4. En conclusion* .......... *142*

**Chapitre 8. L'IEF, une question de famille** .......... **145**

*8 - 1. Le poids du passé des parents
dans leurs choix éducatifs* .......... *145*

*8 - 2. L'instruction en familles nombreuses* .......... *152*

*8 - 3. Portraits de familles françaises et nord-américaines* .......... *171*

**Chapitre 9. Éduquer et socialiser** .......... **183**

*9 - 1. L'expérience des « mamans-profs »* .......... *183*

*9 - 2. Les enfants « à besoins éducatifs particuliers »* .......... *189*

*9 - 3. Quelle socialisation pour les enfants IEF ?* .......... *196*

*9 - 4. Devenir des enfants IEF* .......... *209*

**Conclusions** .......... **217**

*Un cheminement complexe, personnel, familial
biculturel et universitaire – **Rébecca Sirmons*** .......... *217*

*Des questions pour construire son regard
sur l'IEF – **Michèle Guigue*** .......... *223*

**Références bibliographiques** .......... **247**

**Présentation des auteurs** .......... **267**

# Introduction

*Michèle Guigue*
*Rébecca Sirmons*

L'instruction en famille est une pratique marginale choisie par une petite minorité. De ce fait, on comprend qu'elle ait été fort peu étudiée et que les écrits qui pouvaient s'y rattacher aient d'abord été plutôt des essais critiques comme celui de Catherine Baker, *Les cahiers au feu*. Toutefois les associations nationales de parents la pratiquant[1], dont la première voit le jour en 1988, développent des discours militants bien compréhensibles et rédigent des textes sur leurs expériences et la légitimité de leur choix. Dans le début des années 2000, quelques étudiantes concernées en font des sujets de travaux universitaires[2]. C'est donc un sujet méconnu qui commence à gagner quelque visibilité. C'est aussi un sujet sensible au regard de la place centrale de l'école dans la société française. Des débats virulents sur ses missions et sa conception républicaine, ou plus précisément sur les programmes et l'idée de socle commun, resurgissent régulièrement, que ce soit à l'occasion de ce que les bilans des enquêtes internationales donnent à voir du fonctionnement de notre système d'enseignement, que ce soit, dans un contexte national, à l'occasion des résultats aux examens, des projets de réforme des rythmes scolaires ou des stratégies de lutte contre les inégalités et le décrochage.

Les différents aspects de l'instruction en famille présentés dans cet ouvrage offrent un panorama, sans prétention à l'exhaustivité, mais comme une sorte de débroussaillage. Celui-

---

[1] Les enfants d'abord (LED'A) fondée en 1988 ; Choisir d'instruire son enfant (CISE) fondée en 1998 ; Libre d'apprendre et d'instruire autrement (LAIA) fondée en 2006 ; Parents instructeurs de France (PIF) fondée en 2012. Elles disposent de sites internet et il est aussi facile de trouver des blogs en recherchant avec différents mots-clefs désignant cette modalité d'instruction.

[2] À ma connaissance cela commence avec le mémoire DHEPS de Terillon en 2002, un travail de licence à Lille 3 en 2003, à l'Université de Paris 10 en 2004, et probablement d'autres, mais ce qu'on appelle « la littérature grise », c'est-à-dire les dossiers, mémoires et rapports de toutes sortes, n'est pas toujours stocké longtemps et encore moins répertorié.

ci repose sur un ensemble de recherches documentaires, particulièrement centrées sur les États-Unis, qui met en évidence le dynamisme de ce champ de recherche : les différentes questions abordées, la prise en compte des enjeux sociopolitiques, les conceptions des parents, leurs démarches et leurs pratiques. Il y associe la présentation de l'enracinement législatif français et de son évolution, et de recherches qualitatives circonscrites. S'en tenir à des recherches françaises en ce domaine, du fait de leur rareté, pouvait risquer de donner à cet ouvrage un caractère empirique mais étriqué ou bien théorique mais éloigné des réalités.

Ainsi, en tant qu'universitaire, j'ai découvert l'instruction en famille au cours de l'accompagnement d'une unité d'enseignement de licence validée par un dossier au thème librement choisi par chacun. Une femme, à la trentaine avancée, en reprise d'études, me propose un sujet d'une banalité déconcertante. Je la regarde :
« – Et cela va vous intéresser pendant un semestre ?
– Pas du tout, mais ce qui m'intéresse c'est tabou !
– Et comment pouvez-vous le savoir d'avance ? »
Elle rétorque sur un ton bravache :
« – C'est l'instruction en famille ! »
Pour les sciences de l'éducation, cela m'a paru un sujet très judicieux. Le ton était donné : un sujet marginal portant sur une pratique qui se vivait sur un mode ostracisé. Il faut dire que nous étions quelques années après 1998[1], alors que l'instruction en famille avait été mise en lumière par un fait divers sectaire. Mon cheminement pédagogique et intellectuel sur l'instruction en famille commençait. Il s'est poursuivi, notamment avec cette étudiante, qui a commencé une thèse mais dont le départ aux États-Unis a interrompu la démarche. Ce départ est un détail, certes, mais justement ce genre de détail signifiant, comme le soulignent de nombreux auteurs dans des champs divers, par exemple Bachelard ou Piaget, en les repérant comme des « perturbations », Strauss en les nommant « bizarreries », ou

---

[1] Voir chapitre 2, « Contrôler l'instruction obligatoire », puis « 1998, un fait divers révélateur ».

encore Arasse en les désignant comme des « écarts »[1]. Après cette déception pour un travail interrompu, une nouvelle étudiante s'avère concernée par cette thématique, R. Sirmons. Elle ne part pas, mais elle fait régulièrement des voyages aux États-Unis où réside une partie de sa famille. Or, ici ou là, des écrits accessibles sur internet montrent ces liens transatlantiques et le documentaire de Clara Bellar « Être et devenir[2] » part de la préoccupation de cette jeune mère de famille, vivant à cheval sur deux continents, pour la scolarisation de son enfant et, donc, pour une implantation familiale moins voyageuse. Ce film raconte sa découverte enthousiaste et internationale de l'instruction en famille, elle n'aura pas à choisir de se fixer ici ou là.

L'instruction en famille fait l'objet de discours militants, d'une part pour gagner en visibilité et en reconnaissance, d'autre part pour susciter l'adhésion de nouveaux parents et les engager à adopter cette démarche éducative et à choisir ce mode de vie. De nombreuses recherches américaines sont le fait de chercheurs impliqués. Un exemple parmi d'autres, Susan McDowell a pu trouver des « mamans-prof[3] » grâce à sa sœur qui pratiquait le *homeschooling*. Mais cette implication est-elle spécifique ? De nombreux chercheurs qui étudient l'école ont été eux-mêmes enseignants[4] et l'observation participante est une méthode reconnue et pratiquée, notamment en ethnographie[5]. Pourquoi faudrait-il considérer que, quand il s'agit d'instruction en famille, de la distance et de l'extériorité seraient nécessaires alors même qu'elles ne sont pas si fréquentes dans le domaine de la recherche en sciences sociales, en particulier en éducation ?

Cet ouvrage a son origine dans les sollicitations successives d'étudiantes souhaitant travailler sur cette question. Il a pris la

---

[1] Bachelard G. (1966) ; Piaget J. (1975) ; Strauss L. (1989) ; Arasse D. (2008).
[2] Sorti le 28 mai 2014 et diffusé en salles dites « Art et essai » à Paris.
[3] Voir chapitre 7.
[4] Guigue M. (2005) (numéro de revue rassemblant plusieurs auteurs sur la familiarité avec l'objet de recherche, désormais accessible gratuitement en ligne, voir les références bibliographiques); Woods P. (1997) ; Berthier P. (1996).
[5] On peut penser aux travaux de P. Masson (1999) sur le lycée ou d'A. Vega (2000) dans le secteur hospitalier.

forme d'un ouvrage à deux voix parce qu'il a été dirigé, et en grande partie écrit, par un tandem, professeur des universités et (ex)étudiante, mais aussi parce que, tout en proposant des textes de type universitaire classique, certains sont colorés par un engagement et une pratique de l'instruction en famille. De ce fait, nous associons un regard à partir de l'intérieur et un à partir de l'extérieur. Pour ce qui me concerne, l'instruction en famille fait partie de ces marges qui m'intéressent tout particulièrement parce qu'elles permettent de regarder autrement l'école et l'éducation[1]. Pour Rébecca Sirmons c'est, tout d'abord, un choix familial et éducatif, mais cela a été aussi un sujet de travail universitaire rebondissant au fil de plusieurs années. L'obtention de ses diplômes s'appuyait donc sur un thème qui la mobilisait très fortement, mais qui, par cela même, mettait à l'épreuve ses convictions, ses pratiques et son esprit critique. Deux textes d'auteurs avec lesquels nous avons travaillé sont intégrés à cette palette : Aleksandra Pawlowska et Laetitia Branciard.

Écrire à deux, que ce soit cosigner un article[2] ou codiriger un ouvrage aux contributions clairement identifiées, suppose de s'accorder, mais s'accorder ce n'est pas nécessairement partager strictement les mêmes positions. Un tel partage est souvent illusoire, plus le fruit de formulations générales et abstraites que de l'examen détaillé de points qui sont à l'interface des idées et des pratiques. Dans une perspective théorique et pragmatique, plutôt que de conduire une réflexion introspective chacune sur notre propre implication et les limites qui s'ensuivaient, nous avons privilégié une approche plutôt d'ordre procédural. Cet ouvrage s'attache à respecter des règles de rigueur caractéristiques de la recherche. Tout d'abord, une grande attention aux sources d'autant que, désormais, que ce soit grâce à des sites universitaires ou à des sites commerciaux, les ressources offertes par la société contemporaine permettent l'établissement de réseaux qui débordent les frontières tout en restant devant l'écran de son ordinateur. Ensuite, sont indiquées, dans la

---

[1] Guigue M., 2009.
[2] Guigue M., 2012.

mesure du possible[1], en deçà des résultats, les conditions dans lesquelles ceux-ci ont été élaborés : méthode de recueil et ampleur des données collectées. Présenter la démarche mise en œuvre, c'est faire partager ce qui a rendu possible des acquis et des interprétations, c'est éviter d'attendre de la croyance, c'est s'inscrire dans un processus de démonstration. Pour ces raisons, la coloration différenciée des chapitres est à penser comme contribuant à des points de vue explicites et maîtrisés.

Les résultats présentés nous font voyager de part et d'autre de l'Atlantique. Les contextes y sont fort différents, mais les stratégies familiales sont si diversifiées qu'il n'est pas sûr que traverser l'océan suscite des spécificités. Pour ce qui concerne la France, la petitesse des échantillons fait qu'il serait difficile d'estimer avoir un aperçu global des différentes tendances et encore plus difficile de savoir quelle proportion des familles pratique tel ou tel style éducatif en termes d'apprentissage ou de socialisation. Nous nous garderions bien de prétendre généraliser ou de considérer que les parents ayant participé aux entretiens sont représentatifs. D'ailleurs représentatifs de quoi puisque les caractéristiques de l'ensemble de cette population de familles n'est pas connue ?

Nous avons clairement choisi, dès le titre de cet ouvrage, une dénomination, l'instruction en famille, que l'on désignera aussi par le sigle IEF. Ce choix mérite d'être expliqué puisque de nombreuses autres dénominations ont cours, d'usage plus ou moins fréquent. Certaines s'attachent au lieu : enseignement à la maison, éducation à domicile, école à la maison, d'autres au retrait par rapport à l'école : instruction hors école, déscolarisation ou non-scolarisation, souvent abrégé en nonsco. D'autres pointent l'originalité pédagogique : instruire autrement, apprendre autrement, apprentissages libres ou auto-gérés ; ou bien le rôle des parents : instruction parentale. L'usage des anglicismes n'est pas rare : *homeschooling* équivalent d'école à la maison ou *unschooling*, non seulement sans école mais de plus à l'écart des modalités scolaires d'apprentissage, donc une

---

[1] Face aux contraintes de place des systèmes éditoriaux, les développements méthodologiques sont souvent réduits, malheureusement.

sorte d'association entre apprendre hors école, autrement et librement.

Le choix de cette dénomination, IEF, s'écarte de ce que voudraient suggérer les textes officiels. L'instruction étant obligatoire, elle peut faire l'objet d'une pratique particulière qui s'avère alors un mode de scolarité à côté de deux autres, en établissements, publics ou privés[1]. Dans ces textes, la terminologie est flottante, mais pas l'insistance sur la scolarisation[2]. Or, avec l'expression « école à la maison » se trouvent gommés d'emblée des aspects essentiels : la responsabilité des parents, des stratégies de transmission et d'apprentissage auxquelles, souvent, le qualificatif d'enseignement ne convient pas.

Cet ouvrage est construit en deux parties, une table des matières détaillée permet de circuler sans forcément suivre une démarche linéaire. Des chapitres à prédominance historique et théorique voisinent avec d'autres où témoignages, extraits d'entretiens et présentations de familles sont centraux. Ces variations délibérées visent à permettre de réfléchir sans s'écarter de ce qui constitue l'épaisseur du quotidien de ces familles. La première partie porte sur la France, le contexte historique et juridique de l'IEF, et la présentation de situations et de pratiques de familles françaises. Dans ce cadre, l'anonymat des personnes interviewées a été assuré par le changement de leurs noms et prénoms, et par la modification d'indices qui auraient pu conduire à les identifier. Dans un milieu à l'effectif réduit, où l'interconnaissance suscitée par ce choix marginal, par un engagement militant et par des regroupements régionaux est forte, préserver l'anonymat est un enjeu éthique primordial. Seule Margot et sa mère y échappent[3], leur présence dans le documentaire de Clara Bellar confère à leur témoignage une dimension emblématique ; de plus les années ont passé. La seconde partie est internationale, la France y apparaît de-ci de-là, mais les textes sont principalement nourris de recherches anglo-saxonnes. Les citations issues de ces ouvrages ont été traduites par Rébecca Sirmons, les notes et

---

[1] Voir chapitres 1 et 2.
[2] Voir chapitre 1.
[3] Voir Chapitre 2, « Formalisme institutionnel et jargon scolaire ».

les références bibliographiques sont autant d'indications facilitant une exploration personnelle pour les lecteurs qui le souhaitent.

Pour terminer cette introduction, nous voudrions attirer l'attention du lecteur sur quelques questions. En effet, l'instruction en famille est une liberté qui inquiète et qui pose des questions en cascade, que l'on peut qualifier de politiques, sociales, institutionnelles et pédagogiques. Ces questions ne peuvent être négligées et il serait dommage d'y répondre vite, comme dans un exercice scolaire, un examen, ou un QCM...! Penser librement, avec esprit critique, c'est d'abord prendre le temps de réfléchir.

- Qui est à même de proposer des conditions d'éducation et d'instruction susceptibles d'assurer les apprentissages et l'épanouissement de l'enfant ?
- L'État peut-il être tenu pour le seul légitime pour éduquer ou bien pour contrôler l'instruction ?
- Dans quelle mesure est-il acceptable, voire souhaitable, que le projet de l'État éducateur glisse de l'objectif d'ouverture de l'enfant à des horizons qui débordent ses ancrages particuliers, familiaux et sociaux, à l'objectif d'émancipation qui le libère de ces ancrages ?
- L'école est-elle à la hauteur d'une mission qui entrelace apprentissages, culture, savoir vivre ensemble, citoyenneté, égalité... ?
- L'instruction en famille peut-elle offrir une alternative acceptable en termes d'acquisition scolaire, de socialisation, d'intégration sociale, citoyenne et professionnelle ?
- Les parents qui instruisent en famille et les professionnels de l'école ne connaissent-ils pas, les uns et les autres, des tiraillements entre les attentes définies par les programmes et des cheminements pédagogiques originaux ?
- Parents et professionnels n'affrontent-ils pas, selon des modalités spécifiques, des tensions entre l'individuel et le collectif, que celui-ci soit le groupe classe, la fratrie, la famille, la communauté, la nation... ?
- Quelle place faire aux parents IEF (et aux autres), et à leurs associations, dans les institutions éducatives, qu'il s'agisse de l'école et, à ses abords, des dispositifs de tous ordres,

accompagnement, loisirs, soins, rééducation…, ou qu'il s'agisse d'établissements à vocation culturelle, scientifique, artistique… ?

- Et l'on peut reprendre cette question : Quelle place faire à la parole et aux remarques des enfants IEF (et aux autres) dans les institutions éducatives, qu'il s'agisse de l'école et à ses abords des dispositifs de tous ordres, accompagnement, loisirs, soins, rééducation…, ou qu'il s'agisse d'établissements à vocation culturelle, scientifique, artistique… ?

# Première partie
## L'instruction en famille
## Perspectives françaises

CHAPITRE 1. L'OBLIGATION SCOLAIRE EN QUESTIONS

*Michèle Guigue*

CHAPITRE 2. L'INSTRUCTION EN FAMILLE SOUS CONTRÔLE

*Michèle Guigue*

CHAPITRE 3. LES MOTIVATIONS DES FAMILLES
POUR UNE PRATIQUE MARGINALE, L'IEF

*Aleksandra Pawlowska*

CHAPITRE 4. L'INSTRUCTION EN FAMILLE,
UNE EXPÉRIENCE PERSONNELLE

*Rébecca Sirmons*

CHAPITRE 5. UNE INSTRUCTION EN FAMILLE À TEMPS PARTIEL ET NON CHOISIE POUR BENJAMIN, ÉLÈVE À « BESOINS ÉDUCATIFS PARTICULIERS »

*Laetitia Branciard*

# Chapitre 1. L'obligation scolaire en questions

*Michèle Guigue*

En France, l'école n'est pas obligatoire, c'est sans équivoque et répété dans la loi et dans divers textes juridiques, comme le Code de l'Éducation : « L'instruction obligatoire peut être donnée soit dans les établissements ou écoles publics ou privés, soit dans les familles par les parents, ou l'un d'entre eux, ou toute personne de leur choix[1] ». L'instruction est donc envisageable selon trois modalités différentes. Pourtant, au fur et à mesure des évolutions législatives, la distinction entre instruction et scolarisation est devenue assez confuse. Dans de nombreuses circonstances, sur de nombreux supports, l'obligation scolaire est annoncée ou évoquée selon des formules qui ne semblent laisser aucune place à des distinctions. Cet effet d'annonce ne s'embarrasse ni de précision, ni de cohérence. Ce sont des développements qui suivent, plus ou moins visibles, qui énoncent que c'est l'instruction et non l'école qui est obligatoire. Il en est ainsi, par exemple, sur un site aussi officiel que celui du Service public : sous le titre « Obligation scolaire[2] », un sous-titre permet de choisir l'option « École à la maison ». Certes le choix de cette désignation gomme les questions qui pourraient surgir. Pour mieux comprendre ce qu'il en est de « l'obligation scolaire », de la place de l'école et de ce qui se trouve en jeu, nous allons remonter en amont et inscrire dans l'histoire cette réflexion sur l'obligation.

## 1 - 1. De l'alphabétisation à l'instruction

L'école d'aujourd'hui a été progressivement construite par un état éducateur, au nom de l'enfant, de la société à venir, de valeurs universelles. Les lois Jules Ferry des années 1880 sont fondamentales. Toutefois, il serait erroné de penser qu'elles

---

[1] Code de l'Éducation, Article L 131-2.
[2] http://vosdroits.service-public.fr/particuliers/N23493.xhtml

marquent le commencement de la scolarisation. Celle-ci avait été entreprise de longue date par différentes voies.

## L'émergence de l'école entre l'église, l'état et les familles

Les travaux des historiens Furet et Ozouf (1977)[1] permettent de situer les lois de Jules Ferry dans un mouvement historique qui les précédait. Ces auteurs ont ainsi fait place à des logiques plurielles, celle descendante jouant sur l'offre et les injonctions et celle portée par les populations dont les attentes soutenaient des initiatives locales.

Par l'amplitude de leur recherche Furet et Ozouf s'écartaient de ce qui avait constitué une évidence pour l'historiographie républicaine. Ils se sont intéressés à une temporalité longue qui enjambait la Révolution française. Les lois de Jules Ferry devenaient l'aboutissement d'un mouvement amorcé de longue date par l'alphabétisation et la diffusion de la culture écrite. Cette approche évitait une conception causale mécanique et simplificatrice faisant de l'école l'origine des savoirs lire et compter. Elle mettait en évidence une dynamique sociale complexe dans laquelle la demande sociale d'éducation venant des parents jouait un rôle majeur. Dans cette dynamique, l'émulation entre communautés de confessions différentes, dans des situations de proximité territoriale, a largement compté et a permis, au cours du XVIII$^e$ siècle, le développement de l'école. La demande sociale d'instruction et le rôle des communautés d'habitants ont été, alors, les soutiens de l'école. Certes, la supervision de l'école était du ressort de l'évêque, mais son financement appartenait aux habitants, d'où l'importance de la richesse foncière des villages, du volume de leur population, de la structure de l'habitat. Les communautés se sont approprié un modèle proposé par les Églises et lui ont assigné un but qui n'était plus seulement celui de l'accès du chrétien aux Écritures et aux dogmes par le biais du catéchisme.

La demande sociale d'instruction a stimulé l'ouverture d'écoles et leur fréquentation régulière. L'école est apparue de plus en plus nécessaire et il devenait déshonorant de ne pas

---

[1] Furet F. et Ozouf M. (1977) *Lire et écrire, l'alphabétisation des français de Calvin à Jules Ferry*. Paris : Éditions de Minuit.

maîtriser la lecture et l'écriture. Aujourd'hui, un mouvement circulaire du même genre assure l'allongement de la scolarisation et l'obtention de diplômes universitaires. Ce n'est pas diminuer le rôle de l'école dans l'expansion de l'éducation que d'insister sur les interactions entre des demandes sociales et des ressources institutionnelles.

**Des projets révolutionnaires**

Dès 1763 La Chalotais a proposé, le premier, un plan d'« Éducation nationale » en vue de réformer l'enseignement donné par les religieux pour l'ouvrir au monde et prendre en compte les progrès des sciences et des techniques. Seules quelques voix se sont élevées pour s'étonner que ce projet ne s'étende pas aux enfants du peuple. Mais, comme le remarque Diderot (Cité par Lelièvre, 1990), « un paysan qui sait lire est plus malaisé à opprimer qu'un autre » ! La Révolution a ouvert les possibles. Ses penseurs étaient très soucieux des questions éducatives, elles ont fait l'objet de nombreux écrits et débats. Il s'agissait de former un homme nouveau, un citoyen, non plus le sujet d'un royaume. Condorcet, dans son *Rapport et projet de décret sur l'organisation générale de l'instruction publique* (1792), prônait un système éducatif laïque où filles et garçons seraient égaux devant l'instruction. Néanmoins deux tendances s'affrontaient : pour les uns, la famille était la source de l'État, c'était le milieu relationnel indispensable à la socialisation de l'enfant et à la formation de l'individu ; pour les autres, parmi eux Robespierre, la Révolution ne pouvait espérer régénérer la nation qu'en arrachant les citoyens aux particularismes de leurs attachements, c'est-à-dire à la famille et à des parents enracinés dans des particularismes locaux, sociaux et dans des intérêts privés.

La Convention, en 1792, formule le principe de l'éducation scolaire obligatoire et gratuite pour tous. Ce projet se distingue de projets plus extrêmes. En 1793, Robespierre propose au vote de la Convention le plan de réforme de l'éducation conçu par Le Pelletier de Saint Fargeau (Julia, 1981, p. 93). Celui-ci, imprégné du mirage spartiate, prévoit d'enlever à leur famille les enfants de 5 à 12 ans pour les élever dans des maisons d'éducation communes. Pour Danton : « Les enfants appartiennent à la République avant d'appartenir à leurs parents ». Robespierre proclame : « La patrie a le devoir d'élever ses enfants ; elle ne peut confier ce dépôt à l'orgueil des familles, ni aux préjugés particuliers […] Nous voulons que l'éducation soit commune et égale pour tous les français[1] ». Il s'agit donc de libérer les enfants et cette émancipation passe par un affaiblissement de la famille et un renforcement de l'État. Ce projet s'appuie sur des arguments de justice sociale. La résonance contemporaine, lutter contre les inégalités, ne peut échapper. Toutefois, dans la tourmente révolutionnaire, ni l'un ni l'autre de ces projets n'ont été réalisés.

### Au XIX$^e$ siècle, enfants à l'école, enfants au travail

Tout au long du XIX$^e$ siècle, les décisions politiques et les stratégies philanthropiques stimulant le développement de la scolarisation ont été nombreuses. Des lois scolaires majeures ont été votées. La loi Guizot, ministre de l'instruction publique sous Louis-Philippe, votée le 28 juin 1833, concerne pour la première fois l'enseignement primaire. Elle prévoit notamment la scolarisation des garçons, l'obligation pour chaque commune de plus de 500 habitants d'entretenir une école primaire et l'institution, dans chaque département, d'une École normale pour la formation des instituteurs. Il s'agit d'offrir une possibilité d'instruction sans remettre en cause l'autorité paternelle.

Dans ce siècle de révolution industrielle, cette possibilité ne concernait pas les enfants des classes pauvres. Dès le plus jeune âge, leur travail et leur salaire, même infime, étaient nécessaires pour la subsistance de la famille. Mais dès la chute de Napoléon (1815) et la Monarchie de Juillet (1830-1848, règne de Louis-Philippe) des mouvements philanthropiques multiplient les initiatives, à l'extérieur et à l'intérieur des institutions publiques, pour diffuser l'instruction auprès des enfants des manufactures (Jacquet-Francillon, 1995). Leurs discours insistent sur leur volonté de partager les bénéfices du savoir avec des populations qui ne s'en préoccupent pas forcément. Il ne s'agit

---

[1] Rapport de Robespierre, 18 floréal an II, cité par Julia.

pas de promouvoir l'égalité, mais plutôt de modifier les mœurs de classes économiquement et culturellement « inférieures ».

Les enfants sont une main-d'œuvre peu chère et utile, notamment pour des tâches que seule leur petite taille permet d'accomplir. Nombreux sont les observateurs qui décrivent des enfants pâles, vieillis, abattus, des conscrits chétifs et inaptes au service militaire. La loi de 1841, pour la première fois, visait la protection des enfants au travail[1]. À cette époque, c'était le père qui mettait l'enfant au travail, mais cette loi prend pour cible ceux qui en profitent : les patrons. Elle fixait, notamment, des limitations d'âge et de durée du travail : les enfants ne pouvaient être admis avant huit ans dans des ateliers, ni travailler plus de huit heures par jour. De plus, ils devaient fréquenter l'école. Cette loi fut fort peu appliquée. La fraude était facile : les enfants étaient cachés, leurs papiers étaient faux, les pendules étaient truquées... Les commissions d'inspection ont été mises sur pied, avec difficulté et lenteur, et elles étaient alors, le plus souvent, composées de personnalités proches des patrons. L'inspection était le point faible de ces dispositions[2]. Ce n'est que petit à petit que des personnes de bonne volonté ont été rétribuées pour cette tâche.

Lors des débats pour la nouvelle loi de 1874, les débats portaient sur la privation d'un salaire pour les familles pauvres et, surtout, sur le travail lui-même, qui n'était pas jugé problématique : il facilitait l'apprentissage, c'était un milieu moral essentiel. C'était son abus et sa pénibilité qui étaient jugés scandaleux. Finalement l'âge minimum a été fixé à douze ans et à douze heures la durée de la journée de travail[3]. Le temps restant pour l'enfance se partageait entre l'église, l'école et la famille.

---

[1] http://histgeo.free.fr/quatrieme/revoind/enri.html

[2] Les visites d'usines qui faisaient travailler des enfants de quatre ans, y compris la nuit, étaient évitées, de même que les verbalisations, etc. Jacquet-Francillon F. (1995) p. 182 *sq.*

[3] http://static.canalblog.com/storagev1/histobully.canalblog.com/docs/Loi_du_19_mai_1874.pdf

### La gratuité de l'école primaire

La gratuité que met en place la loi du 16 juin 1881 n'est pas une mesure vraiment nouvelle. La loi Guizot de 1833 prévoyait déjà que seraient admis gratuitement les élèves dont les familles étaient hors d'état de payer une rétribution. Il s'agissait de ce qui était nommé « une gratuité relative ». Elle avait été complétée par une loi d'avril 1867 permettant aux communes d'établir la gratuité absolue de l'enseignement primaire en les autorisant, dans ce but, à lever un impôt de 4 centimes additionnels. La croissance de la population scolaire pour les écoles primaires et maternelles est régulière : pour l'année 1878-1879, il y avait 2 166 976 élèves payants et 2 702 111 gratuits[1].

Si le consensus est général autour de l'objectif d'expansion de l'instruction primaire, le désaccord subsistait sur les moyens d'y parvenir, la gratuité, mais aussi l'obligation. Il s'agit d'abord de se prononcer exclusivement sur la gratuité. La succession d'orateurs donne lieu à des « empoignades passionnées ».

Ainsi s'opposent, notamment, Pierre Jouin, contre la gratuité absolue :

> « Pour la famille, élever et instruire les enfants, c'est une dette, une dette sacrée. Celui qui peut acquitter cette dette doit le faire ; quant à celui, au contraire, qui, suivant l'expression très heureuse de Monsieur le Ministre de l'instruction publique, ne pourrait, sans efforts, acquitter cette dette, on doit venir à son secours et lui accorder la gratuité. »

et Georges Guiffrey qui en est partisan :

> « On prétend que, si on introduit la gratuité, on arrive fatalement au relâchement des liens de famille, que le père, n'étant plus obligé de payer pour l'enfant, n'aura plus autant de sollicitude pour s'assurer qu'il suit les cours de l'école ; que l'enfant, de son côté, n'ayant pas à reconnaître envers le père le sacrifice qu'il a fait, n'aura plus aucune espèce de reconnaissance pour lui. D'abord je ne me rends pas bien

---

[1] www.senat.fr/evenement/archives/D42/1882.html

compte de la reconnaissance qui peut exister de la part d'un enfant de six ans. La plus grande préoccupation qu'il peut avoir, le plus grand désir pour lui, c'est évidemment de se soustraire à l'assiduité de l'école, et, par conséquent, je doute fort de cette reconnaissance enfantine. »

Finalement le projet de loi est adopté, arrachant au baron de Ravignan une exclamation amère : pour lui cette gratuité « constitue une négation audacieuse et une destruction formelle de la liberté ». En effet, il s'agit d'une ingérence dans les décisions du père de famille, mais aussi, indirectement, d'une remise en cause de l'école libre (c'est-à-dire confessionnelle) : les communes, une fois que l'État aurait ponctionné leurs revenus pour mettre en place la gratuité absolue dans les écoles publiques, risquaient de ne plus avoir les moyens suffisants pour entretenir une école libre.

### L'obligation d'instruction

Il faut attendre presque un an pour le vote de la loi sur l'obligation. Les oppositions et les résistances étaient fortes, du fait de la restriction de l'autorité paternelle qu'elle impliquait, mais aussi de son association à la laïcité. Sur la gauche de l'hémicycle, on clamait : « Oui, nous avons une autre façon de comprendre la morale et nous croyons devoir accomplir, à l'égard de tous ceux qui viennent au monde, envers les générations nouvelles, un acte de solidarité en leur donnant l'instruction[1] ». L'obligation visait à assurer l'égalité de principe des enfants par opposition avec des stratégies familiales liées à leur patrimoine, à leur statut et à leur histoire, autrement dit porteuses d'inégalités[2]. Que l'obligation d'instruction soit devenue une obligation générale, systématique, semble aujourd'hui banal. Que cette obligation prenne, le plus souvent, la forme de la scolarisation dans un établissement l'est tout autant, et bien au delà de nos frontières.

C'est le 28 mars 1882 qu'est votée la loi dont l'article 4 stipule :

---

[1] Argumentaire de M. Tollain, Journal Officiel, cité par A. Prost (1968) p. 213.
[2] Bourdieu P. (2012) p. 369 sq.

« L'instruction primaire est obligatoire pour les enfants des deux sexes âgés de six ans à treize ans révolus ; elle peut être donnée soit dans les établissement d'instruction primaire ou secondaire, soit dans les écoles publiques ou libres, soit dans les familles, par le père de famille ou par toute personne qu'il aura choisie ».

Que ce soit seulement l'article 4 peut étonner. Qu'est-ce donc qu'énoncent les trois premiers articles ? Le $1^{er}$ précise le programme de l'enseignement primaire, s'attachant en tout premier lieu à un point sensible, « L'instruction morale et civique ». Le $2^e$ précise : « Les écoles primaires publiques vaqueront un jour par semaine, en outre du dimanche, afin de permettre aux parents de faire donner, s'ils le désirent, à leurs enfants, l'instruction religieuse, en dehors des édifices scolaires ». Ainsi ce qui constitue l'obligation légale est nettement délimité et atteste de la préservation de la liberté de conscience par la séparation du religieux et du scolaire[1]. Dans cette construction d'une école neutre et laïque, le $3^e$ article abroge des dispositions antérieures qui donnaient « aux ministres des cultes un droit d'inspection, de surveillance et de direction » dans les écoles primaires et les salles d'asiles (ancêtres des écoles maternelles). Ainsi le principe de l'obligation est formulé, dès lors que son domaine est clairement déterminé, par la distinction des sphères de la raison et de la conscience, du public et du privé[2].

**L'école, projet universel et ancrage local**

La volonté universelle et unitaire du législateur n'a pas supprimé la prise en compte des spécificités locales.

J.-F. Chanet (1996) a souligné cette tension, souvent négligée. L'école n'a pas anéanti l'attachement aux « petites patries ». Une étude des pratiques concrètes (dictées, excursions scolaires, fêtes locales, rôle des instituteurs, etc.) montre que la législation était impérative, mais l'application très

---

[1] Ces enjeux liés au contenu de l'instruction reviennent régulièrement, aujourd'hui encore, sur le devant de la scène.
[2] Lelièvre C. (1995)

pragmatique, marquée par des ambiguïtés, des tiraillements, caractéristiques de la vie des hommes et des institutions. J.-F. Chanet analyse cette « école du dédoublement » entre le général et le local.

La volonté des républicains de disposer d'une « institution de proximité » était évidente et se rangeait à l'opinion de Ferdinand Buisson selon laquelle « l'amour de la petite patrie mène à l'amour de la grande ». Le cadre départemental, la prise en compte de la demande locale, la préférence pour des maîtres d'origine rurale et modeste en témoignent. L'adaptation au milieu était préconisée aussi bien par les conservateurs pour maintenir l'ordre établi que par Jaurès pour s'ouvrir à la culture populaire. La formation dans les Écoles normales a eu des visées encyclopédiques mais aussi ouvertes à la connaissance de l'environnement : histoire et géographie locales, mais aussi agriculture dont l'importance variait d'une école à l'autre, en fonction de la personnalité du directeur et des enseignants.

L'équilibre était difficile à tenir entre la culture générale, gage d'ascension sociale, et la connaissance du milieu qui renforçait le lien local indispensable pour freiner l'exode rural qui, après 1918, inquiétait les autorités. Le français était la langue porteuse des Lumières, de l'ouverture au monde, de la promotion de l'égalité sur la tradition. Malgré le poids des inspecteurs venus d'ailleurs, le refus radical des patois a décliné, surtout après la guerre de 1914 qui avait montré que les survivances n'avaient pas nui à l'unité nationale. D'ailleurs, dès la fin du XIX$^e$ siècle, le linguiste Michel Bréal[1] avait souligné l'intérêt des idiomes locaux. Mais les instituteurs y voyaient un

---

[1] M. Breal, professeur au Collège de France, rédige un écrit en réaction à la défaite de 1870 et à ses préoccupations quant à la valeur comparative de l'enseignement en France et en Allemagne. « Mais en présence du peu d'années dont disposent la plupart des familles pour faire donner l'enseignement primaire à leurs enfants, il est évident qu'on devra choisir de préférence les connaissances les plus indispensables […] qui leur inculquera toutes les connaissances nécessaires à l'homme et au citoyen de la façon la plus profitable pour le développement de la raison. […] L'élève qui arrive à l'école parlant son patois est traité comme s'il n'apportait rien avec lui […] On aimerait mieux la table rase que ce parler illicite dont il a l'habitude. […] Loin de nuire à l'étude du français, le patois en est le plus utile auxiliaire. […] La seule difficulté, c'est de vaincre la prévention qui existe chez (les instituteurs) ». Consultable en ligne : http://gallica.bnf.fr/ark:/12148/bpt6k205247d

obstacle pédagogique et le risque de handicaper l'ascension sociale des enfants des classes populaires. L'emploi du français était nécessaire pour s'insérer, les parents en étaient les premiers convaincus. S'appuyant sur l'entrecroisement des sources, J.-F. Chanet démontre ainsi que jamais « l'école n'a suivi de manière exclusive une direction uniforme ». Elle n'a pas choisi entre, d'une part, l'accès à des valeurs universelles de progrès et de démocratie et, d'autre part, l'attention aux traditions rurales pourvoyeuses de grandes vertus sociales telles que la sobriété, le travail, la prévoyance.

### *1 - 2. L'État et la famille*

Au cours du $XIX^e$ siècle de grands changements ont marqué les relations de l'État aux individus et aux familles, parents et enfants. Ces changements se sont exprimés dans l'organisation d'interventions et dans un travail législatif et institutionnel intense dans les domaines de l'éducation, de la santé et de l'assistance[1]. La création de systèmes collectifs destinés à lutter contre les difficultés individuelles a contribué à la formation de l'État moderne qui deviendra l'État providence.

#### De l'autorité paternelle à l'autorité parentale

Des expressions ont pu déconcerter le lecteur contemporain, par exemple les références au père de famille. En effet, on ne peut penser des périodes anciennes avec des termes contemporains, ce serait faire des anachronismes. L'évolution de la famille et du statut de ses différents membres est un phénomène social rapide et récent.

À la fin de la décennie des lois Jules Ferry, en 1889, une loi permet de limiter les droits du père de famille et même d'envisager sa déchéance pour maltraitance grave. Les enquêtes sociales et la surveillance des familles se trouvent envisageables et légitimées. La virulence des critiques concernant l'intrusion de l'État dans la famille ne laissait pas penser qu'une telle possibilité serait ouverte aussi rapidement. Toutefois, l'évo-

---

[1] De Swaan (1995)

lution des statuts respectifs du père et de la mère s'opère par des étapes qui peuvent paraître lentes. Il faut attendre la loi du 4 juin 1970 pour l'abolition de la puissance paternelle et l'instauration de l'autorité parentale : « l'enfant à tout âge doit honneur et respect à ses père et mère[1] ». Ce n'est que par la loi du 23 décembre 1985 que le père n'est plus reconnu comme le seul chef de famille.

Les dernières évolutions du droit concernant la famille et l'exercice de l'autorité parentale sont, notamment, en relation avec la fréquence du divorce. Il s'agit de légiférer pour protéger l'enfant face à la fragilité de la famille. En 1987, la loi prévoyait l'exercice en commun de l'autorité parentale, et le juge fixait le parent chez lequel l'enfant résiderait habituellement. En 1993, la loi est modifiée, le juge ne fixe la résidence de l'enfant que lorsque les parties n'ont pas pu s'accorder. En 2002, l'expression « résidence en alternance » fait son entrée officielle dans le code civil. Le développement des décisions portant sur une résidence alternée chez chacun des deux parents, après une rupture, symbolise la permanence d'un double lien parental.

Dans son ouvrage *Le recul de la mort*, P. Yonnet souligne que le destin des femmes a été considérablement transformé par les progrès de la médecine et l'augmentation de l'espérance de vie : « Pour perpétuer l'espèce, elles étaient rivées aux grossesses. Elles voyaient leurs enfants mourir comme des mouches et, à chaque grossesse, elles risquaient leur peau ». C'est aussi la place de l'enfant qui a changé. « Aujourd'hui, la grossesse, événement exceptionnel, tardif, est un événement sans mémoire ; choisi, il doit conduire à l'arrivée d'un être surinvesti d'attentes et qui sera l'objet d'un idéal éducationnel[2] ». La femme au foyer, spécialiste des enfants, est un modèle qui a duré jusque dans la première moitié du XX$^e$ siècle : en 1968, 60 % des femmes de 20 à 59 ans étaient au

---

[1] Art. 371 du code civil.

[2] Aux XVIIe et XVIIIe siècle, à 11 ans, la moitié des enfants avait disparu. Ceux qui étaient parvenus à 20 ans mouraient, en moyenne, autour de 55 ans. À la fin du XXe siècle, par rapport au milieu du XVIIIe, la mortalité infantile a été divisée par 58, et la mortalité maternelle par 126 (Yonnet, 2006, p. 229 et 315).

foyer, elles n'étaient plus que 30 % en 1990. Cet idéal n'était pas un obstacle à une scolarisation longue. En 1685, dans son ouvrage *De l'éducation des filles*, Fénelon déclarait que le gouvernement du foyer et des enfants ne pouvait être confié à des ignorantes. En principe, grâce à la contraception, l'enfant est désiré, chacun est l'enfant du désir d'enfant de sa mère et de son père.

## Intrusion et promotion

Les interventions de l'État vis-à-vis des enfants présentent des caractéristiques ambiguës, en tension entre intrusion et promotion, entre droit et obligation.

Au XVIII$^e$ siècle, il s'agissait de veiller à leur survie. Les politiques interventionnistes, sanitaires et éducatives, visaient à soutenir spécifiquement les mères pauvres dans leur tâche d'élevage et s'accompagnaient de contrôles : des aides contre une vie honnête et l'acceptation d'une vérification de leur usage, vérification fondée sur des critères médicaux de santé et de bon développement de l'enfant. D'un certain point de vue, celui adopté par le sociologue Donzelot dans *La police des familles*[1], l'autonomie et l'unité sociale de la famille se trouvaient ainsi l'objet d'une surveillance et d'un processus de normalisation. Incontestablement ces nouvelles pratiques étaient intrusives, mais les subsides, les conseils, le suivi qu'elles offraient constituaient des opportunités reconnues comme telles. Des historiennes[2], étudiant les archives, se sont aperçues que l'extension de ces interventions a rapidement été revendiquée, notamment par des groupes de femmes militantes. Ces interventions ont été rapidement considérées par cette population au statut inférieur et dévalorisé comme une voie de reconnaissance et de promotion. Les femmes devenaient, directement, les interlocutrices de médecins et les destinataires d'aides financières.

Cette mise en perspective historique attire l'attention sur la précocité d'un double phénomène : d'une part, l'ambiguïté des

---

[1] Donzelot J. (1977)
[2] Bock G. (1992) ; Lefaucheur N. (1992)

interventions éducatives étatiques, certes intrusives mais aussi bénéfiques, d'autre part, la reconnaissance de leur intérêt au point que celui-ci contrebalançait leur aspect contrôle.

Aujourd'hui, parmi les adultes qui entourent l'enfant, les professionnels sont désormais très nombreux, qu'ils s'inscrivent dans le champ de la scolarisation, de l'éducation, des loisirs et de la culture, de la protection, de la prévention et de la santé. De nombreuses structures sont prioritairement perçues par rapport aux services précis qu'elles offrent. Comme seule une minorité est confrontée à la face sombre des services que sont la surveillance et le contrôle, certains ont même décelé une attitude de consommateur[1].

**L'État protecteur des enfants**

Le projet éducatif de l'État est associé à une perspective globale de protection de l'enfance. Cela est manifeste dans les lois marquantes votées au cours de la seconde moitié du XIX$^e$ siècle, parmi lesquelles : la limitation du travail des enfants et ses conditions[2], la gratuité de l'école, l'obligation d'instruction, la protection des enfants de moins de 2 ans placés en nourrice moyennant salaire[3], la possibilité de la déchéance paternelle. L'État ne considère pas la famille comme un groupe soudé et nécessairement bienveillant, il ne considère plus que le père de famille en est le maître tout-puissant, il s'immisce dans son fonctionnement et définit les statuts, les droits et devoirs des uns envers les autres. En 2002, la loi fait entrer un nouvel article dans le code civil, article lu aux couples lors de la cérémonie du mariage : « L'autorité parentale est un ensemble de droits et de devoirs ayant pour finalité l'intérêt de l'enfant », mais il faut reconnaître qu'actuellement un enfant sur deux naît hors mariage.

---

[1] Baillon R. (1990)

[2] La loi de 1841, au delà des limitations des âges et des horaires de travail, s'attache à protéger les enfants contre les mauvais traitements, les milieux malsains (hygiène : nourriture, couchage…), les influences immorales (ainsi Le Préfet du Nord dresse un tableau « dégoûtant » de la mixité et de la nudité dans les ateliers). Jacquet-Francillon, (1995), p. 176 *sq.*

[3] Sur l'histoire de la prise en charge des orphelins, voir Jablonka I. (2006).

Deux axes orientent aujourd'hui cette protection : l'enfant en danger et l'enfant confronté aux mutations de la vie familiale et aux choix de vie de ses parents.

Dans les années 1980, les services sociaux de protection de l'enfance sont réorientés vers les enfants victimes de mauvais traitements. Ce fut un moment décisif dans la construction des concepts de « maltraitance », puis de « négligence », et dans le développement du travail social. En 1997 la « maltraitance » devient une cause nationale. L'affaire Dutroux (1996), puis celle d'Outreau (2004-2005) font l'objet d'une médiatisation intense qui diffuse l'image de l'enfant en danger sexuel. Or, c'est justement dans cette période, en 1998, qu'un enfant élevé dans une secte et mort des suites de mauvais traitements donne lieu à un renouveau de la prise en compte de l'instruction en famille (IEF) et à des aménagements législatifs concernant son contrôle (ce sera l'objet du chapitre suivant).

Le second axe dont l'État se préoccupe concerne la vie ordinaire de nombreux enfants. Il s'attache à son « intérêt » face à l'exercice de la liberté des adultes, aux risques liés à l'instabilité du couple parental, au développement des familles monoparentales et aux recompositions familiales. En 1993 est créé un « juge aux affaires familiales » qui a en charge les questions concernant la situation de l'enfant après le divorce de ses parents. S'ils trouvent un accord, le juge le suit, sinon il statue en fonction de ce qu'il considère être son « intérêt ». L'objectif formulé peut donner lieu à des interprétations ouvertes. Le juge peut procéder, ou non, à l'audition de l'enfant, selon son âge et son état. Mais peut-on imaginer, sur des aspects aussi complexes, que des textes fixent plus que des orientations à mettre en œuvre au cas par cas ?

Depuis 1990, le droit français se trouve en quelque sorte renforcé par La Convention internationale des droits de l'enfant (CIDE). L'enfant y est considéré comme un sujet compétent auquel de nombreux droits sont reconnus. Irène Théry (1992) fait un bilan critique de cette ratification et surtout de la campagne médiatique qui l'a entourée : *Nouveaux droits de l'enfant, la potion magique ?* Elle souligne l'absence de débats alors même que s'affrontent deux conceptions antagonistes de l'enfant. Pour les uns, c'est un être vulnérable, non autonome, qu'il convient de protéger ; pour les autres, cette conception lui dénie son humanité, il faut donc le libérer de la domination adulte. La Convention navigue entre ces deux conceptions, d'une part en définissant le droit à une protection spéciale, d'autre part en lui reconnaissant des « droits à » (à la liberté d'opinion, à la liberté de pensée, de conscience et de religion, à la liberté d'association) qui supposent la capacité juridique, c'est-à-dire la responsabilité[1]. Irène Théry pointe donc un ensemble de confusions :

- l'usage pléthorique du mot « droit » comme si sa signification était unique ;
- l'annonce de « droits à » formels et vides ;
- une logique protectrice présentée comme domination paternaliste alors qu'elle permet de prévenir et de sanctionner les abus ;
- un statut de minorité présenté comme oppression et non-droit alors que l'incapacité juridique est le droit à l'irresponsabilité.

L'État, tout en se faisant le porte parole des enfants, se lamente sur le manque d'autorité des parents ! Les relations entre l'État, la famille et l'enfant impliquent un équilibre fragile entre la sphère privée et la sphère publique, entre l'individu et le groupe familial[2]. Pour I. Théry ces relations ne peuvent être pensées exclusivement sur un mode juridique, elle conclut :

« La constitution de ghettos urbains, scolaires et culturels, et plus généralement ce que l'on appelle la société "duale", sont à l'évidence la source, y compris au sein de la sphère familiale, des plus scandaleuses inégalités dans le sort réservé aux enfants […]. L'urgence n'est-elle pas […] de prendre conscience du développement de formes nouvelles

---

[1] Cette convention mondiale veut lutter à la fois contre le travail des enfants (en Asie et ailleurs), la prostitution infantile, les enfants soldats, l'exécution de mineurs et les punitions corporelles… Les développements d'I. Théry sont à situer dans un contexte français, qui plus est en référence à sa mise en scène politico-médiatique.

[2] Des variations peuvent être importantes selon le poids respectif accordé à l'individu ou au groupe familial. Il semble manifeste que, de ce point de vue, la tradition française et la tradition américaine (USA) divergent (Boulot É., 2003).

de dépendances des enfants et des adolescents, que ce soit à l'égard de leurs parents, ou des formes contemporaines de l'exclusion sociale ? Et de comprendre que ces dépendances ne se "traitent" pas par des textes de loi qui les dénient[1] ».

L'État est devenu le promoteur et le garant de la sécurité, de l'éducation, du bien-être et de l'avenir de l'enfant. En complément des dispositions législatives, ses modalités d'action sont diversifiées : organisateur de services publics (parmi lesquels l'école) et superviseur/contrôleur de l'effectivité des droits de l'enfant, particulièrement du droit à l'instruction.

### 1 - 3. « Scolarité obligatoire » une formule qui va de soi ?

L'expression « Éducation nationale » date d'avant même la Révolution. Elle était employée chez les partisans de la prise en main par l'État des affaires d'enseignement et de formation de ses cadres. Cependant, jusqu'en 1932, le système scolaire a été sous la direction du Ministère de l'instruction publique. Désormais le Ministère de l'Éducation nationale est un grand ministère et les termes « école », « scolaire » et « scolarisation » se généralisent au point qu'ils semblent occulter celui d'« instruction » qui désigne pourtant l'objet de l'obligation votée en 1881.

#### « École obligatoire », « obligation scolaire », des raccourcis pratiques

« École obligatoire », « obligation scolaire », ces formules sont d'usage fréquent et extensif. Des textes et des discours de toutes sortes manifestent cette intériorisation d'une norme institutionnelle : la scolarisation, alors même qu'elle peut se réaliser à l'écart d'établissements scolaires.

Ainsi le Centre national de documentation pédagogique rend compte de débats dans un ouvrage, *Repenser l'école obligatoire*, auquel ont participé des historiens et des sociologues spécialistes du champ éducatif[2]. Leur objet est

---

[1] Théry I. (1992) p. 26.
[2] CNDP (2004). *Repenser l'école obligatoire*. Paris : SCÉREN/Albin Michel.

présenté sur la 4ᵉ de couverture : « De 6 ans à 16 ans, tous les enfants résidant sur le territoire français doivent être scolarisés. À cette obligation scolaire nul ne peut se soustraire. L'École instruit, éduque et forme les élèves selon des programmes et des modalités identiques jusqu'à la fin du collège ». Dans ce cadre, dans ces différentes contributions, il s'agit de s'interroger sur les contenus à transmettre durant ces années, sur une culture, un socle commun partagé par tous. L'objectif est de réaffirmer le caractère national des programmes et d'envisager des pistes pour les rendre plus efficaces, lutter contre les inégalités et préparer l'avenir. Il n'en reste pas moins que l'usage insistant du terme « école » peut être tenu pour équivoque.

C'est dans une perspective comparable que l'historien de l'éducation Claude Lelièvre a intitulé un de ses ouvrages : *L'École obligatoire : Pour quoi faire ?* Une question trop souvent éludée[1].

« Depuis son instauration à la fin du XIXᵉ siècle, l'École obligatoire représente un grand défi pour la société : donner une instruction systématique à l'ensemble d'une génération d'enfants. Et l'École fait aujourd'hui tellement partie de notre vie sociale qu'il est devenu rare d'en interroger les objectifs fondamentaux ».

Cette synthèse présente les grandes problématiques qui animent les débats autour de l'École républicaine et montre aussi, de façon saisissante, que la question des missions et des contenus de l'École obligatoire ne peuvent être considérés comme intangibles. Il importe qu'ils soient pensés pour le monde d'aujourd'hui.

Bien sûr, dans ces ouvrages, les auteurs rappellent tous que l'école n'est pas obligatoire, que seule l'instruction l'est. Mais ces titres n'en restent pas moins lourds de sens. Relever ces formules, au fil de lectures diverses, conduirait à lasser par la multiplication des exemples. Il est vrai qu'elles constituent des raccourcis adaptés à de nombreux développements. La scolarité en établissement est suivie par une proportion si massive des enfants qu'à l'échelle des statistiques nationales il est

---

[1] Lelièvre C. (2004). Paris : Retz.

impossible de chiffrer ceux qui s'écartent de cette norme. En effet, les apprentissages assurés par l'école maternelle sont attendus, souhaités, revendiqués. Même si l'école suscite des critiques, l'importance de son rôle est reconnue et les parents y adhèrent au point que, dès 1980, 100 % des enfants de quatre ans et 89,9 % des enfants de trois ans fréquentent l'école maternelle[1] et la diminution du taux de scolarisation à deux ans tient au manque de place plus qu'aux souhaits des parents. Les formules « École obligatoire » ou « obligation scolaire » peuvent donc être considérées comme socialement acceptables dans la mesure où elles permettent de faire la différence entre les années d'obligation d'instruction, en France de 6 et 16 ans (jusqu'à 18 ans en Belgique), et les années qui précèdent ou qui suivent.

Dans ce contexte, on comprend que des hommes politiques développent les enjeux de l'obligation scolaire et de ses manquements. Ainsi, par exemple, Nicolas Sarkozy, en 2006, alors qu'il était Ministre de l'Intérieur, déclare, en tant que président de l'UMP, lors d'une réunion pour les nouveaux adhérents :

« L'école est obligatoire, on ne demande pas l'avis de celui qui ne veut pas y aller. Il y va comme des générations avant et après lui. On va à l'école parce que c'est son devoir, parce que c'est un droit, mais on y va. On apprend ce que l'on a à apprendre et lorsque l'on est assez grand, c'est-à-dire après 16 ans, on décide de ce que l'on fait, mais pas avant. Ce n'est pas un choix. L'absentéisme scolaire doit être sanctionné et lorsqu'une famille ne met pas ses enfants à l'école, les allocations familiales doivent être mises sous tutelle, parce que sinon elles ne servent à rien[2] ».

On peut penser qu'il s'agit là d'un affadissement paradoxal du terme obligation qui perd son poids juridique, pour désigner un grand principe et une réalité de fait. Ce glissement contribue à l'opacité qui entoure l'école et les fondements du vivre

---

[1] Chiffres de la Direction des études et de la prospective (Repères et références).
[2] Nicolas Sarkozy, président de l'UMP, réunion des nouveaux adhérents, salle Gaveau, samedi 10 juin 2006.

ensemble. L'effet suscité, voire escompté, par ces formules toutes faites mérite que l'on s'y attarde.

## « L'école obligatoire », une expression persuasive ?

Il importe de prendre au sérieux cette facilité de langage. Que cette expression « école obligatoire » soit banale ne peut être tenu pour anecdotique. L'adhésion à l'école et à ses valeurs compacte, dans cette expression, ce que l'on peut considérer comme une obligation morale et une obligation sociale alors même que, strictement, il n'y a pas une obligation juridique. Néanmoins celle-ci se trouve suggérée. Pour les lecteurs qui ont l'expérience de la fréquentation massive de l'école, bien au delà des années d'obligation, précocement dès la maternelle, puis durablement du fait de l'allongement des études, cette expression renforce un sentiment : l'école est obligatoire. Des témoignages de parents pratiquant l'instruction en famille montrent qu'ils ont découvert cette possibilité tardivement, parfois par hasard.

La loi pour la refondation de l'école de l'automne 2013[1] impose une lecture des textes actualisés.

Selon les articles du code de l'éducation les formulations varient. L'article L 122-1-1 précise : « La scolarité obligatoire doit garantir à chaque élève les moyens nécessaires à l'acquisition d'un socle commun de connaissances, de compétences et de culture, auquel contribue l'ensemble des enseignements dispensés au cours de la scolarité ». Plus loin, dans le chapitre « L'obligation scolaire », l'article L 131-1 indique : « L'instruction est obligatoire pour les enfants des deux sexes, français et étrangers, entre six ans et seize ans ». Toutefois, depuis 1998, des ajouts successifs ont crée un empilement ambigu de strates. Les formulations péremptoires pointées précédemment s'inscrivent dans ce contexte où, de plus, il est désormais précisé que la priorité est la scolarisation en établissement.

---

[1] Loi n° 2013-595 du 8 juillet 2013 d'orientation et de programmation pour la refondation de l'école de la République. Pour éviter le casse-tête des mentions qui se limitent à indiquer les passages modifiés, on peut se référer au code de l'éducation, version consolidée le 12 mars 2014.

Quelle peut être la réception de cet ensemble d'expressions ? Cette insistance ne peut manquer de susciter un effet d'autorité. Les énoncés ne sont pas seulement des affirmations descriptives qui relèveraient du vrai ou du faux, ou d'ailleurs de l'ambigu. Dans son ouvrage *Quand dire c'est faire*[1], Austin part de l'idée que de nombreux énoncés font ou font faire quelque chose. Ils s'articulent à des actions, tout particulièrement des rituels et des actes institutionnels. Cette approche est féconde. « L'école est obligatoire » peut être justifiée de multiples façons : du point de vue linguistique par le foisonnement sémantique du terme obligation, du point de vue social par la fréquentation scolaire massive, du point de vue politico-éthique par le rôle de l'école dans la formation des nouveaux venus que sont les enfants. Pourtant, elle est à tout le moins globalisante : elle contribue, intentionnellement ou non, à faire considérer que la fréquentation d'un établissement scolaire est un passage obligé pour l'éducation des enfants. Certes, les informations centrales sont diffusées par les associations soutenant l'IEF, mais il faut de la ténacité pour retrouver des indications-clefs à la source : l'obligation d'instruction, la priorité à la scolarité en établissement, mais seulement la priorité !

**L'école, stratégie incontournable pour instruire ?**

Le principe de l'obligation d'instruction ne soulève que rarement de réticences ou des oppositions[2]. Ainsi, les luttes des parents pour la scolarisation de leur enfant handicapé dans un établissement ordinaire, avec les autres enfants de leur quartier, manifestent une revendication de longue date[3] : c'est un service et un droit dont il est inacceptable d'être privé. Que la

---

[1] Austin J. L. (1970).

[2] On ne peut négliger, toutefois, certaines pratiques visant à instaurer la terreur par des massacres ou des enlèvements d'écoliers, surtout des filles, dans des établissements scolaires. Voir, par exemple, au Nigéria, les exactions de Boko Haram dont le nom signifie « l'éducation occidentale est un péché » (Le Monde, 30 avril 2014), ou encore l'agression de la jeune pakistanaise Malala Yousafzaï qui, désormais, lutte pour l'éducation des filles et est devenue Prix Sakharov pour la liberté de l'esprit du Parlement européen (Le Monde, 10 octobre 2013) puis le prix Nobel de la Paix le 10 octobre 2014, qu'elle partage avec l'indien Kailash Satyarthi.

[3] Après la loi de 1975, fort peu appliquée, la loi de 2005 a fait bouger les réalités de terrain.

réalisation de cette obligation s'inscrive dans le cadre d'une scolarisation en établissement est largement admis. Bien plus, les couches textuelles des textes officiels reprennent répétitivement « école obligatoire » et « scolarité obligatoire ». Dans un article d'une revue de droit administratif, A. Desrameaux remarque que le droit français est « enclin à confondre instruction obligatoire et obligation scolaire ». C'est un constat que peut faire tout lecteur. En juriste, il ajoute que l'instruction en famille « n'est que timidement admise dans son principe par le droit interne ». On peut alors se demander si l'expression « timidement admise » a une consistance juridique.

Dans une perspective pragmatique s'appuyant sur les usages langagiers, on est conduit à penser que l'instruction est envisageable selon trois modes de scolarisation reconnues : en établissement public, en établissement privé, dans la famille. Le terme de « scolarité » devient alors une catégorie générale englobante. Certes, ces trois possibles ne sont pas équivalents : c'est l'institution publique qui l'emporte en matière d'effectifs, mais surtout, et c'est le plus important, qui a la charge d'inspecter les deux autres modalités, c'est-à-dire l'instruction effectivement dispensée dans les établissements privés et dans la famille.

Il y a donc des parents qui n'inscrivent pas leur enfant dans un établissement scolaire. Les dénominations pour désigner ce choix sont diverses et flottantes, nous allons nous en tenir à deux pour en noter les enjeux tout à la fois sémantiques, pédagogiques et institutionnels : « l'école à la maison » et « l'instruction en famille[1] ».

« L'école à la maison » souligne la question des lieux et marque un rapprochement lexical qui atténue l'écart entre la scolarisation en établissement et l'instruction au domicile. L'usage du terme « école » suggère une sorte de passerelle, d'imitation ou de transfert. S'il y a « école à la maison » quoi d'étonnant à parler d' « obligation scolaire » ? Il n'y a pas de

---

[1] Ces deux désignations sont utilisées alternativement sur le site service-public.fr ; le site éducation.gouv.fr choisit « l'instruction dans la famille ».

confusion sous-jacente, simplement la reconnaissance de variations acceptables.

« L'instruction en famille » reprend le terme même qui définit l'obligation (en France) et y adjoint le terme « famille » qui désigne une des institutions de base de la société. Ce choix, pour nous, indique de façon claire des spécificités institutionnelles et pédagogiques importantes : l'autonomie de la famille pour organiser les apprentissages et leur déroulement dans un environnement fortement personnalisé. Il s'ensuit que les caractéristiques de la forme scolaire[1] se trouvent marginalisées, voire refusées : l'appartenance à un groupe de pairs (la classe), l'intervention systématique de professionnels, les séquences temporelles des tâches, que ce soit à l'échelle de la journée, des mois et des années, les découpages disciplinaires (français, grammaire, orthographe, littérature, etc.)... Ainsi cette désignation, par sa centration sur l'instruction et ce qui la constitue, les apprentissages et les savoirs, et par sa mention d'un contexte relationnel familier, propose un socle pour une réflexion pédagogique. Le choix des mots est lourd d'implications. En choisissant « instruction en famille », il nous importe de laisser grandes ouvertes les pistes pour réfléchir à ce qui sépare les stratégies de l'école et celles de la famille.

La minorité hétérogène de parents qui s'engagent personnellement dans l'éducation et l'instruction de leurs enfants se trouve englobée, comme cas particuliers, dans l'institution scolaire. Nous allons donc poursuivre notre itinéraire, en nous attachant aux questions d'ordre pratique que cette modalité de solarisation fait surgir : Par qui doit-elle être contrôlée ? Où ? À quel rythme ? Comment ?

---

[1] Vincent G. (1994)

# Chapitre 2. L'instruction en famille sous contrôle

*Michèle Guigue*

Pour assurer l'obligation d'instruction, l'État met en œuvre deux stratégies complémentaires[1]. D'une part, il propose les moyens de réaliser cette mission par un service public, l'Éducation nationale, qui s'est diversifié et complexifié au fur et à mesure du temps ; d'autre part, il assure les contrôles qui visent à vérifier que ce droit des enfants à être instruits est respecté, notamment dans les cas où les parents choisissent d'en prendre la responsabilité. Cette possibilité, qui n'existe que dans certains pays, est régulièrement remise en question. Ainsi, M. H. Portelli, sénateur UMP[2], a déposé au mois de décembre 2013 une proposition de loi « visant à limiter la possibilité d'instruction obligatoire donnée par la famille à domicile aux seuls cas d'incapacité ». Puis ce projet a été retiré. Durant la même période, une rumeur concernant l'égalité des filles et des garçons, présentée par certains comme un « enseignement du genre », mobilisait des parents et vidait des classes. Cette rumeur était instrumentalisée, mais elle mettait aussi en évidence que les critiques de l'école et de ses programmes affectaient une des institutions centrales de notre société. L'histoire de l'enseignement montre que « l'obligation d'instruction » a été le résultat de tensions et d'âpres négociations. Ces événements attestent d'enjeux qui perdurent au fil des siècles, même si le contexte a beaucoup changé. Ces enjeux portent sur les relations de l'État à la famille, aux pères et aux mères et plus largement aux hommes et aux femmes, sur la place et le statut des enfants, sur leur éducation, sur des

---

[1] Du moins en France. D'autres États, comme par exemple l'Allemagne, ont considéré qu'ils étaient les seuls à même d'assumer cette mission : les parents ne peuvent, légalement, assurer eux-mêmes l'instruction de leur(s) enfant(s).

[2] Union pour un mouvement populaire, parti politique dont une des personnalités marquantes a été le Président de la République Nicolas Sarkozy.

valeurs au centre de débats passionnés : la laïcité, l'égalité et la liberté. Le choix parental de l'instruction en famille ne correspond pas à une carte blanche, il s'opère sous contrôle, comme sont sous contrôle d'inspecteurs divers les établissements scolaires et les enseignants[1]. Ces contrôles de l'IEF suscitent inquiétudes et critiques, parfois de graves conflits, voire des démarches judiciaires. Ce chapitre va présenter cette composante qu'est le contrôle. Cependant il ne s'agira pas de développer un point de vue pratique pour aider les familles qui font ce choix, les associations le font très bien. En revanche, il s'agira d'en étudier, de façon distanciée, les évolutions et les enjeux sociaux et politiques. Dans un premier temps seront étudiées, dans une perspective historique, les relations entre l'État et le service public qu'est l'Éducation nationale, alors qu'un fait divers a révélé les fondements de ce contrôle, de même que ses failles et ses dysfonctionnements. Ensuite, nous porterons attention à un autre niveau, celui des relations entre parents et professionnels dans le cadre des visites d'inspection prévues par la loi.

## 2 - 1. Contrôler l'instruction obligatoire

Pour les parents, les contrôles de l'instruction en famille semblent récents. Pourquoi s'en étonner ? Ils s'inscrivent dans des communautés de pratiques qui informent et militent, et qui les vivent au présent. Ils s'inquiètent donc face à des interventions qui pourraient remettre en question le choix de cette modalité d'instruction. Pourtant les grands principes et les procédures guidant ces contrôles datent de la loi de 1882.

### Des procédures prévues dès la loi de Jules Ferry

Le droit d'instruire ses enfants au sein de la famille a été d'emblée assorti de devoirs. L'article 16 de la loi du 28 mars 1882 déclare :

---

[1] Gather-Thurler M. et Maulini O. (2014) ont publié un ouvrage, *Enseigner, un métier sous contrôle ?*, qui concerne le travail enseignant : « Écrit par des chercheurs de différents pays, il brosse un tableau très complet des pratiques et s'interroge sur les moyens de mettre en place une meilleure régulation de nos écoles pour une meilleure réussite de nos élèves ».

« Les enfants qui reçoivent l'instruction dans la famille doivent, chaque année, à partir de la fin de la deuxième année d'instruction obligatoire, subir un examen qui portera sur les matières de l'enseignement correspondant à leur âge dans les écoles publiques, dans des formes et suivant des programmes qui seront déterminés par arrêtés ministériels rendus en conseil supérieur. Le jury d'examen sera composé de : l'inspecteur primaire ou son délégué, président ; un délégué cantonal ; une personne munie d'un diplôme universitaire ou d'un brevet de capacité ; les juges seront choisis par l'inspecteur d'académie. Pour l'examen des filles, la personne brevetée devra être une femme. Si l'examen de l'enfant est jugé insuffisant et qu'aucune excuse ne soit admise par le jury, les parents sont mis en demeure d'envoyer leur enfant dans une école publique ou privée dans la huitaine de la notification et de faire savoir au maire quelle école ils ont choisie. En cas de non déclaration, l'inscription aura lieu d'office, comme il est dit à l'article 8[1] ».

Il n'est pas possible de savoir dans quelle mesure cet article a été appliqué. Il sera modifié le 11 août 1936, le nombre de contrôles est alors revu à la baisse : le premier a lieu à l'âge de 8 ans, le second à l'âge de 10 ans et le dernier à 12 ans, l'âge de fin de l'instruction obligatoire étant fixé à cette date à 14 ans.

Le vote de la loi sur l'obligation d'instruction définit un service public dans le cadre du ministère de l'instruction publique, mais celui-ci ne dispose pas d'un monopole : l'instruction peut être donnée dans des établissements « libres » (aujourd'hui nous disons « privés ») ou dans les familles. Des modalités de contrôle sont alors précisées. Ces modalités sont, certes, spécifiques à l'instruction en famille, mais elles transposent à ce cas particulier ce qui concerne les enfants scolarisés. Pour ceux-ci, la circulation de l'information s'opère dans les coulisses, entre l'administration territoriale et l'administration scolaire. Cette procédure se déroulant à

---

[1] Voir le fac-similé du Journal officiel du 29 mars 1882 : www.senat.fr/evenement/archives/D42/mars1882.pdf

distance des familles passe inaperçue et les parents qui doivent assurer eux-mêmes ces tâches administratives se sentent traités de façon discriminante, or la scolarisation ce n'est pas seulement l'instruction et ce qui se passe en classe, c'est tout ce qui permet au système scolaire de fonctionner : infrastructure, personnels… Il y a de nombreux pays au monde où ce suivi des enfants n'existe pas. Ils ne sont pas recensés, certes ! Mais ils n'ont pas de droit à l'école, ni non plus à une identité. Autrement dit, ils n'ont pas la possibilité de circuler, d'attester de leur lieu de naissance et de tout ce qui s'ensuit… Ce sont des fantômes[1].

Des témoignages des années 1970 à 1990 semblent attester de la légèreté du suivi des enfants non scolarisés[2]. Voici le témoignage d'Arthur[3] dans son ouvrage *Mon école buissonnière* :

« Nous savions que nous étions passibles, l'année de mes huit ans, d'une enquête de la mairie et de l'inspection académique. La première devait remettre un rapport à la seconde, l'inspection académique pouvant alors approfondir l'enquête dans les cas douteux et prendre éventuellement des mesures de régularisation, ou même des sanctions, vis-à-vis des parents négligents. »

Mais ce savoir ne semble pas avoir été confronté à une expérience valant d'être rapportée. Le décalage paraît important entre ces témoignages du passé et ceux du présent. Cela tient-il au recul qui fait oublier des inquiétudes qui se sont avérées sans objet ? Ou bien cela tient-il à un certain laxisme institutionnel et à ce que ces contrôles n'auraient pas été mis en œuvre avec le formalisme qu'on lui connaît aujourd'hui ? Il faut reconnaître que cette surveillance a pris une coloration particulière à la fin des années 90.

---

[1] Voir, notamment, à titre d'exemples, au Mexique, « Les enfants non nés » (Sous commandant Marcos, 1996, p. 261), ou encore la campagne d'enregistrement tardif des naissances pour rétablir les enfants dans leurs droits, à Bujumbura (Burundi) en mars 2012. www.unicef.org/french/policyanalysis/media_61995.html

[2] Baker C. (1988)

[3] Arthur (1991), p. 99.

**1998, un fait divers révélateur**

Un fait divers a fait émerger une situation complexe et dite « stupéfiante » par les autorités politiques. En 1998, la mort d'un bébé par malnutrition et défaut de soins dans une « communauté » de la Drôme, fait découvrir un groupe d'enfants vivant au sein de cette secte qui les scolarisait elle-même. Dans une décennie où la protection de l'enfance évolue et où l'enfance maltraitée devient une préoccupation, simultanément se trouve actualisée une question, celle du contrôle de la fréquentation scolaire. S'entrelacent, comme on le constate désormais de plus en plus souvent, une question de principe et un fait divers, un cas particulier dont des enfants ont été victimes. Ces circonstances vont donner lieu à des débats et à des ajustements législatifs qui sont de l'ordre, tout à la fois, du recadrage et de la généralisation.

Le contrôle de l'obligation scolaire est donc à l'agenda, selon une expression contemporaine. La première séance de l'Assemblée Nationale du 10 décembre 1998 s'ouvre sur un bilan de M. Jean-Claude Carle, rapporteur de la commission des affaires culturelles, familiales et sociales :

« D'après la dernière enquête menée par l'Éducation nationale, quelque 6 000 enfants se trouvaient en dehors de ce que l'on peut appeler l'école républicaine. Sur 2 300 enfants instruits au sein de leur famille, plus de 1 000 le seraient dans une famille appartenant à une secte. En outre, 3 600 enfants seraient scolarisés dans des écoles soupçonnées d'entretenir des liens avec une secte. [...] Enfin, j'indiquerai que 30 000 à 40 000 enfants de familles membres des Témoins de Jéhovah sont scolarisés dans des établissements relevant de l'éducation nationale et reçoivent en fait une double "éducation". »

Il conclut cet état de la situation : « 5 000 à 6 000 enfants concernés par le phénomène sectaire, c'est à la fois beaucoup et peu[1] »

---

[1] Pour recontextualiser les citations de ce développement, voir le compte rendu des débats de cette journée, après diverses questions, au chapitre 6 « Contrôle de
*(Suite page suivante)*

Un projet de loi tendant à renforcer le contrôle de l'obligation scolaire est proposé par le sénateur Nicolas About[1]. Son propos n'est à aucun moment de montrer du doigt les familles qui évitent l'école, il inscrit ce scandale dramatique dans un ensemble de considérations qui débordent largement cet événement : celui-ci est un révélateur de défaillances d'institutions publiques. Il développe plusieurs points :

Tout d'abord, dans ce département de la Drôme : « seuls vingt-deux enfants en âge d'être scolarisés avaient été déclarés en mairie sur les soixante-dix-neuf qui furent en réalité découverts, et ce malgré les enquêtes successives de l'inspection académique ». C'est un indice que ce choix de l'instruction en famille échappe au maillage institutionnel et laisse des enfants à l'écart. C'est aussi un indice plus général de pratiques marginales qui contribuent au manque de fiabilité des statistiques administratives :

« Notons enfin, comme un clin d'œil, les difficultés des maires et des inspecteurs d'académie pour obtenir les listes exactes des enfants présents dans nos écoles, des enfants fictifs comptabilisés pour obtenir des créations de postes, des enfants absents ou de ceux qui ont déménagé ».

Ainsi, des acteurs locaux jouent en fonction de leurs intérêts et de prévisions visant à atténuer les lourdeurs et lenteurs administratives. C'est un dysfonctionnement qui brouille un état des lieux de la scolarisation des enfants.

À ce manque de fiabilité s'ajoute l'inadaptation de ces statistiques :

« Il est stupéfiant, en effet, de constater que le nombre d'enfants non scolarisés fait l'objet d'autant d'approximations : il serait de 20 000 selon le département des études et de la prospective. Mais quelle est au juste la proportion d'enfants qui ne sont pas scolarisés pour des raisons de santé ou de handicap, pour des raisons d'éloignement, leurs parents étant expatriés ou exerçant des

---

l'obligation scolaire » :
www.senat.fr/seances/s199806/s19980629/s19980629_mono.html
[1] www.senat.fr/dossier-legislatif/ppl96-391.html

professions itinérantes, ou encore pour des raisons pédagogiques, et quelle est la proportion de ceux qui vivent au sein de sectes ? »

Cette catégorie administrative « non scolarisée » englobe tous ceux qui ne vont pas en classe, quelle qu'en soit la raison. Ces situations hétérogènes n'ont qu'un point commun : ne pas nécessiter des ressources en professionnels, en locaux et en équipements divers... C'est un compactage qui n'a rien à voir avec des critères éducatifs.

D'autre part, « comment oublier la disparition tragique d'une dizaine d'enfants, lors des suicides collectifs de l'Ordre du temple solaire, en France, en Suisse et au Canada ? ». 74 victimes en 1994, 1995, 1997, cette décennie noire inquiète et conduit donc à poser le problème du contrôle de l'obligation scolaire comme une des stratégies de lutte contre les sectes. Cela est manifeste dans les mesures qui vont faire l'objet de débats au Sénat et de modifications du texte de loi : elles concernent les parents, bien sûr, mais elles vont aussi remettre en cause les solides protections qui concernaient les établissements privés hors contrat : « l'article 35 de la loi Goblet de 1886 et l'article 2 de la loi Debré[1] du 31 décembre 1959 font encore obstacle à tout contrôle de l'instruction donnée dans les établissements hors contrat ».

Le travail d'enquête et de réflexion législative qui s'ensuit a donc fait surgir, d'une part, des défaillances et, d'autre part, des carences et des exceptions étonnantes qui fragilisent le rôle protecteur de l'État à l'égard des enfants.

### Des bilans confiés à la MIVILUDES

Ainsi à l'occasion de cette succession de faits divers sectaires dramatiques, les discours de la fin années 90 sont centrés sur les risques d'inculture, d'ignorance, d'embrigadement, d'aliénation, de maltraitance et d'opposition à la scolarisation des filles. Dans ce contexte c'est, en quelque sorte

---

[1] Rappelons que Michel Debré, alors député de la Réunion, avait créé un organisme qui, de 1963 à 1982, avait déplacé des enfants défavorisés de l'île de la Réunion dans la Creuse. Il pensait savoir ce qui était bon pour eux et pour la France. Voir Jablonka I. (2007).

logiquement, la Mission interministérielle de vigilance et de lutte contre les dérives sectaires (MIVILUDES[1]), créée en 2002, qui s'est vu attribuer la charge d'étudier ce qu'il en est des enfants instruits en famille.

Dans son rapport de 2006, la MIVILUDES mentionne : « La Cellule de prévention des phénomènes sectaires n'a, en effet, été que rarement saisie : trois cas d'enfants considérés comme en danger ». Ces situations ont été réglées par le dialogue. Pour l'Éducation nationale les inspecteurs « ont ainsi contrôlé la réalité de l'éducation dispensée dans les familles (1 119 enfants évalués sur 2 813). Ces contrôles ont révélé une situation plutôt satisfaisante puisque ce nombre élevé d'interventions s'est traduit par un nombre très modeste de mises en demeure de scolarisation dans un établissement public ou privé sous contrat : 23, après que deux évaluations successives avaient démontré un niveau d'acquisition des connaissances très insuffisant[2] »

Les contrôles ne concernaient pas seulement les familles, mais aussi les établissements privés hors contrat : onze mises en demeure pour 80 visites.

En 2011-2012, dans la partie de son rapport intitulée « Contributions des ministères », celui de l'Éducation nationale présente l'ensemble des dispositions réglementaires de l'année. Rien de plus[3], ni bilan chiffré des déclarations d'instruction en famille, ni bilan qualitatif des contrôles opérés. Une lecture rapide des rapports de la MIVILUDES met en évidence que des domaines comme les traitements alternatifs et les sectes apocalyptiques suscitent plus de préoccupations que celui de l'éducation.

---

[1] Voir son site : www.derives-sectes.gouv.fr

[2] À titre de comparaison, pour la même année 2006, dans sa lettre de décembre, l'Observatoire national de l'action sociale décentralisée (voir http://odas.net/les-publications) estimait à 79 000 les « enfants à risque » et à 19 000 les « enfants maltraités ».

[3] Un inventaire thématique des notes de la Direction de l'évaluation, de la prospective et la performance couvrant les années 2002-2006 n'indique rien sur l'instruction en famille (www.education.gouv.fr/cid4415/liste-thematique-des-notes-de-la-d.e.p.p.-information-evaluation-recherche). C'est probablement une pratique trop minoritaire pour retenir l'attention…

## 2 - 2. Principes et modalités des contrôles aujourd'hui

Aujourd'hui les contrôles s'inscrivent dans la continuité de la loi de Jules Ferry. La lecture des échanges de la séance de 1998 au Sénat permet de repérer les points qui ont retenu l'attention et de comprendre le sens et les enjeux des détails des mesures. Toutefois ont été ajoutées, successivement au fil des années, des orientations et des précisions pratiques nouvelles.

### La réaffirmation des procédures prévues dès 1882

L'instruction en famille doit faire l'objet d'une double déclaration annuelle, à la mairie et à l'inspection académique dont dépend le lieu de résidence. S'ensuivent deux types de contrôles auxquels les parents ne peuvent se soustraire[1] :

Le premier est nommé : « contrôle du maire » ou bien « enquête à caractère social ». Sous la responsabilité du maire (ou à défaut du Préfet), il vise à connaître les raisons de ce choix et à vérifier que l'instruction est dispensée dans des conditions compatibles avec l'état de santé de l'enfant et le mode de vie de la famille. Menée le plus tôt possible après la déclaration, elle doit être renouvelée tous les deux ans jusqu'à l'âge de 16 ans. Son résultat est communiqué au directeur des services départementaux de l'éducation nationale.

Le second est nommé : « enquête à caractère pédagogique ». Il vise à s'assurer que l'enseignement dispensé est conforme au droit de l'enfant à l'instruction. Ce contrôle doit être effectué au moins une fois par an. Il porte sur la progression de l'enfant en fonction des choix éducatifs des personnes responsables[2].

---

[1] On peut consulter, notamment, les sites : eduscol.education.fr, education.gouv.fr, service-public.fr

[2] On peut consulter le Code de l'Éducation (le plus simple est de taper ces termes sur un moteur de recherche), art L131-5. Cependant la gestion émiettée des modifications législatives en rend la lecture particulièrement compliquée.
Il est possible de consulter le texte adressé à l'ensemble des autorités préfectorales et rectorales et qui vise les différents niveaux hiérarchiques de l'éducation nationale en charge d'assurer ou de piloter ce contrôle, voir le BO n° 3 du 19 janvier 2012 à partir de : www.education.gouv.fr/pid25535/bulletin_officiel.html

## Des orientations nouvelles

Des évolutions contemporaines, parmi lesquelles la convention internationale des droits de l'enfant, la diversification du système éducatif[1] et la massification de l'enseignement secondaire, la lutte contre les dérives sectaires, la lutte contre la délinquance juvénile... ont conduit à introduire de nouvelles indications formalisant un cadrage général.

Lors de débats en 1998, la ministre déléguée chargée de l'enseignement scolaire, Mme Ségolène Royal, a proposé que deux principes fondamentaux soient retenus et figurent dans le préambule de la nouvelle loi. Le premier affirme le droit de chaque enfant de bénéficier d'une instruction. Le second proclame la nécessité d'assurer prioritairement l'instruction au sein des établissements d'enseignement. Le développement des nouvelles technologies et la montée de la violence dans les établissements scolaires avaient été avancés comme risquant de conduire à un développement de l'instruction dans la famille. Toutefois, il ne s'agit pas de restreindre cette possibilité mais de veiller à ce qu'elle ne se retourne pas contre les enfants. La Ministre conclut : « [...] la scolarisation des enfants doit être la règle parce que la personne humaine exige, pour s'élever à sa dignité, d'être éduquée à la citoyenneté, de connaître et de rencontrer l'autre dans sa différence et dans son égalité dès le plus jeune âge, d'accéder au savoir et à la connaissance pour résister à l'obscurantisme ». Ces propos, du fait de l'usage du terme « scolarisation » ne manquent pas d'ambiguïté. Cependant, dans les textes officiels, l'instruction en famille est considérée comme une modalité de scolarisation. Il n'en reste pas moins que, compte tenu des différentes strates caractéristiques des textes actuels, cette formulation entretient un certain imbroglio, à tout le moins une certaine opacité.

Qui sont les enfants instruits en famille ?

Cette question n'est pas sociologique ! Elle concerne la définition a priori de la population légalement soumise à ces

---

[1] Notamment, après les deux grandes lois de 1975, l'une créant le collège unique, l'autre en faveur des personnes handicapées, qui était restée quasiment lettre morte, et dont certains objectifs ont été repris et reformulés par la loi de 2005 sur la scolarisation des élèves handicapés.

contrôles. Or cette définition a évolué en lien avec les lois du 5 mars 2007 relatives à la prévention de la délinquance et à la réforme de la protection de l'enfance. Les préoccupations liées à l'absentéisme scolaire se sont profilées en toile de fond et, peut-être plus implicitement, l'interdiction du travail des enfants[1]. Ainsi dans la circulaire du 26 décembre 2011, le lieu où l'instruction est donnée est devenu un critère décisif : tous les enfants qui ne reçoivent pas une formation en présentiel dans un établissement scolaire relèvent désormais de l'instruction dans la famille[2]. Cela signifie que l'instruction en famille englobe les enfants qui recourent à l'enseignement à distance[3]. Cette redéfinition est une conséquence logique de la priorité à la scolarisation dans des établissements d'enseignement prononcée en 1998.

Jusqu'à cette année-là, certains parents contournaient les contrôles grâce aux cours par correspondance. C'était le cas de Romane, mère de Benoit : « C'est des devoirs à rendre pour montrer qu'il est instruit. Alors y'a... français, maths et éveil (silence) d'obligatoire, hein, pour qu'il soit considéré en scolarité complète ». Cela ne mobilise Benoit qu'une matinée par mois pour des devoirs niveau CE1 « parce que les cours qu'on prend sont vraiment très, très cools sur le respect du rythme de l'enfant. C'est toujours trop pour lui parce que c'est vraiment pas sa façon d'être, mais c'est vraiment un compromis qui nous arrange bien parce que ça lui permet de rester libre tout le reste du temps et de continuer à apprendre à sa façon à lui et à vivre ». Romane se demande si son fils était contrôlé, si elle aurait à faire face à une injonction de scolarisation. Cette question ne se pose plus : désormais Benoit devra être contrôlé.

---

[1] Voir les remarques du rapport de L. Machard sur les manquements à l'obligation scolaire (2003), p. 41.
[2] Cette assimilation entre l'enseignement à distance et l'instruction dans la famille est considérée comme inacceptable par LED'A qui a déposé un recours en décembre 2011.
[3] MENE1135458C circulaire n° 2011-238 du 26-12-2011 MEN - DGESCO B3-3

## Une restriction : instruction des enfants d'une seule famille au même domicile

Enfin, une condition limitative est formulée : l'instruction au même domicile ne peut l'être que pour les enfants d'une seule famille. Cette restriction est signifiante, elle nous semble s'inscrire dans *Le modèle politique français* tel qu'il est analysé par P. Rosanvallon[1].

Peut-être faut-il voir dans cette précision l'impact de pratiques observées lors des contrôles devenus systématiques ? Peut-être est-ce suggérer qu'à partir de deux familles, il faudrait se soumettre aux règlements concernant l'ouverture d'un établissement hors contrat ? Quoiqu'il en soit, en prenant du recul et en se référant à l'histoire des institutions françaises, on peut penser aux restrictions qui ont longtemps entravé les regroupements centrés sur des intérêts particuliers. La Révolution, après avoir supprimé les privilèges, puis les corporations et les jurandes, a développé une culture politique très soupçonneuse quant à la division du corps social. Le Chapelier, présentant le projet d'abolition des corporations, déclare : « Il n'y a plus de corporations dans l'État ; il n'y a plus que l'intérêt particulier de chaque individu et l'intérêt général. Il n'est permis à personne d'inspirer aux citoyens un intérêt intermédiaire, de les séparer de la chose publique par un esprit de corporation[2] ». Dans ce contexte politique, il a fallu attendre les lois des années 1884, 1901, 1905 pour rompre avec cette culture et reconnaître un statut légal aux syndicats et aux associations. Dans le cas de l'IEF, accepter le regroupement d'enfants de plusieurs familles ne serait-ce pas, à un moment où la formation de la personne est si décisive, courir le risque de favoriser la composition de sous-groupes fragilisant l'unité de la société ?

## Des procédures précisées

Des détails pratiques sont développés explicitement.

---

[1] Rosanvallon P. (2004)
[2] Cité par Rosanvallon, page 29.

Le rythme annuel du contrôle pédagogique est réaffirmé. S'il y a problème, un délai est donné aux parents pour améliorer le niveau de leur enfant avant qu'intervienne un second contrôle de l'inspection académique. Les arguments de N. About, sénateur auteur de la proposition de loi, concernent la lourdeur bureaucratique du fonctionnement de l'Éducation nationale qui pourrait risquer de laisser trainer : « Monsieur le rapporteur [...] Pouvez-vous nous garantir que l'inspecteur d'académie n'attendra pas un an avant d'exercer un nouveau contrôle [...] ? Un an d'attente, c'est beaucoup pour un jeune enfant ». Logiquement, il demande aussi « le renforcement des sanctions pénales à l'encontre des parents et des chefs d'établissement qui refuseraient d'améliorer leur enseignement[1] », il poursuit : « mais encore faut-il que ces sanctions pénales soient appliquées et j'aimerais être certain que les autorités académiques iront jusqu'au bout de ces contrôles ».

Plus largement, se retrouve invoquée la protection de l'enfance. Il ne s'agit pas de s'en tenir à mobiliser la hiérarchie : « La responsabilité des dénonciations ne doit pas uniquement reposer sur les épaules de l'inspecteur d'académie qui, bien évidemment, ne peut se trouver derrière chaque élève, dans chaque classe et dans chaque établissement de notre pays. Il convient de rappeler le rôle irremplaçable que doivent jouer les enseignants dans le contrôle de l'obligation scolaire. »

L'observation et la protection des enfants ne se limite pas à ceux qui sont instruits en famille.

Où doit avoir lieu le contrôle ? La commission s'est longuement interrogée : « au domicile ou dans un lieu plus neutre, comme un établissement d'enseignement public ? ». Le débat a été tranché en attribuant le choix du lieu de contrôle à l'administration. Il peut avoir « lieu notamment[2] au domicile des parents de l'enfant ». Ce choix permet de voir « l'univers dans lequel l'enfant évolue ». Lorsque ce contrôle s'effectue en

---

[1] Pour des informations sur les problèmes posés par la gestion des sanctions, on peut lire : Bedon J.-M. et Chalup A. (2007) ; Machard L. (2003)
[2] Souligné par l'auteur.

dehors du domicile, un refus de déplacement équivaut à une opposition de la famille au déroulement du contrôle.

L'étude du processus législatif laisse les familles dans l'ombre. En effet, elle met l'accent sur la détermination, d'une part, de principes d'action et, d'autre part, de l'effectivité des contrôles que l'Éducation nationale doit assurer. Les parents qui font le choix de l'IEF sont directement concernés par ces mesures législatives, mais conduire une analyse qui se limiterait à une confrontation entre l'école et les parents serait réducteur pour plusieurs raisons. Tout d'abord, le terme « école » renvoie à une entité générale qui amalgame de nombreux aspects hétérogènes : des textes officiels, une structure hiérarchique et administrative, des modalités spécifiques de transmission, des bâtiments... Ceux-ci méritent d'être différenciés pour comprendre la place faite à l'IEF. Ces nouveaux textes valent aussi pour les établissements[1], sous contrat ou hors contrat, et pour ces derniers c'est nouveau. Surtout, à ce niveau, ce qui est mis sur la sellette, c'est le pilotage d'une institution de service public, l'Éducation nationale, à l'égard de laquelle pèsent, clairement, des soupçons de lenteur, voire d'inefficacité et sont formulées des normes et des attentes.

### 2 - 3. *Conceptions et stratégies des acteurs*

Dans cette partie, nous allons changer de niveau et étudier ce qu'il en est des pratiques de contrôle, c'est-à-dire de ces expériences dont il convient de souligner qu'elles sont partagées par les parents et les professionnels. De ce fait nous n'adopterons pas un point de vue particulier, que ce soit celui des parents ou celui des professionnels. Nous abordons le contrôle comme une situation où se trouvent en présence : un enfant, un parent – voire les deux –, un ou deux professionnels.

---

[1] Un article du journal *Le Monde* en date du 16 avril 2014 est intitulé « À Paris, un lycée privé accusé de dérives sectaires sera inspecté ». Le lycée a été blanchi après la mission d'inspection (*Le Monde* du 8 septembre 2014).

Pour ce faire nous allons mobiliser des matériaux divers[1] :
- une enquête conduite par entretiens auprès de 19 familles IEF tout au long des années scolaires 2007/2009,
- l'expression de ressenti « à chaud » sur les listes de discussion internet des associations LED'A et LAIA,
- des rapports de contrôle de l'Éducation nationale reçus par des parents[2].

**Une situation délicate pour les parents et les professionnels**

Que la plupart des parents perçoivent ce contrôle comme contraignant et pénible semble aller de soi, mais il semble en aller de même pour les professionnels dont cette tâche, fixée par la loi, accroît la charge de travail dans une situation inhabituelle et comportant une grande marge d'incertitude.

De nombreuses familles se sentent injustement soupçonnées et contestent le principe même de ces contrôles. Une mère remarque : « Cette visite sociale est humiliante dans son principe. Elle suppose à priori que les familles non-scolarisantes pourraient être maltraitantes ». Un père souligne : « J'aimerais savoir au nom de quoi les uns surveillent les autres. Dans l'histoire, chaque fois qu'il y a eu surveillance, cela s'est mal terminé. La discrimination par rapport aux familles scolarisantes est fâcheuse, cette surveillance est intolérable ». Comment pourrait-on soupçonner des parents qui souhaitent le meilleur pour leur enfant ? Le sens politique attribué à cette surveillance et sa critique mérite l'attention malgré son outrance. Ces propos émotionnels sont focalisés sur une situation personnelle. Leur caractère radical et généralisant est à

---

[1] Ces données ont été recueillies par Élisabeth Walter qui a entrepris une thèse en sciences de l'éducation sur l'instruction en famille, en 2006, à Université Lille 3. Pour sa démarche de collecte, elle a bénéficié de sa position de mère de famille pratiquant l'instruction en famille et adhérente active de ces associations. Quand je l'inscris, l'École doctorale m'adresse un courrier pour m'alerter et m'inciter à la prudence. Elle n'a pas terminé cette recherche.

[2] Quatrevaux A. (2011) a conduit une recherche sur le contrôle pédagogique. En prenant pour point de départ « l'hypothèse de similitudes entre ces rapports de contrôle, d'une part, et, d'autre part, les rapports d'inspection des enseignants », il se situe explicitement du côté des parents dans une perspective sociologique conflictualiste d'analyse du « système scolaire face à l'instruction en famille ».

rapporter à la prégnance du cadre particulier de l'IEF, il n'en reste pas moins que ce vécu révolté, et incontestablement pénible, est fondé sur une certaine méconnaissance. Aussi, plutôt que d'essayer d'imaginer une société où personne ne surveille, on pourrait s'interroger sur ce qui mérite d'être surveillé et jusqu'où. En prenant du recul, il est manifeste que ce qui est attendu des professionnels et ce qui est attendu des parents est comparable, mais l'individualisation de l'instruction crée une individualisation des contrôles. Les parents avaient pu croire qu'ils allaient gagner en liberté, or ils héritent de tâches que l'école gère habituellement dans un cadre organisationnel hiérarchisé et caractérisé par une grande division du travail. Ces cas particuliers font réapparaître qu'au delà de sa mission centrale et noble d'enseignement, l'école peut être un observatoire de la bien/mal traitance des enfants.

Certaines mères restent cependant sensibles à la liberté gagnée, elles comparent l'inconvénient émotionnel ponctuel à l'avantage assez durable : « Je me dis que deux heures de contrôles scolaires, c'est bien peu pour avoir ensuite un an de liberté devant nous, alors j'accepte ». Anna, elle, apprécie ce bénéfice d'un point de vue militant. Mère de deux enfants dont l'âge correspond à l'école élémentaire, elle écrit : « Ces visites ont permis de lever la suspicion qui pesait sur les familles non-scolarisantes. Personnellement je vois ces visites comme faisant partie de la nécessaire information que nous nous devons de faire passer aux assistantes sociales, qui ainsi (in)formées par nos soins pourront répandre la nouvelle de la non-obligation scolaire à des enfants en souffrance à l'école[1]… ».

Les professionnels de l'Éducation nationale ont des positions tout aussi contrastées. Tous ne sont pas aussi compréhensifs que cet inspecteur de l'académie de Lille : « Ces familles font un choix respectable[2] ». Il n'en reste pas moins qu'ils doivent assurer ce contrôle, non sans quelque malaise. P. Carrière, Inspecteur en Charente déclarait : « On est bien obligé d'évaluer les choses par rapport aux programmes. Sinon, on ne sait pas

---

[1] Renau, C., *Notre non sco expliquée à un journaliste*, avril 2008. www.parisbalades.com/nonsco/notre_non-sco.htm
[2] *La Voix du Nord*, 11 septembre 2008.

faire[1] ». Une inspectrice de la circonscription de Clermont, C. Corillon explique : « Nous vérifions si les programmes sont bien adaptés et bien réalisés. Nous regardons toutes les disciplines. Les outils sont libres, mais si un ouvrage n'est pas en adéquation avec le programme de 2002, nous le consignons dans notre rapport[2] ». De fait, dans les rapports, de nombreux inspecteurs semblent crispés sur leurs compétences professionnelles, cela est perceptible dans des appréciations globales : « L'instruction apportée ne répond pas correctement aux programmes officiels définis pour les niveaux d'enseignement CE2 », « Les performances de cette enfant ne sont pas celles d'une élève de 4ᵉ », ou dans des appréciations détaillées : « Les majuscules devraient toutes être connues », « Les nombres décimaux… seront à traiter rapidement[3] ». Certains inspecteurs s'avèrent démunis pour contrôler un enfant non scolarisé en s'écartant des découpages fixés par les programmes, on peut penser qu'ils se réfugient avec d'autant plus de fermeté derrière leur autorité.

Pour les parents, comme pour les professionnels, cette situation est peu fréquente, aux marges de leurs pratiques habituelles. De plus elle repose sur la présence et les réactions d'un tiers, l'enfant. Néanmoins, la dissymétrie des adultes pris dans cette relation ne peut être négligée, les parents ont plus de raisons d'être inquiets.

### Un enjeu : le lieu du contrôle pédagogique

Les contrôles personnalisés se déroulent souvent au domicile, surtout pour les élèves dont l'âge correspond à l'enseignement élémentaire. Cette situation est plus ou moins déconcertante pour les professionnels. S'il s'agit d'une assistante sociale envoyée par une mairie, cette pratique est habituelle à l'exercice de sa profession. En revanche, de nombreux autres sont mal à l'aise de devoir s'introduire dans

---

[1] *La Charente Libre*, « Les libres enfants de Paizay-Naudoin devant la justice », 16 mars 2006.
[2] *Le Parisien*, « École à domicile : peut mieux faire », 27 mai 2006.
[3] Terrillon N. (2002), p. 102. Son mémoire porte sur l'analyse des comptes-rendus de contrôles concernant 23 enfants.

cet espace privé. On peut penser que la fréquence des visites à deux est une stratégie pour se soutenir et faire face sur un territoire inconnu et privé, même s'il convient de ne pas négliger l'effet de la curiosité.

Le contrôle effectué par les mairies tous les deux ans se passe généralement dans une ambiance bon enfant, les témoignages évoquent souvent un maire ou une assistante sociale buvant du jus d'orange confortablement installé sur le canapé du salon familial. De ce fait, il s'avère qu'il en est peu question de façon spontanée dans les échanges entre parents.

Hélène raconte :
« Notre contrôle social a eu lieu ce matin. Nous avons eu la visite d'une médecin et d'une infirmière. Marie leur a ouvert la porte avec un grand bonjour, elles se sont excusées de nous déranger. Elles ont voulu savoir les raisons de notre choix, si Marie était allée à la maternelle, si elle avait un suivi médical et vaccinal, si elle faisait des activités. C'est bon pour deux ans ! »

Constance témoigne de son premier contrôle social :
« Je me sentais assez fatiguée par le nettoyage/rangement de la maison, j'ai dit aux enfants que pour le contrôle de dans deux ans on commencerait l'année prochaine ! Lorsqu'ils ont été partis, Vincent a dansé pour la fin du stress. Et deux minutes après revenait la conseillère pour me donner une info concernant la mairie ! ».

Pour les contrôles pédagogiques, la plupart des familles préfèrent accueillir les inspecteurs chez elles. Elles se sentent plus à leur aise dans leur décor quotidien. L'aspect pratique revient aussi souvent « Je ne me vois pas me balader avec des kilos de livres, de cahiers et de matériels, pour leur montrer ce qu'on fait » dit une mère de famille nombreuse. Pour d'autres, cette visite leur apparaît comme un viol de leur intimité. Elles n'ont pas envie qu'on les juge sur leur intérieur, sur l'état du ménage, sur leur décoration.

Sur le site de LED'A, on trouve trace de la tension entre ces deux points de vue : un recours administratif contre la circulaire de 2011[1] porte, entre autres, sur le lieu du contrôle. L'association demande « l'abrogation et la modification des dispositions de la circulaire qui nie aux parents tout droit de se prononcer sur le choix du lieu du contrôle pédagogique ». Que le lieu du contrôle soit fixé par l'inspecteur d'académie, sans qu'il ait à le motiver, ne satisfait pas les parents, ni ceux qui souhaitent se trouver avec leur enfant dans un lieu familier, ni ceux qui souhaitent préserver leur intimité en se rendant dans un local extérieur. Il s'agit de souligner combien le lieu peut avoir un impact : « Une décision d'effectuer le contrôle pédagogique dans les locaux de l'inspection d'académie a pour objet et pour effet de restreindre l'exercice de la liberté de choisir l'enseignement dispensé aux enfants. [...] La décision d'effectuer le contrôle dans les bureaux de l'inspection d'académie impose une sujétion. [...] La circulaire aurait dû préciser que toute décision de ce type doit être motivée dès lors qu'elle constitue une décision individuelle défavorable, soit parce qu'elle impose une sujétion, soit parce qu'elle restreint une liberté ». Les arguments qui contestent que le contrôle doive se dérouler dans les locaux de l'inspection mettent en évidence des raisons qui affirment le poids de l'identité institutionnelle des lieux.

Le texte de ce recours souligne que le pouvoir de décision discrétionnaire attribué à l'inspection est contraire aux termes de la circulaire qui fait état de la nécessité d'un « dialogue constructif avec les personnes responsables ». Ce texte invoque « l'esprit de l'instruction à domicile » pour défendre le choix du lieu, mais aussi la présence des parents « lors de ce contrôle, soit – naturellement – lorsqu'il a lieu à leur domicile, soit – pour d'autres raisons mais tout aussi compréhensibles – lorsqu'il est fait en dehors de leur domicile ». Ce recours manifeste que les parents sont d'accord pour refuser un local de l'inspection comme lieu de contrôle, mais ce n'est pas pour autant que le domicile s'impose. Une autre solution peut être

---

[1] http://www.lesenfantsdabord.org/wp-content/uploads/2012/05/circulaire_26_decembre_2011-recours_gracieux-lar.pdf

trouvée dans le cadre d'une concertation que tous s'accordent à revendiquer pour préparer le contrôle pédagogique.

## Un contrôle des connaissances problématique

Le contrôle des connaissances est le cœur du contrôle pédagogique. Il a deux objectifs : vérifier la réalité de l'instruction dispensée et la progression de l'enfant. Le législateur en a précisé le domaine à l'intersection du socle commun des connaissances, des exigences du droit de l'enfant à l'instruction et de la liberté pédagogique des parents. Pratiquement, ce qu'il convient d'apprécier n'est pas clair pour autant. Les parents non scolarisants ont, en principe, une grande liberté pédagogique : l'objectif est qu'ils amènent l'enfant, à l'issue de la période d'instruction obligatoire, à un niveau comparable à celui des enfants scolarisés dans des établissements. Mais comment évaluer au fil des années, sans se référer aux découpages des programmes, que cet objectif sera atteint à 16 ans ?

Dans un contexte scolaire classique, Thélot[1] souligne que cette tâche d'évaluation et de contrôle des inspecteurs s'appuie sur des préalables très diversement utilisés et de plus insuffisamment précis pour être évaluables. Ces remarques d'un ancien directeur de l'évaluation et de la prospective au ministère de l'Éducation nationale, ancien président de la Commission du débat national sur l'avenir de l'École, sont importantes à noter. Comment penser qu'il serait possible de fixer plus clairement des objectifs, tout en préservant une grande marge de liberté, comme le souhaitent les associations ? Les complications soulignées en ce qui concerne les conditions de l'évaluation sont d'ordre pratique et symbolique. En revanche, préciser les contenus qu'il conviendrait d'évaluer soulève de redoutables problèmes théoriques. Dans un cadre aussi souple que l'IEF, on peut donc imaginer et comprendre, tout à la fois les difficultés des inspecteurs et les variations de

---

[1] Thélot C. (2008), « Si l'on souhaite évaluer des connaissances et des compétences censées être acquises dans le cadre scolaire, les programmes constituent l'armature de ces objectifs. Souvent, ils ne sont pas assez précis pour être concrètement évaluables […]. Par exemple : "lire à haute voix, de façon expressive, un texte en prose ou en vers" ; "connaître les notions de chance ou de probabilité" […] »

leurs pratiques en lien avec les variations de leur usage des préalables. D'ailleurs ces variations, selon les départements, selon les inspecteurs, ne sont pas spécifiques à l'IEF et l'on peut s'expliquer pourquoi certains se crispent.

D'un point de vue pratique, l'association LED'A a édité un petit livret en déplaçant la question : « Mieux connaître l'instruction en famille » à destination des inspections d'académie.

Corine, maman de Pablo, résume un ressenti ambivalent : ce contrôle, « ça m'oblige à suivre le programme plus ou moins, quand-même. S'il n'y avait pas les contrôles, je serais moins attentive. Il y a quand-même une certaine peur. En même temps, je pense que c'est important que Pablo connaisse ce que les autres de son âge connaissent, il ne s'agit pas non plus de l'exclure trop ». Mélanie souligne : « Donc voilà, ça pèse énormément parce que je n'aurais pas pris les cours. J'aurais continué comme on fait depuis qu'ils sont petits ».

De nombreux parents préparent cette visite de contrôle en adressant un courrier à l'inspection et en organisant des dossiers afin d'attester des activités pédagogiques de leur enfant conformément au texte : « Le contrôle des connaissances et compétences acquises par l'enfant comporte l'observation de ses différents travaux présentés à l'inspecteur chargé du contrôle lors d'un entretien ». Néanmoins, les indications de cette circulaire ne sont pas nécessairement suivies. Pour certains leurs routines professionnelles sont incontournables, comme en témoigne Françoise (maman de Manon, 10 ans et Louis, 7 ans) : « On avait préparé plein de dossiers de ce qu'on avait fait dans l'année et elle ne les a pas regardés. Elle a ouvert, elle a refermé et elle a demandé "Est-ce que je peux faire des tests ?" ».

L'enfant est presque toujours contrôlé par rapport au niveau de son groupe d'âge et non par rapport à son niveau réel. Les décalages peuvent être problématiques quand les démarches parentales sont liées à ce qu'ils perçoivent de la curiosité de leurs enfants et que les programmes des disciplines ne sont pas respectés. Ils le sont plus gravement quand les apprentissages fondamentaux tardent. Les situations peuvent devenir cocasses quand les enfants sont brillants et précoces. En 2007, dans les Hauts-de-Seine, Océane a passé son brevet des collèges avec succès à 12 ans et vient de passer le bac français à 14 ans. Elle continue d'être convoquée par l'inspection d'académie. En 2008, une famille dont la fille de 12 ans suivait le niveau 3$^e$ en cours par correspondance s'étonne : l'IA souhaitait un contrôle, alors qu'on aurait pu supposer que le brevet des collèges pouvait en tenir lieu. Une logique administrative et formelle l'emporte.

## *2 - 4. Le contrôle pédagogique, climats et styles d'interactions*

L'enquête à caractère pédagogique constitue une situation inégalitaire, en matière de statut et de pouvoir : la poursuite des pratiques d'IEF dépend du rapport qui sera rédigé. Cette situation est d'autant plus stressante qu'il peut être délicat pour les parents de s'affirmer, voire de se défendre, face à ces professionnels (inspecteur, psychologue scolaire, conseiller pédagogique…) dont les compétences et la légitimité sont soutenues par l'institution scolaire. Son climat et les interactions qui s'y développent sont très variables, parfois marqués par le dialogue, parfois par des désaccords difficiles à dépasser, au point d'être tendus, voire conflictuels.

### Ouverture, adaptation et échanges

Il semble que de plus en plus d'inspecteurs fassent preuve d'un intérêt réel pour le travail des enfants non scolarisés et respectent les démarches pédagogiques des familles. Souvent, celles-ci envoient une sorte de récapitulatif de ce qui a été fait dans l'année et tentent de discuter des modalités du contrôle afin d'éviter des tests de niveau. Les parents présentent cahiers, portfolios, traces écrites du travail de l'enfant pour montrer qu'il reçoit bien une instruction.

Marianne témoigne :

« Jusqu'à présent les enfants faisaient des tests pendant plus de deux heures. Cette fois, nous sommes sortis au bout d'une heure. Les enfants n'ont pas écrit. Martin a un peu lu. Sinon tout le contrôle de l'instruction a reposé sur un échange. Je suis contente d'avoir prévenu par courrier mon refus des tests de niveau. Le livret a permis le dialogue, c'est génial. Je vois bien que pour cet homme de l'Éducation nationale cette manière de vérifier les acquisitions est déroutante mais il l'a finalement bien acceptée. »

Éliane s'estime « chanceuse » :
« Dès le départ, il nous a mises à l'aise en expliquant qu'il ne venait pas pour faire de la répression, mais davantage pour encourager, écouter, comme il le faisait avec ses enseignants... Il a interrogé Maguy et Rose à partir du journal, leur demandant de le lire et de le commenter. En maths, une seule question. Il a conclu en me demandant comment je ferais pour le collège et là j'ai répondu que nous n'avions encore pris aucune décision. J'ai tout de même fait attention à ne pas critiquer le système classique auquel visiblement il est attaché, mais j'ai accepté de lui dire pourquoi nous avions fait ce choix entre deux petits gâteaux. »

Ces inspecteurs de bonne volonté basent leurs rapports sur les écrits des parents lorsqu'ils existent, sur les traces écrites collectées tout au long de l'année et sur des discussions avec les parents et les enfants.

La mère d'Émilie, 8 ans, colle aux programmes de l'école. Son contrôle lui a laissé une impression positive :
« Deux messieurs très sympas. Nous avons été très fiers de notre fille. Elle n'a fait ni la timide, ni la sotte et elle a participé à fond à cette entrevue qui a quand même duré plus de deux heures sans interruption. Nous avons reçu un compte-rendu détaillé, cinq pages ! Nous sommes très fiers de ce rapport. Ils nous ont demandé d'être présents tous les deux et nous ont associés au travail demandé à Émilie. Le dialogue a été très détendu et très constructif. Ils nous ont écoutés et ont tenu compte de ce que nous leur disions ».

Ces parents sont contents de pouvoir poursuivre leur démarche, mais aussi d'avoir pu échanger, d'avoir été entendus et de s'être sentis reconnus.

**Confrontation et négociation**

Néanmoins il n'y a pas toujours cet ajustement réciproque satisfaisant. Le recours à des tests pour évaluer l'enfant est souvent une pierre d'achoppement.

Claudine a toujours refusé les tests. Suite à un déménagement, le contrôle se déroule dans les locaux de l'académie avec une nouvelle inspectrice :

« Elle arrive et nous dit en voyant la caisse de travaux des enfants : "- Je vais regarder rapidement ce que vous avez amené et après je ferai un petit questionnaire". Sur ce j'ai répondu, très ferme : "- J'ai essayé de vous contacter à plusieurs reprises, nous refusons les tests". Là, elle paraissait un peu gênée et elle me dit que la loi l'y autorise. Je lui réponds qu'elle a le droit avec les parents pour lesquels c'est dans leur pédagogie, comme ce n'est pas dans la mienne, elle n'en fera pas. "- C'est pas grave, c'est juste des petits tests pour savoir comment lisent les filles". Louise avait justement amené son Harry Potter et je lui dis qu'elle peut très bien lui demander de lire quelques lignes de son HP mais qu'elle ne fera aucun test de quelque nature que ce soit sur ses supports à elle.

Là, elle était très énervée et me dit qu'elle peut aussi, si ça se passe comme ça, faire un entretien avec l'enfant en nous demandant de sortir, que la loi l'y autorise. J'ai répliqué que la loi nous autorisait aussi à être là et que donc moi je ne l'autorisais pas à avoir un entretien avec MES enfants et que nous étions leurs parents, mon mari est aussi ferme que moi là-dessus et il était présent, et qu'on déciderait ce qui doit se faire ou non !

En plus je déteste qu'on me menace et elle l'a bien senti à ce moment-là ! Elle est donc allée s'isoler quelques minutes dans son bureau. Elle est revenue un peu calmée. Elle m'a quand même dit qu'elle devait noter dans son rapport que je refusais les tests et un entretien avec les enfants et je lui ai dit que ça ne me dérangerait pas du tout ! »

La conclusion de cette mère de famille peut étonner : ce contrôle lui semble avoir été beaucoup moins dans le rapport de force que les années précédentes, « on a vu qu'il y avait eu un transfert de notre dossier ». Cette mère tient ferme, son récit mentionne la présence de son mari sans lui attribuer un rôle actif. Quant à l'inspectrice, elle est sur son territoire, elle a face à elle une enfant, son Harry Potter et ses deux parents, elle s'abrite derrière des lois et des procédures plutôt que de faire un détour par l'école des sorciers.

## Formalisme institutionnel et jargon scolaire

Certains parents ont plus de mal à faire entendre leurs souhaits. Ainsi, Solange : « ils insistent pour nous faire déplacer au collège voisin et qu'elle se trouve devant une commission de profs, Conseiller principal d'éducation, Principal, Inspecteur d'Académie... ». Aurélie s'est trouvée désarmée, elle écrit : « J'ai pas réussi à refuser des tests. Avant l'année prochaine, j'aimerais assister à un ou plusieurs contrôles chez d'autres familles, pour vous voir vous défendre et répondre et si possible avoir le dernier mot ! ».

Beaucoup de parents témoignent du mépris des inspecteurs envers le travail de leurs enfants. Leurs manières de faire habituelles, l'utilisation de leur matériel, de leurs doigts pour compter, la médiation du parent sont souvent refusées. Ces situations peuvent aller jusqu'à l'absurde comme en témoignent les parents de Margot : « L'inspectrice, en voulant l'interroger sur les fractions, lui demande de dessiner un gâteau. Margot dessine un parallélépipède, un cake, et l'inspectrice lui dit « non, ça c'est pas un gâteau ! ». Et Margot dit « Si ça c'est un gâteau, je peux dessiner les bougies si vous voulez ». Elle dessine les bougies pour lui expliquer que sous les bougies, il y a le gâteau. Et l'inspectrice lui dit « non, ça c'est pas un gâteau ». Alors je dis « dessine une tarte ». Et donc Margot dessine un cercle. « Ah maintenant, ça c'est un gâteau, on va pouvoir faire des fractions ! ». L'enfant propose une réponse jugée incorrecte et c'est la mère qui débloque l'échange donnant à voir une rigidité caricaturale et comique. Cette anecdote comprend tous les ingrédients pour devenir un récit emblématique, satirique, où il se manifeste que les compétences, tout autant relationnelles que didactiques, ne sont pas là où elles sont professionnellement affichées ! Elle a été recueillie en 2009, on peut l'entendre, racontée de façon tout à fait similaire, dans le documentaire « Être et devenir » sorti en mai 2014.

**Conflits et recours judiciaires**

Il arrive que les désaccords deviennent des conflits, aboutissent à des rapports négatifs et à des mises en demeure de scolarisation en établissement. Peuvent s'ensuivre des procédures judiciaires. Les sites de l'association LAD'A[1] et « Une adolescence libre d'école[2] », notamment, portent attention à la jurisprudence.

La jurisprudence Clochard, 2006, est la plus fréquemment et la plus longuement mentionnée. Elle porte sur le contrôle pédagogique. Une mère avait refusé d'obéir à une injonction de scolariser son fils de sept ans, bilingue français-anglais, dont le niveau en lecture et écriture n'était pas identique aux enfants scolarisés de même âge. Sanctionnée pénalement, alors qu'elle avait exercé un recours en annulation auprès du tribunal administratif de Poitiers, la mère a fait appel. On peut lire, dans le jugement qui relaxe la mère : « ce contrôle, qui ne porte d'ailleurs pas uniquement sur l'acquisition des connaissances, n'a pas pour objet de s'assurer que le niveau de l'enfant est équivalent à celui d'un enfant de même âge scolarisé […] dans le cas où le contrôle révèle une distorsion […] ce simple constat ne peut à lui seul caractériser une insuffisance des résultats du contrôle de nature à justifier que les parents soient mis en demeure d'inscrire leur enfant dans un établissement d'enseignement public ou privé ». D'autres affaires mettent en évidence des erreurs d'appréciation ou des violations des procédures : comme une mise en demeure d'inscription dans un établissement après un seul contrôle ou malgré l'absence de notification précise des résultats.

La circulaire du 26 décembre 2011[3], présentant précisément les procédures de contrôle aux cadres qui en sont responsables, est destinée à informer et former pour éviter ces manquements. L'Éducation nationale y mentionne une jurisprudence en sa

---

[1] www.lesenfantsdabord.org/la-loi/jurisprudences
[2] Cette association indique les adresses internet permettant de consulter les développements de ces affaires. Celles-ci sont classées en fonction de leur caractère positif ou négatif par rapport aux familles :
http://adoslibresdecole.forumgratuit.org/t310-jurisprudences
[3] http://www.education.gouv.fr/pid25535/bulletin_officiel.html?cid_bo=58902

faveur, la décision du 18 décembre 2007 de la cour administrative d'appel de Paris (Victor Aknine c./recteur de l'académie de Paris) : le choix du lieu de contrôle appartient à l'administration. Les démarches législatives et judiciaires se poursuivent, d'un côté pour gagner en autonomie et en reconnaissance, de l'autre pour renforcer le cadrage et les contrôles.

## 2 - 5. Conclusion

Les associations mentionnent que, depuis 1998, l'instruction en famille est devenue un mode d'instruction très encadré. Ce n'est pas faux, mais c'est une formulation qui ne retient qu'un aspect des évolutions législatives. Le resserrement de cet encadrement concerne globalement la scolarisation des enfants : il s'est étendu aux inscrits à un enseignement par correspondance, aux établissements hors contrat, mais aussi aux absentéistes, aux décrocheurs et à leurs parents. Peut-être cette appréciation tient-elle aussi à ce que les contrôles qui auraient dû être faits semblaient quelque peu tombés en désuétude. Les parents ayant choisi l'IEF auraient voulu contourner l'école et ils ne peuvent esquiver les contrôles que l'État prescrit au nom de la protection des enfants et de leurs droits. Les cadres de l'Éducation nationale sont les contrôleurs de ce que l'instruction dispensée répond aux objectifs définis[1]. Les uns et les autres sont pris dans un cadre qui les déborde.

Les parents qui instruisent en famille se sentent en but à des attentes et à des soupçons qui les visent spécifiquement. Pourtant, on peut considérer qu'ils ne font, tout d'abord, qu'hériter de tâches que l'administration scolaire assure habituellement et, de plus, que pâtir des relations, rarement empruntes de sérénité, que l'école entretient avec les parents[2]. Fréquemment, en effet, entre les parents scolarisants et les professionnels de l'école des tensions émergent, les uns et les autres critiquent leurs pratiques respectives et leurs résultats, du point de vue de la formation à la civilité ou de l'accompagne-

---

[1] En cela on peut les comparer à des inspecteurs du travail qui vérifient que les employeurs ne contreviennent pas à la législation sur le travail.
[2] Guigue M. et Tillard B. (2010), Guigue M. (2014).

ment des apprentissages. Sont mises en avant, explicitement, des questions d'autorité et de compétences.

Le contexte de l'IEF déplace les questions et les tensions. Devient majeur un conflit de légitimité : qui doit décider des modalités d'éducation des enfants ? Qui est le mieux placé pour développer un projet d'éducation et d'instruction respectueux de l'enfant, de ses apprentissages et de son épanouissement ? Ce conflit de légitimité est indissociable de conflits de valeurs portant sur la place de l'enfant dans sa famille et dans la société, mais aussi sur la place des institutions par rapport à des perspectives individualistes. Les professionnels de l'école et les parents seraient d'accord sur des visées générales comme l'autonomie, la liberté. Mais ces généralités cachent bien plus que des nuances : l'autonomie et la liberté de qui ? Par rapport à quoi ? De plus, restent entières les questions quant aux moyens à mettre en œuvre pour y parvenir.

Les professionnels considèrent facilement que les parents sont « démissionnaires ». Comment comprendre que ceux-ci s'impliquent à ce point ? Ces parents déconcertent. Quels motifs peuvent être suffisamment puissants pour soutenir une implication dont les conséquences contraignantes au quotidien sont lourdes et durables ? La crainte d'affiliations sectaires s'inscrit probablement dans cette perspective : donner sens à un parti pris aussi troublant. Or, ces parents ne sont pas toujours des interlocuteurs impressionnables, les professionnels découvrent des situations qu'ils connaissent mal et tâtonnent face à des parents inquiets, mais informés. La dissymétrie fondamentale des situations de contrôle est pénible et stressante pour les parents, mais, malgré leur position dominante, l'incertitude de ce face à face n'épargne pas aux inspecteurs un sentiment de malaise.

Contrôler est un travail problématique, mais il est illusoire de considérer qu'il peut être évité. Le fascicule à destination des professionnels de l'association LED'A, les informations militantes données par Anna montrent que cette situation peut être saisie pour contribuer, ici et là, à l'ouverture et au développement des professionnels concernés.

# Chapitre 3. Les motivations des familles pour une pratique marginale, l'IEF

*Aleksandra Pawlowska*[1]

L'instruction en famille est un choix légal, mais marginal. Peu connu des parents, c'est aussi un sujet peu traité par les chercheurs. Dans ce contexte ce sont parfois des étudiants qui attirent l'attention sur un thème qui les concerne et qu'ils souhaiteraient approfondir dans le cadre de travaux d'initiation à la recherche. C'est ainsi qu'en accompagnant D. Marguerie en Master j'ai été conduite à prêter attention aux raisons qui poussent des familles à instruire elles-mêmes leurs enfants[2], c'est pourquoi ce texte se poursuit avec un « nous » désignant ce tandem particulier de l'étudiant et de l'enseignant qui interagissent au fil d'une année.

## 3 - 1. *Démarche et problématique*

Tout d'abord, et dans une perspective empirique, il importait d'entrer en contact avec des familles pratiquant l'IEF, qu'elles aient retiré leur enfant de l'école ou qu'elles ne l'aient jamais scolarisé et cela en dehors de toutes contraintes, comme une maladie ou un handicap. Une première étape, grâce à internet, nous a permis d'explorer ce qui s'écrivait sur l'instruction en famille et de repérer des associations et des forums de discussion[3]. L'association Les Enfants d'abord (LED'A[4]) est

---

[1] Post-doctorante à l'Université de Strasbourg, Laboratoire Dynamiques européennes.

[2] En tant qu'ATER en sciences de l'éducation, Université de Lille 3, travail conduit en 2010/2011.

[3] Notamment : Choisir d'instruire son enfant (CISE) – www.cise.fr, Libres d'apprendre et d'instruire autrement (LAIA) – www.laia.asso.free.fr, Portail Suisse des familles qui font l'école à la maison - http://papillons-des-ecoles.parentages.ch, Grandir sans école, forum de discussion belge - http://grandirsansecole.creer-forum.com, École buissonnière - http://ecolebuissonniere.fr, Écoles différentes - http://ecolesdifferentes.free.fr

[4] LED'A a été fondée en 1988. En 2010, cette association comptait 2 700 membres et 377 adhérents. Elle ne préconise pas de pédagogie ou de programme particulier, elle met l'accent sur le respect de l'enfant, son rythme, ses centres d'intérêt. www.lesenfantsdabord.org/

devenue notre principal intermédiaire. En effet, des personnes dites « contacts relais » sont responsables de la communication, d'une part, avec des parents intéressés par l'IEF pour favoriser les échanges entre familles d'une même région, d'autre part, avec les interlocuteurs divers qui les sollicitent. Trente et un contacts relais ont ainsi été sollicités pour distribuer les questionnaires auprès de leur réseau.

Ces premiers contacts ont pris la forme d'une correspondance par courriel avec quelques familles. Deux d'entre elles ont accepté un entretien téléphonique exploratoire pour nous parler de leurs motivations. Puis un questionnaire a été envoyé à environ 250 familles auxquelles nous demandions aussi de le relayer auprès de leurs propres contacts. Au total, nous avons reçu en retour 40 questionnaires dont certains avec beaucoup d'annotations. Internet donne accès à une population nombreuse, mais géographiquement dispersée. Nous avons pu rencontrer et interviewer trois familles implantées dans le quart nord-ouest de la France.

Les raisons d'un choix aussi exigeant que l'instruction en famille peuvent être multiples et enchevêtrées, certaines pouvant échapper à la clairvoyance de l'intéressé lui-même. Dans cette étude, nous nous sommes limités à l'exploration de trois aspects qui peuvent être complémentaires les uns des autres. Dans quelle mesure la non-scolarisation résulte-t-elle du rapport des parents à l'école, notamment en relation avec leur passé, ou des conceptions des parents quant au bien-être de l'enfant et à sa singularité, ou encore des décalages entre les valeurs de l'école et celles transmises par la famille ?

Le questionnaire comprenait donc quatre parties :
- un tableau de la situation familiale concernant l'IEF,
- l'exploration des raisons et les modalités de ce choix,
- le vécu et l'expérience des personnes responsables de l'instruction,
- les caractéristiques sociales de la famille.

Les entretiens ont permis de revenir plus particulièrement sur :
- la trajectoire scolaire et professionnelle des parents,
- leurs conceptions de l'éducation, de l'enfant et son bien-être,
- leurs représentations des conditions d'apprentissage et d'éducation des enfants à l'école et dans la famille.

### 3 - 2. Le profil des familles enquêtées

Quarante familles ont répondu, toutes vivant en France, principalement des mères (37 sur 40), car nous avions demandé que le questionnaire soit rempli par le parent le plus concerné par l'IEF.

| Age | 20-30 ans | 30-45 ans | 45-60 ans | Total |
|---|---|---|---|---|
| Homme | 3 | 31 | 6 | 40 |
| Femme | 6 | 26 | 5 | 37 |

Ces 40 familles sont composées d'un couple parental dont le niveau d'études est supérieur à la moyenne nationale et dont, quasiment la moitié, des mères ne travaillent pas.

| Diplôme | CAP/BEP | Bac | Bac + 2 | Bac + 3 et plus |
|---|---|---|---|---|
| Homme | 3 | 5 | 11 | 20 |
| Femme | 4 | 4 | 8 | 22 |

| CSP | Sans emploi | Employé | Ouvrier | Artisan Commerçant | Cadre |
|---|---|---|---|---|---|
| Homme | 1 | 8 | 3 | 3 | 18 |
| Femme | 18 | 4 | 1 | 3 | 14 |

Il s'agit aussi de familles plus nombreuses que la moyenne nationale. Pour un total de 126 enfants, il y a 18 familles de un ou deux enfants, 13 familles de trois enfants et 9 familles de quatre enfants et plus.

Ces familles ont des caractéristiques comparables à celles mises en évidence par des études faites dans d'autres pays[1], cela ne signifie pas pour autant qu'elles sont représentatives. Comment le saurait-on ? En France, aucune recherche ne permet de connaître leur effectif exact, encore moins leur profil.

### *3 - 3. Conditions et raisons du choix de l'IEF*

L'IEF a été connue, pour 35 familles sur 40, grâce aux médias et aux proches. Pour cinq d'entre elles, il s'est d'abord agi d'un choix contraint du fait des problèmes de leur enfant. Mais elles affirment que c'est, ensuite, devenu un vrai choix de vie. C'est un choix familial : l'enfant a participé à cette décision dans 30 cas. C'est aussi un choix social : 17 déclarent avoir été influencées par une tierce personne. Pourtant, point significatif, ce choix n'est pas pleinement accepté dans l'entourage de ces familles : 15 déclarent que leurs proches ont un avis mitigé et 10 qu'ils ont un avis défavorable. Il s'agit là, néanmoins, de déclarations à prendre avec précaution. Les raisons apparaissent assez diverses. Les répondants ont coché plusieurs items :

| | |
|---|---|
| Caractéristiques particulières des enfants | 16 |
| Volonté d'une relation particulière avec l'enfant | 14 |
| Refus d'une instruction contrôlée par l'État | 10 |
| Crise de l'école | 10 |
| Problèmes internes de l'école | 10 |
| Refus de confier l'instruction à quelqu'un d'autre | 2 |
| Parent ayant lui-même connu l'IEF | 1 |
| Autre (sans précision) | 2 |

Trois ensembles de raisons l'emportent qui souvent s'entrelacent :
- l'enfant, ses besoins particuliers, intellectuels, sociaux et émotionnels,
- l'école, sa crise, sa non adaptation à l'enfant,

---

[1] Bielick *et al.* (2001) ; Brabant C. *et al.* (2001)

- le refus d'une ingérence éducative extérieure jugée trop importante.

Pensant que l'expérience scolaire des parents pouvait avoir eu une influence, une question explicite avait été posée : 25 parents ont répondu négativement, mais 15 positivement. Cette pratique est massivement l'apanage des femmes, 33 sur 40 déclarent s'en occuper seules, ce sont des femmes sans travail salarié. Cet enseignement repose sur un ensemble de ressources : livres, Internet, nouvelles technologies, sorties culturelles, etc. Les enfants adhèrent facilement à ces modalités. Vingt-six sur 40 affirment veiller à imposer un emploi du temps régulier. Les 3 familles interviewées permettent d'approfondir certains aspects présents dans le questionnaire et dans les commentaires auxquels il a donné lieu.

### 3 - 4. Trajectoire des mères

L'expérience scolaire des parents n'est pas exempte de mauvais souvenirs pour au moins l'un des deux. Cependant ce n'est pas reconnu comme une raison décisive : « Influencé, c'est peut-être un peu trop fort, mais oui, ça a pesé dans la balance ». Cette mère a souffert d'avoir été rejetée par ses pairs et non soutenue par les enseignants : « J'ai vécu une scolarité très violente pendant laquelle j'ai été le bouc émissaire de mon école primaire, puis de mon collège. J'ai subi des humiliations dans l'indifférence générale ». Agnès aussi a gardé de mauvais souvenirs, elle n'aimait pas son enseignante, trop sévère pour les bavardages. Ces mères évoquent également l'ennui : « Les cours étaient inintéressants », « les profs débitaient leurs cours comme des machines ».

L'arrivée d'un enfant a amené des changements marquants. À la suite de leur congé de maternité elles ont abandonné leur travail. Elles n'y « croyaient » plus, il ne leur procurait plus de satisfaction. Elles se sont épanouies dans leur rôle de mère et d'éducatrice à part entière. Pour l'une d'elles, l'aide apportée à son mari est un complément à son statut, choisi délibérément, de mère de famille. Ne plus exercer d'activité professionnelle concorde avec l'investissement éducatif qu'elles revendiquent. Elles assument une disponibilité qu'elles considèrent comme obligatoire pour l'IEF. Cependant, ces mères souhaiteraient exercer une activité professionnelle aux cadres souples, chez elles, pour concilier la vie professionnelle et la vie familiale. La répartition des tâches entre les conjoints paraît assez traditionnelle. Le père fait vivre la famille et participe à ce choix qui implique tous les membres de la famille. La mère gagne un rôle valorisant d'éducatrice/enseignante de ses enfants.

### *3 - 5. L'enfant au centre de la famille*

Choisir l'IEF, c'est avant tout assurer à l'enfant les meilleures conditions de développement, conditions considérées comme difficilement réalisables dans l'espace scolaire. Les mères évoquent les risques d'une mauvaise adaptation de l'enfant à l'école et le cadre collectif qui ne respecte pas les besoins individuels. Elles évoquent aussi les problèmes relationnels qui pourraient surgir entre les différents acteurs en présence : groupe de pairs, parents, enseignants, directeur. La liste énoncée suggère que ces problèmes pourraient les concerner tout autant que leur enfant.

Les rythmes scolaires sont considérés comme trop contraignants par rapport à la vie de famille et non adaptés aux rythmes des enfants, d'un point de vue biologique mais aussi du point de vue des apprentissages. « J'ai choisi l'instruction en famille pour que mes enfants puissent apprendre à leur rythme. Pour qu'ils apprennent selon leurs goûts et leurs capacités ». Toutes insistent beaucoup sur l'individualisation : « Il est impossible, dans une classe de 30 enfants, d'individualiser les apprentissages. Il y a donc forcément des apprentissages qui vont arriver trop tôt pour certains enfants qui n'y sont pas prêts alors que d'autres vont s'ennuyer ». En famille, l'emploi du temps n'est pas minuté, ni défini à l'avance, les apprentissages correspondent aux demandes de l'enfant et à ses capacités, il existe une grande liberté quant au déroulement des journées.

L'école est génératrice de stress : les professeurs sont autoritaires et pas assez compréhensifs, les devoirs et les notes suscitent des comparaisons et de la compétition. Il importe de préserver l'équilibre psychique de l'enfant en lui évitant un environnement scolaire pénible, voire potentiellement hostile. D'un côté, la famille est tenue pour la seule instance garante du bien-être et de l'épanouissement de l'enfant, de l'autre, il est le ciment de son unité. Les difficultés de la séparation au terme du congé parental ou lors de l'entrée en école maternelle ont parfois constitué une étape marquante : « c'était difficile de se séparer, il pleurait tous les matins et la séparation était très douloureuse ». En conséquence, la tentative a duré trois mois, après quoi l'enfant n'est jamais retourné à l'école et son frère n'y a jamais été inscrit.

## *3 - 6. Conclusion*

Ces familles veulent avoir la maîtrise de leur vie et de leurs manières de faire, elles veulent se tenir à l'abri des contraintes extérieures pénibles. Pour elles l'IEF contribue à « un quotidien vraiment agréable où il n'y a pas besoin de se dépêcher en permanence, pas besoin de se coucher tôt pour se lever tôt puisque nous pouvons nous lever tard[1] ». Elles ont en commun de porter un regard critique sur l'école et sur ses modes d'organisation. Cependant, leurs discours sont sinueux, c'est habituel dans les entretiens, mais ces ambiguïtés et ces bifurcations concernent principalement l'école. L'une de ces mères a même refusé de parler de l'école et n'a voulu aborder que l'instruction en famille et les raisons de ce choix. Malgré tout, l'école apparaît toujours en creux, par contraste, en référence à ses composantes collectives et professionnelles et à la conduite des apprentissages. Les tensions qui émergent en matière de valeurs se limitent à l'individualisation et au respect des particularités de l'enfant, c'est-à-dire aux stratégies pour enseigner, car l'instruction est un objectif partagé par toutes et primordial.

---

[1] Perrenoud P. (1994)

# Chapitre 4. L'instruction en famille, une expérience personnelle

*Rébecca Sirmons*

Si l'instruction en famille a retenu mon attention pour conduire des travaux personnels dans le cadre d'un master c'est, notamment, parce qu'elle s'inscrit depuis longtemps dans mon histoire.

Je ne suis pas allée à l'école maternelle. En France, l'instruction est obligatoire à partir de l'âge de six ans, et ma mère ne voyait pas d'intérêt de me laisser chaque jour dans une collectivité, étant convaincue que l'environnement familial est le plus propice au développement du jeune enfant. Envoyer son enfant à l'école à quatre ans lui paraissait beaucoup trop tôt et, avant cet âge, cela lui semblait complètement inconcevable. Elle préférait nourrir notre relation affective et me laisser beaucoup de temps pour jouer à ma guise. Nous vivions à la campagne et mes souvenirs sont ceux d'une enfance insouciante et libre. Je passais des heures à jouer dehors ou à inventer des histoires qui captivaient mon jeune frère.

## *4 - 1. De souvenirs d'enfance à des projets de mère de famille*

Lorsque j'ai eu cinq ans, ma mère commença à passer une demi-heure à une heure par jour à m'enseigner à lire, à former des lettres et à m'initier à l'histoire et à la géographie. J'affectionnais tout particulièrement la grande mappemonde que m'avaient offerte mes parents et qui remplissait pratiquement tout un mur de ma chambre. À six ans, je rentrai à l'école pleine d'enthousiasme : j'allais y apprendre plein de choses !

Mais l'école m'a déçue. J'ai rapidement compris qu'à l'école il s'agissait plus de suivre le rythme établi par l'enseignant qui devait gérer les différents niveaux et styles d'apprentissage d'une classe hétérogène que de satisfaire la curiosité et l'envie de découverte des individus. Il fallait attendre que tout le monde ait fini son travail avant de passer à la chose suivante. Il fallait attendre, deux par deux, après la récréation que tout le monde soit en rang avant de rentrer en classe. Il fallait attendre son tour pour lire sa phrase dans le texte du jour. Je m'ennuyais. Vers l'âge de huit ans, je suppliai ma mère de m'emmener en ville dans une librairie pour que je puisse y feuilleter les manuels scolaires. Et puis je lui demandai pourquoi je ne pourrais pas simplement étudier dans ces livres à la maison, selon mon humeur et à mon rythme. Apprendre était quelque chose de passionnant pour moi, mais l'école me laissait sur ma faim.

Et c'est ainsi que pour ma sixième, au lieu de rentrer au collège, je déballai joyeusement le paquet de cours d'une école par correspondance. Mes parents me laissaient tenter l'expérience pour une année ! Dubitatifs quand même, car ils m'avaient prévenu qu'ils n'auraient pas le temps de me surveiller et qu'il faudrait que je sois autonome. Ce fut une expérience merveilleuse. J'étais ravie, je pouvais m'organiser comme je le souhaitais, terminer mon cours de mathématiques le lundi ou avoir fini mon programme quotidien à midi pour pouvoir ensuite bouquiner à ma guise le restant de la journée ou m'adonner à des loisirs créatifs, mon passe-temps préféré. J'en profitais aussi pour apprendre à utiliser un ordinateur. M'initiant au traitement de texte de l'époque, je réalisai mon propre « journal semi-mensuel ». Plus tard, je construis même mon propre site internet, ce qui, dans les années 1990, n'était pas chose courante.

Quand mon frère rentrait de l'école à 17 h, c'était pour encore étudier... quant à moi, mes devoirs étaient déjà faits depuis longtemps et je savourais pleinement ma liberté. Mes activités extérieures ne manquaient pas pour autant et m'assuraient un contact avec mes amis.

L'expérience d'une année s'est transformée en un style de vie et j'ai terminé ma scolarité avec des cours par correspondance, à l'exception de la classe de troisième où j'ai voulu tenter à nouveau l'expérience scolaire. Elle ne fut pas concluante car j'avais trop pris l'habitude de me gérer moi-même et, étant plus visuelle qu'auditive dans mes apprentissages, j'apprenais mieux avec des livres qu'avec un professeur. Pour le lycée je repris donc mes cours à distance.

Je garde de ces années un excellent souvenir, et c'est donc tout naturellement que je décidai de donner cette même chance à mes propres enfants. Étant tout de même très scolaire dans ma démarche, j'avais tout prévu bien avant l'heure : j'avais repéré les « meilleurs » manuels, une méthode de lecture infaillible, et j'avais organisé l'emploi du temps pour mes futurs enfants… une véritable école à la maison ! Avec une éducation aussi structurée et utilisant une pédagogie ayant fait ses preuves, mes enfants allaient sans aucun doute exceller. La vie réelle par contre allait me réserver des surprises…

Je pensais, dans ma naïveté, que plus tôt un enfant saurait lire, plus il réussirait ses études. Mais l'intelligence ne se mesure pas par la précocité dans les compétences scolaires. Un enfant peut apprendre à lire à quatre ans, puis n'y trouver aucun intérêt ni aucun plaisir à huit ou neuf ans. Il y a tant de compétences essentielles pour sa vie future à développer. La résolution de problèmes, la gestion de conflit, la créativité, tout autant que le jeu libre ou structuré lui permettent de les acquérir et de les améliorer. Lui lire des histoires, en plus d'augmenter ses capacités langagières, sa connaissance du monde qui l'entoure, son écoute et son attention, et l'aider à structurer sa pensée, sont l'occasion de stimuler sa créativité et son expression à travers dessin, peinture, modelage et, plus tard, écriture. Observer l'adulte dans ses tâches quotidiennes répond à sa soif naturelle de l'imiter et lui donne des bases concernant l'utilité du code écrit. L'enfant peut apprendre à le décoder très jeune ou bien après l'âge traditionnel de l'apprentissage de la lecture, mais il ne s'agit que d'une compétence parmi tant d'autres.

C'est tout cela, et bien plus, que j'allais découvrir dans mon aventure passionnante de parent. Car je suis persuadée que mes enfants m'ont autant, voire plus, appris que moi je ne leur ai enseigné…

### 4 - 2. *Notre parcours*

Quand mon aîné avait deux et trois ans, on me demandait : « Il ne va pas encore à l'école ? ». Ma réponse ne choquait pas. Deux ans plus tard, les mines étaient de plus en plus étonnées : « Il ne va pas à l'école !? ». Bientôt, il a fallu expliquer que non, nous avions fait le choix qu'il n'irait pas à l'école. Aujourd'hui, il a neuf ans et il est accompagné de ses frères et sœurs, la question s'est transformée. On ne s'adresse plus à moi, et ce sont mes enfants qui répondent à la caissière au magasin ou au papi qui promène son chien : « Non, je fais l'école à la maison ».

Cette « école à la maison » m'a réservé tant de surprises et m'a permis de connaître mes enfants d'une manière plus profonde et intime. Je découvre, jour après jour, comment chacun de mes cinq enfants apprend le mieux, ce qui le passionne ou ce qui, au contraire, éteint sa curiosité. Mon fils aîné allait avoir besoin d'un entraînement intensif et très structuré pour apprendre à lire, sa dyslexie constituant pour lui un handicap qu'il faudrait surmonter en acquérant des compétences de discrimination phonémique ou de reconnaissance visuelle qui venaient tout naturellement à mon fils cadet. Et pourtant, cet aîné allait savoir lire bien plus tôt que ce dernier.

L'apprentissage de la lecture était pour moi la première clé du savoir, elle a donc été (et est toujours) déterminante dans l'évolution de mes idées sur l'éducation. J'ai enseigné l'alphabet à mon aîné en utilisant une méthode ludique et attrayante. Cette méthode[1] gestuelle, auditive et visuelle passait ainsi par les différentes entrées de l'apprentissage. Chaque lettre est représentée par un animal dessiné qui épouse sa configuration. L'animal émet un son associé à une histoire qui permet à l'enfant de le retenir. Un geste correspondant à l'action de l'animal dans la situation proposée fixe le lien entre la graphie et le son. Ainsi, le « A », par exemple, est un alligator qui ouvre tout grand sa gueule (l'enfant fait le geste avec ses bras) en disant « aaaa ». Mon fils apprit facilement l'alphabet de cette façon, et son petit frère qui semblait ne pas prêter attention à nos séances « d'école », l'assimila également, mine de rien. Mais lorsque j'abordai l'étape suivante, celle qui consiste à combiner les sons, mon aîné était bloqué. Il ne comprenait tout simplement pas comment deux lettres pouvaient « parler » ensemble. Pensant que c'était une erreur dans mon choix de méthode, j'en changeai. Mais après plusieurs tentatives infruc-

---

[1] Il s'agit d'une méthode américaine "Zoo Phonics" que j'ai adaptée au français pour nos besoins personnels. Voir le site : http://zoo-phonics.com. J'ai découvert depuis une méthode semblable en français, éditée par les Éditions Septembre au Québec : "Raconte-moi les sons" créée par Josée Laplante.

tueuses, je compris qu'il éprouvait de réelles difficultés et que ce n'était aucunement une question de « bonne méthode de lecture ». Sachant que mon père était un dyslexique sévère, j'ai donc commencé à soupçonner que mon fils soit également dyslexique. Cela fut confirmé par une visite chez une orthophoniste et ensuite chez un neuro-pédiatre qui diagnostiqua une dyslexie mixte, c'est à dire affectant à la fois la voie phonologique d'assemblage et la voie lexicale d'adressage. Mes recherches personnelles, en particulier sur la méthode de remédiation qui avait permis à mon père d'apprendre à lire dans les années 1960, m'ont conduite à élaborer pour mon fils un programme quotidien, multi-sensoriel, séquentiel, intensif et très répétitif. L'orthophoniste me dit qu'il était inutile qu'il fasse des séances avec elle, car elle n'allait rien lui apporter de plus que ce que nous faisions déjà à la maison. Le neuro-pédiatre nous soutint dans notre choix de l'instruction en famille, car pour lui ce choix éducatif donne aux enfants dyslexiques le contexte le plus favorable à l'apprentissage, respectant leur rythme et leur évitant une expérience émotionnellement pénible.

Au bout de huit mois de persévérance, mon fils lit et aime lire ! Désormais, la première chose qu'il fait en se levant le matin, c'est de prendre un livre. Pour moi c'est une grande victoire. Je pense que s'il avait été scolarisé, l'apprentissage de la lecture aurait été une expérience traumatisante et il risquait de développer de l'aversion pour la lecture, quand bien même ses difficultés auraient été surmontées grâce à une prise en charge adaptée. À la maison, il n'est pas en situation d'échec. Bien sûr, sa dyslexie reste un handicap, notamment pour l'apprentissage de l'orthographe, mais l'instruction en famille lui assure de progresser à son rythme, avec de bonnes bases avant de passer aux étapes suivantes. Ainsi, à l'âge de huit ans, son niveau en mathématiques est équivalent au CM1, alors que son niveau en orthographe correspond plutôt au CE1. Une telle différenciation serait un casse-tête pour un enseignant dans une classe de 25 ou 30 élèves…

Forte de cette expérience, et sachant que mon fils cadet n'avait pas les symptômes de dyslexie que j'avais observés chez mon aîné, j'étais persuadée qu'il n'aurait aucun mal à apprendre à lire. Or, je n'étais pas au bout de mes surprises. Alors que la combinatoire ne lui posait aucun problème, la lecture ne l'attirait absolument pas s'il ne trouvait pas le contenu intéressant. Il connaissait les graphèmes français, il savait les combiner, mais à sept ans, il n'avait toujours pas eu le déclic lecture. Hautement imaginatif et créatif, il ne pouvait rester concentré suffisamment longtemps pour déchiffrer plus de quelques mots. La répétition l'ennuyait. J'ai donc appris à travailler différemment avec lui. Il dessine les illustrations d'histoires qu'il me dicte, puis il s'amuse à les « lire ». Nous faisons des jeux de lecture. Nous utilisons des petits livres où l'adulte lit l'histoire sur la page de gauche et l'enfant son résumé ou la légende de l'illustration de la page de droite. Il joue sur l'ordinateur avec des logiciels d'apprentissage de la lecture. Et avant toutes choses, nous lui lisons énormément de livres qui encouragent son imagination, qui le font rêver. Même s'il ne lit pas encore de façon cursive, nous encourageons son amour de la lecture, c'est un des principaux principes de notre pédagogie.

### 4 - 3. *Loving to learn, learning to love*

C'est mon mari, de nationalité américaine, qui a trouvé cette expression pour caractériser notre instruction en famille. Une véritable devise qui nous dirige dans nos choix éducatifs. Les enfants naissent avec un désir d'apprendre et nous voulons, en tant que parents, stimuler ce désir… qui est si facile à étouffer. Nous cherchons à répondre à leurs questions, à les aider à explorer ce qui les intéresse dans le moment présent. Pour autant, nous avons conscience qu'ils ne peuvent s'intéresser qu'à ce à quoi ils sont confrontés, et notre vie quotidienne à la maison, un pavillon dans un lotissement dans la banlieue de Toulouse, est plutôt banal. Ainsi, les livres et les sorties diverses les ouvrent sur le monde et élargissent leurs horizons. Nous voulons nourrir leur curiosité. On n'apprend véritablement que les choses auxquelles on s'intéresse. Tenter d'enseigner un contenu pour lequel les enfants n'éprouvent aucun intérêt équivaut à un bourrage de crâne peu efficace. Notre but est donc plutôt de créer un contexte qui encourage leur soif de découverte. Nous avons aussi conscience que les enfants imitent leurs parents ou leurs pairs, ils apprennent en les voyant vivre et utiliser différents outils pour s'instruire, pour communiquer ou pour accomplir les tâches quotidiennes. Nous voulons donc être des exemples de personnes curieuses, toujours prêtes à progresser et à s'éduquer.

Mes plus jeunes enfants évoluent dans un contexte d'autant plus riche qu'ils voient les aînés et apprennent d'eux. Ma troisième est une fille de cinq ans a l'esprit vif qui sait mieux lire que son grand frère. J'ai très peu enseigné de manière directe à sa petite sœur de trois ans. Aujourd'hui même elle est venue me dire que « mouche » et « miroir » se ressemblent car ils commencent « pareil ». Je lui ai écrit ces deux mots pour qu'elle observe à l'écrit la ressemblance, puis elle a voulu m'écrire quelques lettres… je ne savais pas qu'elle savait les écrire ! L'autre jour elle remarquait la ressemblance entre « Papa » et « Paris ». Elle sait compter jusqu'à 20, peut-être grâce aux parties de cache-cache avec ses frères et sœur. Je me souviens quand elle avait à peine dix-huit mois, elle triait des Lego selon leur couleur. Peu de temps après elle me dessinait une forme assez ressemblante à un canard. Elle a fait tout cela d'elle-même, nul besoin de l'école maternelle pour faire de tels « exercices » ! On pourrait dire que ses premiers apprentissages sont autonomes, mais en réalité ils sont dépendants du contexte dans lequel elle grandit.

L'instruction en famille permet à nos enfants d'avoir beaucoup de temps libre pour s'adonner aux activités qui les passionnent. Par exemple, l'un de nos fils aime créer, construire, inventer. Il a tout le temps pour dessiner, fabriquer des objets insolites, tantôt avec ses Lego, tantôt avec du bois dans le jardin. Un autre apprécie de pouvoir participer à plusieurs sports, ce qui serait plus compliqué s'il avait des devoirs à faire le soir après l'école.

Personnellement j'aimais étudier et les méthodes scolaires d'apprentissage me convenaient très bien. Mais j'ai rapidement découvert que ma manière d'apprendre n'était pas celle de mes enfants et que les méthodes traditionnelles pouvaient tuer leur soif de découverte. J'ai donc pris conscience que tous les enfants ne sont pas portés naturellement vers des savoirs, d'ailleurs réputés comme plus ou moins rébarbatifs. Ainsi, je cherche à motiver mes enfants en utilisant des supports intéressants ou ludiques : des lectures suivies plus attrayantes que des extraits d'ouvrages littéraires tels qu'on peut en trouver dans certains manuels scolaires, des jeux permettant de travailler le calcul ou la grammaire… Des mises en scène sous forme de contes permettent également de faire vivre les règles orthographiques ou grammaticales et marquent les enfants sans qu'ils aient l'impression d'un travail laborieux. Un autre principe qui nous dirige est que le sentiment de réussite est fortement associé à la motivation. Ainsi, pour les mathématiques, je choisis des manuels adaptés à leur niveau actuel, exigeant des compétences qu'ils sont capables d'atteindre, afin de ne pas les décourager mais de leur donner envie d'avancer.

Revenons à notre devise familiale. *Loving to learn, learning to love.* Aimer apprendre n'est pas tout. Nos enfants pourraient devenir des adultes remplis de connaissances, mais dénués des compétences relationnelles si essentielles à la vie en société. Apprendre à aimer fait aussi partie intégrante de notre instruction en famille. À la différence de nombreuses familles d'aujourd'hui, où chaque membre part le matin de son côté, les uns au travail, les autres à l'école, pour se retrouver le soir dans une vie parallèle ou bien où chacun reste devant son écran ou sur son téléphone, nous passons le plus clair de notre temps ensemble. Ce n'est pas toujours facile. Les frictions sont multipliées d'autant plus que nous sommes une famille nombreuse de cinq enfants. Les disputes entre frères et sœurs ne manquent pas. Mais tous ces instants sont autant d'occasions d'apprendre à s'entendre, d'apprendre à s'aimer. On choisit ses amis, on ne choisit pas sa famille. C'est bien connu. Mais ne serait-ce pas un atout de devoir communiquer et travailler avec des personnes d'âges et de personnalités différentes ? Le travail d'équipe est une nécessité pour la survie de la cellule familiale. Cette fonction socialisante de la vie en famille est une véritable préparation à la vie future de nos enfants, notamment à leur vie professionnelle. Savoir s'entendre, savoir pardonner, savoir partager, savoir faire des concessions, savoir rendre service ou montrer de la compassion, voilà autant de compétences que je souhaite leur transmettre. Je suis convaincue qu'elles sont essentielles pour une vie équilibrée.

## 4 - 4. *Une journée type*

Dans la pratique, comment ces principes se traduisent-ils ? Les journées ne se ressemblent pas, nous n'avons pas d'horaires stricts, nous suivons un rythme plus ou moins prévisible. Un avantage de l'instruction en famille est sa souplesse. Nous pouvons choisir nos activités en fonction de notre famille, au lieu de devoir nous adapter à des contraintes formelles et institutionnelles. En tant que mère de famille nombreuse, j'apprécie de ne pas devoir préparer (et bousculer) cinq enfants de bonne heure pour ne pas être en retard à l'école. Cet absence de stress est favorable à une ambiance paisible et c'est lorsque tout le monde est prêt que nous démarrons nos cours pour la journée.

Selon les années et les saisons, selon l'âge des enfants, nous avons adopté différentes formules. Sébastien a neuf ans, Elliot sept ans, Laure six ans, Karine quatre ans. Un petit frère les a rejoints et n'a pas encore un an. En fonction de sa sieste, il nous rejoint ou non pendant notre séance d'apprentissage plus formel. Nous commençons par lire un poème ensemble. Nous varions, tantôt les enfants écoutent les yeux fermés, essayant de s'imaginer les scènes et les émotions décrites, tantôt un des grands lit le poème pour les autres, tantôt je le lis et ils répètent chaque vers, puis chaque strophe après moi. Au bout de quelques semaines, les enfants ont appris le poème, et ce d'une manière plaisante et décontractée. Ils affectionnent particulièrement ce moment et ont hâte de découvrir un nouveau poème. Durant le reste de la matinée nous alternons ces moments, tous ensemble sur le canapé où nous lisons des albums de jeunesse, des livres documentaires ou des romans, avec des moments où les enfants travaillent, soit indépendamment, soit avec mon aide.

Les visites régulières à la bibliothèque nous approvisionnent d'un large choix de livres. Je sélectionne par période des livres sur différents thèmes relatifs à la nature, à l'histoire, à la géographie, à la musique ou à l'art. Tous, quel que soit leur âge, en retirent des connaissances très diverses. C'est l'occasion de faire des liens avec des connaissances acquises précédemment, d'aiguiser leur curiosité et de développer de nouveaux centres d'intérêt et cela favorise des échanges très intéressants.

Je passe une vingtaine de minutes avec ma fille de cinq ans pour débuter l'apprentissage de la lecture ou pour expliquer ce qu'elle n'a pas compris dans son cahier de mathématiques, qu'elle complète ensuite seule. À ce stade, nous arrêtons dès qu'elle montre des signes d'ennui ou de désintérêt. Je préfère qu'elle ait envie de continuer ses leçons le lendemain plutôt que de la forcer et qu'elle les ait en aversion. Sa petite sœur suit, ou non, ces leçons avec nous : en fonction du jour, elle manifeste plus ou moins d'intérêt. Elle a aussi un cahier parascolaire d'exercices de maternelle qu'elle complète lorsqu'elle en a envie. La plupart du temps elle dessine simplement à côté de nous.

Le temps que je passe avec leurs grands frères est un peu plus structuré. Ils apprennent l'orthographe et la grammaire grâce à des jeux généralement utilisés par des orthophonistes. L'aîné, très méthodique, suit un livre de lecture et un cahier de mathématiques. La lecture à haute voix lui permet de travailler l'automatisation, l'expression. En autonomie, il recopie une phrase d'un ouvrage de son choix. Cela l'entraîne à l'écriture, à la structure d'une phrase et l'imprègne d'une grammaire et d'une orthographe correctes. Avec mon second fils, nous travaillons différemment. En plus des jeux de lecture, nous utilisons une progression en mathématiques basée sur la manipulation d'objets. Il se trouve ainsi en position de recherche active, pour lui c'est plus stimulant et efficace.

Le temps que je passe à accompagner mes enfants dans leurs apprentissages se mêle avec celui consacré aux activités quotidiennes, qu'il s'agisse d'allaiter le bébé, de plier le linge ou de préparer le repas. Il n'y a pas de cloisonnement entre ces différentes activités. Nous vivons ensemble et cela comprend tout ce qui fait partie de la vie.

Une fois que nous avons déjeuné à midi, chacun va dans sa chambre pour un temps calme. Les plus grands lisent, dessinent ou jouent tranquillement, alors que les plus jeunes font leur sieste. C'est un moment essentiel de la journée qui permet à chacun de recharger ses batteries. Ensuite, c'est l'heure de sortir pour le restant de l'après-midi. Certains jours nous retrouvons d'autres familles qui pratiquent l'instruction en famille pour des ateliers, des visites de musées ou des spectacles. D'autres jours sont remplis des activités sportives des enfants ou bien de leurs cours de musique. Et si rien n'est prévu, nous en profitons, selon la météo, pour aller à la bibliothèque ou nous promener au parc. L'instruction en famille nous donne beaucoup de liberté. C'est tout un mode de vie et il ressemble très peu au modèle scolaire. Les enfants n'ont pas de devoirs le soir, ils n'ont pas de contrôles à préparer, ni de leçons à mémoriser. J'oublie parfois à quel point l'expérience quotidienne de mes enfants est à l'écart de la forme scolaire. Ils ne lèvent jamais le doigt pour parler, ne savent pas ce qu'est une récréation. Récemment, j'ai évoqué le fait « d'avoir un zéro en classe » et mon fils m'a rétorqué, tout surpris : « Ah bon, il y a des points à l'école ? ». Il ignorait cette réalité si ordinaire pour la majorité des enfants, et cela m'avait complètement échappé. Cette absence de compétition, qui flatte l'orgueil des uns et écrase l'estime de soi des autres, n'est-elle pas une bénédiction ? Dans notre famille, on n'apprend pas pour avoir une bonne note, on apprend pour connaître et savoir-faire.

### 4 - 5. L'IEF, une école des parents

Mes enfants sont encore jeunes. Je n'en suis qu'au début de mon aventure et j'ai déjà tellement appris. Il s'agit autant de ma propre formation que de l'instruction de mes enfants. J'ai appris tout d'abord à connaître mes enfants de manière bien plus intime et profonde que s'ils passaient leurs journées dans un établissement scolaire. Je découvre comment ils apprennent et ce qui les intéresse. C'est là un gros avantage de notre choix éducatif. A l'école, chaque enseignant a ses méthodes, ses habitudes et supports pédagogiques préférés. L'enfant qui passe d'une classe à l'autre ne va pas forcément retrouver les stratégies d'enseignement qu'il a connues auparavant. On passe d'une méthode à une autre sans continuité, sans explication. En IEF, il n'y a pas de telles cassures : je cherche en permanence à être au plus près des besoins de mes enfants. Je sais précisément où ils en sont dans leurs apprentissages et nous pouvons simplement passer aux étapes suivantes. Pour des savoirs où les compétences se construisent sur les acquis précédents, comme les mathématiques, c'est un avantage que de pouvoir utiliser la même pédagogie sur plusieurs années.

Par ailleurs, mon expérience avec mes enfants façonne en permanence ma philosophie de l'éducation et cette dernière influence mes stratégies pédagogiques. Les effets rétroactifs sont constants : cet aller-retour entre ma philosophie et ma pratique est très bénéfique. Les difficultés d'apprentissage de mes enfants m'ont permis de m'informer plus amplement sur la dyslexie ou les problèmes de l'attention et sur les méthodes de remédiation adaptées à ces difficultés. Mon expérience en est enrichie. Je cherche à les intéresser en utilisant des romans historiques qui les captivent, je montre mon enthousiasme devant telle ou telle merveille de la nature. Mais ce qui fonctionne avec un enfant ne marche pas forcément avec un autre, il me faut respecter et apprécier leurs différences. J'admire l'individualité de chacun de mes enfants et je m'attache à les accompagner dans l'épanouissement des talents qui leur sont propres. Les voir s'éveiller à la vie, apprendre et découvrir jour après jour, de manière parfois inattendue, est une aventure passionnante.

L'IEF est souvent le fait de mères au foyer, mais bien loin d'être une sorte de repli familial et social, dans le monde d'aujourd'hui, ce peut être une forme d'ouverture ! N'est-ce pas dans ce contexte particulier que j'ai pu entreprendre – et réussir – une formation à distance de master ? Au lieu de cumuler plusieurs journées en une, dans l'urgence et le stress, c'est un entrelacement d'activités qui mêle, au quotidien, les gestes, voire les routines, de la cuisine, des courses, du ménage… l'observation des enfants dans ce monde qui, pour eux, n'est pas encore banal et des interactions innombrables, ordinaires ou surprenantes. Les journées en famille, le projet d'instruction conduisent à une reconfiguration des pratiques et, surtout, de leur sens, y compris pour les plus communes. Reprenant et décalant une formule connue[1], on pourrait dire que

---

[1] Expression de M. Weber, telle qu'elle est présentée, avec un sens élargi, par M. Gauchet (1985)

cette proximité avec mes enfants est, pour moi, une façon de réenchanter le monde.

# Chapitre 5. Une instruction en famille à temps partiel et non choisie pour Benjamin, élève à « besoins éducatifs particuliers »

*Laetitia Branciard[1]*

*Il arrive que l'instruction en famille soit un projet parental qui accompagne le projet même d'élever des enfants. Parfois c'est une décision plus tardive, suite au constat des difficultés d'adaptation scolaire. Parfois, dans le cas d'élèves à besoins particuliers, ce peut être un compromis entre l'école et les parents. Dans ce contexte les parents auraient souhaité une scolarisation ordinaire pour leur enfant, mais les limites de l'institution scolaire et de ses démarches individualisantes suscitent obstacles et souffrances. Le témoignage qui suit vise à montrer cet entre deux : des parents qui instruisent en famille à temps partiel et des professionnels qui ne facilitent pas toujours, loin s'en faut, ce souhait d'être au plus près d'un itinéraire scolaire standard.*

*Au fil de cet ouvrage, les bénéfices de l'instruction en famille pour des enfants à « besoins éducatifs particuliers[2] » ou*

---

[1] Ingénieure de recherche ENFA – Toulouse UMR « Éducation, Formation, Travail, Savoirs » (UMR EFTS)

[2] Cette expression est d'origine anglo-saxonne, mais la préoccupation qui s'y rattache est aujourd'hui internationale. Elle désigne des élèves aux profils extrêmement variés qui ne peuvent être scolarisés sans une attention particulière à des besoins spécifiques d'origines diverses : situation de handicap, nouveaux arrivants, voyageurs, intellectuellement précoces, dysphasiques, dyslexiques, difficultés scolaires graves et durables ou encore difficultés d'adaptation... À ce sujet Thélot et Forestier remarquent (2007) : « Contrairement à des systèmes éducatifs voisins, la France utilise peu la notion d'élèves "à besoins éducatifs particuliers" et la circonscrit aux élèves handicapés dont elle a jusqu'à une période récente organisé la scolarité quasi uniquement dans des structures spécialisées. Or il semble que le fait qu'un système retienne une définition plus extensive des "besoins éducatifs particuliers" (jusqu'à 17 % des élèves en Finlande contre 3,5 % en France) le conduise à être plus sensible aux différences et aux difficultés individuelles et partant l'incite à diversifier et à individualiser plus finement les réponses à ces besoins particuliers » p. 142-143

*handicapés[1] seront pointés à plusieurs reprises.*

Pour la plupart des parents, dans notre pays, confier la responsabilité de la scolarisation à l'Éducation nationale va de soi, et ce à partir de l'école maternelle qui n'est pas obligatoire. Ce fut mon cas, pour mes deux enfants, ma fille aînée, née en 1978 et mon fils né en 1994. En tant que fille d'instituteurs, j'ai choisi d'inscrire mes enfants à l'école publique. Je me suis par ailleurs toujours impliquée, au cours de leur scolarité, dans des associations de parents d'élèves, pour siéger aux conseils d'école et au conseil d'administration au collège. Je trouvais en effet important d'être présente pour bien connaître le projet de l'établissement, ses acteurs et les programmes, mais aussi pour faire remonter les revendications des parents et des élèves.

La scolarité de ma fille aînée s'est déroulée sans difficultés particulières, sans passion non plus, avec parfois de l'ennui. Elle est sortie du système scolaire avec un BTS et s'est très rapidement insérée dans la vie active. Dans ce texte je vais donc plus particulièrement présenter la scolarisation de mon fils Benjamin[2] qui a été plus chaotique et qui a demandé à son père, à moi-même, ainsi qu'à d'autres acteurs, de s'y impliquer de manière importante puisqu'il a été déscolarisé partiellement lorsqu'il était au collège.

## *5 - 1. L'entrée à l'école*

Benjamin avait envie d'aller à l'école maternelle comme ses copains. Après 2 ans et ½ dans une mini crèche et à presque 3 ans, il était prêt et tout s'est bien déroulé jusqu'au dernier trimestre de la grande section. Pendant ces années, les

---

[1] La loi 75-534 du 30 juin 1975 d'orientation en faveur des personnes handicapées fixait le cadre juridique de l'action des pouvoirs publics. Elle prévoyait, notamment, l'obligation éducative pour les enfants et adolescents handicapés et leur accès aux établissements scolaires ordinaires chaque fois que possible. On ne peut pas dire que cette loi ait eu beaucoup d'effet. La défenseur des enfants, dans un ouvrage de 2005, C. Brisset qualifie la situation des enfants handicapés de « scandale national » (p. 244).
La loi n° 2005-102 pour l'égalité des droits et des chances, la participation et la citoyenneté des personnes handicapées promeut la scolarisation en milieu ordinaire des enfants handicapés. Néanmoins des recherches-bilans de son impact par des institutions extérieures impliquées dans la prise en charge des enfants handicapés sont entravées par l'administration de l'EN…
[2] Différentes caractéristiques nominales garantissent l'anonymat de cet élève.

institutrices nous disaient qu'il était plein d'idées, d'énergie, qu'il posait toujours beaucoup de questions, qu'il raisonnait bien et qu'il avait beaucoup de vocabulaire. Il avait par contre des vraies difficultés pour colorier, découper, danser, et en fin de troisième année, quand il s'est agi de tracer les « boucles » qui préfigurent l'écriture, il était totalement démissionnaire, ce qui a étonné tout le monde. Nous avons essayé de le raisonner, comme la maîtresse, mais rien n'y fit. Nous avons alors mis ces difficultés sur le compte de la maturité, pensant que cela allait rapidement évoluer. L'entrée au CP s'est faite sans encombre avec beaucoup d'enthousiasme de la part de notre fils pour découvrir la « grande école ». Après quelques jours il nous a signifié qu'il ne voulait plus y aller. Au bout de deux semaines l'instituteur nous a convoqués en nous disant que notre fils était très calme en classe, intéressé, mais que dès qu'il s'agissait d'écrire ou de lire, il refusait toute activité en se murant dans le silence. Nous étions très étonnés et avons essayé de discuter avec lui. Nous avons à ce moment ressenti de sa part un réel blocage et avons décidé, avec l'enseignant, d'attendre qu'il progresse à son rythme. Je ne vais citer ici qu'un seul exemple d'activité qui me semble bien représentative de ses difficultés au cours de cette première année d'école élémentaire. Le maître nous a expliqué que sa classe avait comme projet de recevoir les enfants de la grande section de maternelle et pour les accueillir, les CP allaient réaliser un livre qui raconterait leurs activités à la grande école. Benjamin a été très intéressé par le projet, il a trouvé des idées pour le contenu du livre, pour l'organisation des pages – dessins, écriture – et pour la journée d'accueil, mais lorsque l'enseignant a demandé aux enfants de rentrer dans l'écriture du livre, puis dans la lecture, ce qui constituait l'objectif pédagogique de ce projet, il a simplement dit à l'instituteur : « Ça, ce n'est pas pour moi ». Au dernier trimestre il a été pris en charge par le RASED[1]. Mon mari, qui avait lu des articles sur la dyslexie, a alors suggéré que Benjamin souffrait peut-être de ce trouble. La réponse de l'équipe du RASED fut catégorique : il ne pouvait pas s'agir de cela, notre

---

[1] Réseaux d'aides spécialisées aux élèves en difficulté.

fils était simplement immature et ne souhaitait pas « grandir » car il voulait garder son statut de petit dernier par rapport à sa grande sœur… Après une année sans avoir appris à lire et à écrire, l'enseignant a tout de même décidé de le faire passer au CE1, pensant, notamment, qu'il s'ennuierait s'il restait en CP.

### *5 - 2. Le diagnostic de dyslexie*

Heureusement, à l'issue de la première journée de CE1, l'institutrice nous a sollicités pour nous expliquer que notre fils était très certainement dyslexique, nous encourageant à consulter un orthophoniste qui réaliserait un bilan. Nous avons fait la démarche auprès de notre médecin traitant puis d'une orthophoniste qui a diagnostiqué une dyslexie sévère (mixte), l'empêchant totalement, à ce stade, de rentrer dans les apprentissages de la lecture et de l'écriture comme ses camarades du même âge. Il n'arrivait notamment pas à associer les sons et les lettres (B et A = BA)[1]. Il avait raison, d'une certaine manière, quand il avait dit à son instituteur « Ça, ce n'est pas pour moi ». Il a ressenti un véritable soulagement quand l'orthophoniste lui a expliqué l'origine de ses difficultés, mais aussi quand elle lui a dit qu'elle allait l'aider.

### *5 - 3. Les adaptations à l'école primaire*

L'école primaire n'a pas été une partie de plaisir pour notre fils, dans la mesure où lecture et écriture font partie des compétences de base à acquérir et où leur non-maîtrise entraîne des difficultés dans tous les autres domaines. Toutefois l'équipe enseignante était compréhensive, aidante et désireuse d'apprendre comment mettre en place des adaptations face à ces difficultés. Il avait par ailleurs des séances de remédiation sur le temps scolaire, en orthophonie et en psychomotricité, car des examens plus poussés au centre référent du langage[2] avaient montré qu'il était aussi dysgraphique[3] et dyscalculique[1].

---

[1] Impossibilité d'acquérir et d'utiliser les compétences de décodage phonémique. Voir Dehaene S. (2011)
[2] Centres référents du langage créés en 2001 dans tous les CHU régionaux.
[3] Trouble cognitif développemental. Difficulté pathologique dans la réalisation de l'écriture manuelle.

De notre côté, en tant que parents, nous avons tout mis en œuvre pour le soutenir et l'encourager et pour trouver des moyens très diversifiés et ludiques pour le faire rentrer dans la lecture et l'écriture. Par exemple, nous lui avons lu énormément de livres. Il est passé de classe en classe, sans redoublement, avec un PAI (projet d'accueil individualisé[2]) dans lequel figuraient des propositions d'adaptation des cours et des évaluations. À la fin du CM2, l'équipe pédagogique a décidé qu'il valait mieux qu'il intègre le collège de la commune voisine (hors de notre secteur) pour qu'il puisse apprendre l'espagnol en première langue (pour les dyslexiques, langue plus phonétique que l'anglais[3]). Mon mari, espagnol, et qui avait fait des études d'espagnol, pourrait aussi l'aider pour ce nouvel apprentissage. La médecin scolaire qui suivait son PAI depuis le CE1 nous a rassurés en nous indiquant qu'elle remettrait elle-même le dossier de notre fils au principal du collège en lui expliquant ses difficultés et les aménagements qu'il faudrait mettre en place pour l'accompagner. C'est dans ce contexte que Benjamin a fait son entrée en 6$^e$.

## 5 - 4. Deux entrées en 6$^e$

Ce qui apparaît en premier lieu, en tant que parent, quand votre enfant entre au collège, c'est que vous n'avez plus affaire à une seule personne. Il allait donc falloir prendre rendez-vous avec le professeur principal, mais aussi avec chacun de ses enseignants pour leur expliquer que notre enfant souffrait d'un handicap « invisible », la dyslexie, et de troubles associés. Au bout d'une semaine, notre fils, qui était pourtant très motivé pour cette nouvelle étape de son parcours scolaire, est revenu en pleurant, découragé. Les enseignants n'étaient pas informés de ses difficultés (bien que nous ayons discuté rapidement avec le

---

[1] Trouble cognitif développemental. Retard hors normes dans la mise en place de la numération et des habiletés arithmétiques.
[2] Accueil en collectivité des enfants et des adolescents atteints de troubles de la santé évoluant sur une longue période
http://www.education.gouv.fr/bo/2003/34/MENE0300417C.htm
[3] Ziegler J.C., & Montant M., (2005).
http://gsite.univ-provence.fr/gsite/Local/lpc/dir/ziegler/article/Langage_Homme_2005.doc

professeur principal le jour de la rentrée) et, pour certains, le critiquaient devant toute la classe. Nous avons alors souhaité rencontrer le principal pour mettre en place rapidement un PAI, mais il a refusé de nous accorder un rendez-vous. Face à notre insistance, il nous a répondu que nous étions des « chercheurs d'histoires » et a indiqué qu'il ne voulait pas de PAI dans son établissement. Au bout de deux mois nous avons enfin obtenu du médecin scolaire qu'il demande l'organisation d'une réunion pour la mise en place d'un PAI, avec le principal, le professeur principal, les enseignants de français et de mathématiques (matières dans lesquelles Benjamin avait le plus de difficultés).

Aussi incroyable que cela puisse paraître aujourd'hui, nous étions en novembre 2004[1], le principal a déclaré à l'issue de cette réunion que notre fils était « trop handicapé pour le garder dans ce collège, qu'il n'arriverait pas à poursuivre sa scolarité avec les exigences de la 6$^e$ et qu'il allait faire baisser la moyenne du brevet des collèges alors que l'établissement avait la meilleure du département ». C'était sans appel et, de toute façon, nous ne souhaitions pas une minute de plus laisser notre fils dans cet établissement. Sans attendre nous avons pris contact avec le collège de notre secteur qui a accueilli Benjamin immédiatement en mettant tout en œuvre pour le recevoir dans de bonnes conditions. Ce dernier, sous le choc, a intégré ce nouveau collège en essayant, avec difficulté, de trouver de nouveaux repères (la plupart des personnes souffrant de troubles « dys » ont des difficultés à se repérer dans l'espace et le temps). Une semaine après sa rentrée, un PAI a été mis en place et le professeur principal, enseignant en français, formé sur ces troubles l'a plus particulièrement pris en charge. Nous étions soulagés, et les trois mois qui suivirent se sont relativement bien passés. Au cours du dernier trimestre notre fils a commencé à souffrir de terribles maux de tête, puis de douleurs dans le dos et les jambes. Certains jours il n'arrivait plus à marcher. Il a été hospitalisé lors d'une crise et les médecins, après de nombreux examens ont diagnostiqué une

---

[1] Certes la loi de 2005 était à venir, mais il y avait eu la loi de 1975 et le PAI était un dispositif officiellement prévu qui n'avait rien de dérogatoire.

fibromyalgie[1]. Ils n'excluaient pas que ce qu'il avait vécu au collège, jusqu'à son exclusion, ait pu constituer un choc déclencheur de cette maladie.

La cinquième a été compliquée, avec beaucoup d'absences, mais Benjamin s'accrochait et avait des résultats satisfaisants dans les matières où l'orthographe n'était pas prise en compte.

Rédaction : « vous êtes nouveau, présentez-vous à la classe » - (extrait) Benjamin 1$^{er}$ trimestre de 5$^e$ :

« a oui j'alé oublié jé un asé gro probléme de dislexsi ! jécri fonéntiqueman pa tré bien. »

À cette époque Benjamin a commencé à être équipé de matériel informatique dans le cadre scolaire et, grâce à l'utilisation du clavier et à des logiciels spécifiques, a très vite trouvé le moyen de compenser ses difficultés à l'écrit. En quatrième, il souffrait de plus en plus, particulièrement la nuit ; il ne dormait pas beaucoup et c'était très difficile de le réveiller pour aller à l'école. Un examen de son cycle de sommeil a montré qu'il avait un fort décalage par rapport au cycle normal. Quand nous le réveillions pour aller à l'école, il était dans un stade de sommeil profond. Je me souviens de cette période où l'on mettait une heure pour le réveiller et le préparer. Une fois dans la voiture il se rendormait profondément et arrivé au collège, 3 km plus loin, il fallait à nouveau le réveiller. Totalement perdu, il pouvait entrer en classe en se trompant de cours (maths au lieu de technologie par exemple) et était envoyé à la vie scolaire où il se rendormait profondément en salle d'étude…

Dans le cadre d'un PPS (projet personnel de scolarisation[2]), le médecin scolaire a proposé que Benjamin soit déscolarisé à mi-temps. Il resterait à la maison le matin pour finir son cycle

---

[1] La fibromyalgie est un syndrome caractérisé par des douleurs diffuses dans tout le corps, souvent associées à une grande fatigue et à des troubles du sommeil.
http://www.passeportsante.net/fr/Maux/Problemes/Fiche.aspx?doc=fibromyalgie_pm
[2] Mise en œuvre et suivi du projet personnalisé de scolarisation.
http://www.education.gouv.fr/bo/2006/32/MENE0602187C.htm

de sommeil et se reposer de ses nuits compliquées et viendrait en cours l'après-midi. Nous étions d'accord et nous nous sommes engagés à rattraper les cours du matin, le soir, pour qu'il suive une scolarité la plus complète possible. Le médecin nous a aussi proposé de prendre contact avec une association, l'ASEEM[1], qui a pour mission la prise en charge de l'enseignement des enfants malades (à l'hôpital ou à domicile) qui nous viendrait en aide. De notre côté nous avons aménagé nos horaires pour rentrer entre midi et 14h pour faire manger Benjamin et l'amener à l'école. Nous habitons une maison mitoyenne et nos voisins et amis, retraités, étaient informés que Benjamin dormait le matin, il pouvait les solliciter. De mon côté, je travaillais à 2 km et pouvais me libérer assez facilement s'il avait eu besoin de moi en urgence.

### 5 - 5. L'organisation d'une journée « de classe »

Les années de 4$^e$ et de 3$^e$ se sont donc déroulées globalement de la manière suivante, pour Benjamin et pour moi-même, qui avais pris la plus grande part dans cette organisation, vu mes disponibilités : à 12h30 petit-déjeuner/repas puis départ au collège pour 13h30 et jusqu'à 17h. En sortant, Benjamin prenait le bus scolaire et rentrait à la maison où il goûtait et se reposait. Autour de 18h, je rentrais et rapidement nous nous mettions au travail pour rattraper les cours du matin et faire les devoirs pour les jours suivants. Nous travaillions souvent jusqu'à 22 ou 23h, avec des pauses, dont le dîner vers 20h. Mon mari arrivait vers 19h30 et prenait souvent en charge la préparation du repas pour que nous puissions travailler sans nous interrompre. Il prenait aussi en charge l'enseignement de l'espagnol (compte tenu de ses difficultés, Benjamin a été dispensé d'une deuxième langue à partir de la quatrième). Deux fois par semaine, la première année, et une fois la deuxième, des enseignants (retraités) de l'Association pour l'éducation des enfants malades (ASEEM), prenaient en charge Benjamin, en maths et en français (une heure/semaine) en quatrième et en maths en troisième. Les deux

---

[1] http://www.aseem31.com

plus grandes difficultés rencontrées durant cette période furent la récupération des informations pour poursuivre le travail scolaire réalisé pendant l'absence de mon fils et la mobilisation de ce dernier, très fatigué, découragé et tenté d'abandonner presque quotidiennement, du moins la première année. Cette organisation, à laquelle s'ajoutait une prise en charge médicale, ne laissait pas beaucoup de temps pour des loisirs. Heureusement, ses amis de primaire et un ou deux copains de collège sont restés fidèles à Benjamin ; il pouvait se distraire avec eux pendant les week-ends et les vacances. Il a dû abandonner une activité sportive, le Kendo, mais il a commencé à se passionner pour les mangas et la culture nippone et à fréquenter la médiathèque régulièrement.

## 5 - 6. Les liens avec le collège et le respect des programmes

Bien qu'une organisation ait été pensée, lors de la conception du PPS, pour que nous puissions récupérer les cours du matin, nous nous sommes très vite aperçus que ce fonctionnement « hors l'école » dérangeait beaucoup d'enseignants et seuls deux étaient prêts à jouer le jeu de la transmission de l'information, notamment via le cahier de texte en ligne qui était accessible depuis la 5$^e$. En effet, les enseignants de mathématiques et de sciences mettaient en ligne les devoirs à faire pour les cours suivants, et précisaient aussi ce qui avait été fait dans la journée et parfois transmettaient des supports de cours. Ce fut une aide précieuse, et en tant que formatrice sur les technologies de l'information et de la communication dans une école de formation des enseignants pour le ministère de l'agriculture, j'encourage aujourd'hui, de manière presque militante, les jeunes professeurs à utiliser ces outils à distance dans la perspective d'un enseignement qui doit dépasser les murs de l'école. J'ai en effet toujours le souvenir de ces nombreux coups de téléphone passés aux camarades de classe pour récupérer les devoirs et aux détours par leurs maisons quand il faillait travailler à partir d'un support que Benjamin n'avait pas pu récupérer. Il lui incombait en effet de profiter du temps où il était à l'école pour aller faire des photocopies au CDI à partir des cahiers des « élèves volontaires référents » (comme cela était précisé dans le PPS) et pour recopier les informations à partir de leurs agendas. Ses difficultés pour prendre des notes et ses problèmes d'organisation liés à sa dyslexie ont vite rendu cette organisation impossible. Il ne pouvait pas non plus bénéficier, comme ses camarades, des temps de pause. Par ailleurs, certains « élèves référents », sur qui reposait aussi cette organisation, se sont assez vite démobilisés et Benjamin n'osait plus les solliciter.

Peu à peu j'ai donc choisi de me détacher des cours réalisés au quotidien et je me suis plutôt attachée à réaliser le programme scolaire plus globalement. J'ai expliqué, lors d'une réunion du PPS, que nous allions faire tout ce qui était possible pour rendre les devoirs à temps, comme les autres élèves, mais que pour cela il fallait que l'information nous soit transmise avec anticipation. Et je précisais que parfois, compte tenu de l'état de santé de Benjamin, il ne rendrait pas de devoirs et il ne faudrait pas pour autant le pénaliser. L'enseignant référent de scolarité[1] qui avait en charge l'animation du PPS a accepté cette proposition et a fait inscrire dans le document contractuel envoyé à la maison du handicap (MDPH) la phrase suivante : « Aménagement des évaluations : possibilité de raccourcir les devoirs, de refaire une évaluation manquée ou non réussie, dans des conditions semblables, mais à domicile ».

Je me suis investie dans des recherches, sur internet ou au CRDP, sur les préconisations pédagogiques pour mettre en œuvre les programmes de $4^e$ et de $3^e$. Je me suis intéressée aux différents référentiels et aux sujets d'annales pour préparer mon fils au brevet des collèges. J'ai pu enfin bénéficier des conseils de quelques enseignants du collège à qui j'avais expliqué ma démarche. Tout ce travail se faisait en dehors des heures d'accompagnement de Benjamin dans ses activités scolaires, notamment le week-end et j'étais tellement fatiguée que j'attendais avec autant d'impatience que mon fils les périodes des vacances scolaires pendant lesquelles nous pourrions souffler. Tous ces efforts ont payé puisque Benjamin n'a jamais

---

[1] L'enseignant référent de scolarité est mis à disposition de la Maison du Handicap par l'Éducation nationale. Les enseignants référents et leurs secteurs d'intervention : http://www.education.gouv.fr/bo/2006/32/MENE0601976A.htm

décroché. Un point fait au cours d'une équipe de suivi[1] en milieu de troisième précise : « Les absences ont été nombreuses, ce qui explique quelques lacunes dans certaines disciplines. Toutefois Benjamin manifeste un intérêt pour l'école et témoigne d'une bonne culture générale. Les difficultés liées à sa dyslexie et à sa santé amènent l'équipe à réfléchir à des aménagements susceptibles de valoriser les efforts de Benjamin et de prendre en compte le rythme de ses progrès qui sont réels ».

### 5 - 7. L'aide apportée par les enseignants de L'ASEEM

Cette association régionale, agréée par l'éducation nationale fait partie de la FEMDH[2], a pour objectif d'aider les enfants qui ont des problèmes de santé à reprendre le chemin de l'école sans trop de retard. Pour ce faire elle recrute des enseignants bénévoles, titulaires a minima d'un BAC+3 dans la matière enseignée. Les cours sont donnés au domicile de l'élève ou en milieu hospitalier, à raison d'une heure par semaine et par matière. Ces enseignants sont aussi habilités à entrer directement en contact avec le collège pour avoir des informations sur l'élève et sur les programmes. Ils peuvent aussi assister aux conseils de classe. Ces relations se font en lien avec les parents. Dans cette période scolaire difficile, ces enseignants ont représenté un réel appui pour notre famille. L'enseignante de français a été très déstabilisée par la dysorthographie et la dysgraphie de Benjamin mais a fait tout ce qu'elle a pu pour lui faire acquérir quelques bases en grammaire et en conjugaison, ce que j'avais renoncé à faire. Le professeur de mathématiques a très vite compris le fonctionnement de notre fils et lui a permis de progresser. De temps en temps, quand il sentait que notre fils saturait trop, il interrompait le calcul et la géométrie et lui faisait faire des mouvements de karaté (qu'il avait pratiqué pendant 10 ans). Benjamin lui faisait entièrement confiance et ils ont pu

---

[1] L'équipe de suivi de la scolarisation est animée par l'enseignant référent de scolarité. Elle a pour objet de concevoir les éléments du PPS.

[2] Fédération pour l'enseignement des malades à domicile et à l'hôpital : http://www.femdh.fr

travailler ensemble d'autres disciplines scientifiques (SVT, technologie). De mon côté, j'ai pu me décharger complètement sur cet enseignant qui est devenu un ami et qui a accepté de suivre Benjamin jusqu'au bac.

Ces interventions extérieures, en dehors du fait qu'elles me soulageaient par rapport à la prise en charge importante que j'avais dans ce programme d'études à domicile, m'ont fait prendre conscience de la particularité d'enseigner à son propre enfant. Avec Benjamin nous étions dans une relation de confiance et il savait (il me l'avait dit au cours de la $5^e$) que sans l'aide de ses parents il n'arriverait pas à suivre sa scolarité. Je connaissais ses rythmes et les difficultés liées à la dyslexie et ne le forçais pas à faire des exercices quand je sentais qu'il était en surcharge cognitive ou en limite de compétences. Mais il y avait aussi la relation affective forte, et ce d'autant plus qu'il était malade ; il me faisait souvent part de son découragement et de son épuisement. Je devais constamment le remotiver avant d'attaquer une activité. C'est sans doute la partie de cet enseignement à domicile que j'ai trouvé la plus difficile à vivre. Avec les enseignants qui venaient à la maison il avait une toute autre attitude. Il ne montrait pas ses difficultés et rentrait directement dans le cours.

### *5 - 8. Le développement de compétences spécifiques*

Ce travail à la maison a permis à Benjamin de développer des compétences qui lui servent encore aujourd'hui. C'est à la maison qu'il a pu prendre en main son ordinateur et acquérir la maîtrise des logiciels spécifiques dont il était équipé. Cet outil, qui lui avait été attribué dans le cadre du PPS pour compenser ses difficultés en écriture, n'était pas toujours le bienvenu au collège. Seuls quelques enseignants l'acceptaient et parfois sous conditions (une rallonge de 15 m). Très rapidement il a rendu les devoirs sous formats informatiques ou imprimés, ce qui a permis aux enseignants de le corriger et de le noter, ce qui n'était pas le cas quand il rendait des copies illisibles. Sans cela il aurait pu être très rapidement marginalisé, car, comme le notent R. Soppelsa et J.-M. Albaret[1] : « Au collège, la dysgraphie devient un motif d'exclusion du système scolaire ».

Benjamin 4ᵉ

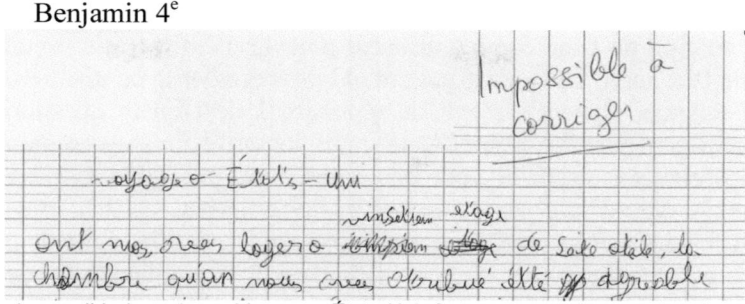

« *Impossible à corriger* – Voyage o États-Uni. Ont nous avais loger o vinsetiem etage de sète otèle, la chambre qu'on nous avais atribué étté agréable »

Il a aussi découvert toutes les possibilités offertes par des logiciels comme la reconnaissance vocale qui lui permettait de dicter des textes à son ordinateur et a commencé à écrire des histoires pour lui. C'est peut-être durant cette période qu'a commencé son intérêt pour l'informatique. Il a très vite voulu s'orienter vers des études dans ce domaine et il est actuellement en deuxième année d'IUT informatique.

Une autre compétence, liée aussi à l'informatique et à la liberté d'organiser les apprentissages de manière plus autonome que dans le cadre scolaire, c'est la capacité d'effectuer des recherches sur internet. Le manuel scolaire n'était plus la seule référence, il y avait désormais tout ce que le web mettait à sa disposition. Il s'autogérait pour préparer un cours, ou bien pour le réviser. Mon rôle consistait alors à lui apprendre à faire le tri dans la somme d'informations récoltées. Ce travail le motivait et lui a permis de renforcer sa culture générale. Enfin, ce dont je prends conscience aujourd'hui, c'est ce que ce travail à deux a pu lui apporter pour travailler avec d'autres personnes en appui lors des examens, chaque fois qu'il a eu besoin d'un secrétaire lecteur-scripteur ou scripteur. En effet, lors des évaluations à domicile, j'ai appris à m'attacher à prendre strictement ce qu'il

---

[1] Soppelsa et Albaret J.-M. (2014).

me disait sous sa dictée. Je l'ai aussi habitué à utiliser le tiers temps supplémentaire dont il bénéficiait lors des examens. Ces adaptations sont rarement mises en place sur le temps scolaire pour les évaluations formatives et, souvent, les élèves en situation de handicap les utilisent pour la première fois le jour de l'examen. Or il n'est pas simple de travailler avec une tierce personne. Quand il s'agit de répondre à de courtes questions cela peut paraître assez facile, mais lorsqu'il faut réaliser une dissertation de 4h, il vaut mieux avoir eu un solide entraînement. Mon fils a passé son brevet des collèges, son bac et ses examens à l'université en bénéficiant de ces aides humaines, sans rencontrer de réelles difficultés à travailler avec des personnes chaque fois différentes et en utilisant le temps majoré qui lui était accordé.

À l'adolescence Benjamin a eu moins de problèmes de santé et à partir de la seconde il a pu suivre une scolarité quasi normale (il a eu un PPS jusqu'au bac). Il a toujours un sévère décalage du sommeil, mais il prend sur lui et se repose le soir et le week-end. La déscolarisation partielle au collège lui a donné la possibilité de se maintenir à un certain niveau scolaire et d'acquérir une bonne culture générale pour poursuivre les études qu'il a choisies. Nous ne regrettons donc pas ce choix qui a été parfois compliqué et qui nous a demandé, à tous, beaucoup d'énergie.

### *5 - 9. Conclusion*

Pour notre famille, la déscolarisation partielle de notre fils n'a pas été choisie, nous y avons été contraints. L'adaptation du temps scolaire proposée dans le cadre d'un PPS reposait sur une organisation qui, pour une grande part, nous incombait. Pour les enseignants, il s'agissait d'accepter que notre fils ne serait pas toujours présent et par conséquent, de s'organiser pour lui communiquer les supports de cours et les devoirs. Ils devaient aussi transmettre les sujets d'évaluation pour que je les fasse passer à Benjamin à la maison, le soir ou le week-end. Après deux ans de fonctionnement, nous avons constaté qu'une minorité d'enseignants ont joué le jeu sur la durée. Il fallait sans arrêt réclamer et j'ai fini par me passer des supports en sollicitant directement les camarades de classe de Benjamin, à leur domicile, avec bien entendu l'accord de leurs parents. Pour les professeurs, souvent submergés par ce qui se passait dans l'espace scolaire, avec des classes nombreuses, réussir cette individualisation pour un élève était une surcharge trop inhabituelle.

La plus grande difficulté, de mon point de vue, venait, tout d'abord, de l'absence de coordination, si ce n'est par nous, parents, qui plus est en dehors du collège et, de plus, du déficit de travail en équipe (à leur décharge, certains enseignants travaillaient sur deux établissements). Je constatais, avec d'autres parents, qu'ils réalisaient toutes les évaluations en même temps. Certains jours, il pouvait y avoir trois ou même quatre contrôles. Dans ces cas là, pour nous, mais aussi certainement pour beaucoup d'autres élèves, les révisions étaient presque impossibles.

La déscolarisation partielle m'a paru, et me paraît encore, pratiquement très compliquée. On est constamment confronté à deux logiques, à deux rythmes différents et c'est aux parents de faire tout le travail de coordination. En tant que militante dans une association de soutien aux dyslexiques, des familles, dont les enfants sont en difficulté dans certaines matières, me demandent mon avis pour une déscolarisation partielle : ne pourraient-elles pas prendre en charge elles-mêmes ou bien avec le CNED (Centre national d'éducation à distance) ces enseignements ? Je leur dis combien la tension entre la logique et le rythme scolaires et ceux d'un élève à besoins éducatifs particuliers est quotidienne et lourde à assumer. Conviendrait-il mieux, alors, de choisir l'instruction en famille ? Pour ma part, c'est un pas que je ne franchirai pas, même si, aujourd'hui, je pense que je m'affranchirais plus tôt de l'itinéraire d'enseignement de la classe d'appartenance de mon fils. J'explique, plutôt, combien il faut être disponible. Et puis, combien, pour envisager un retour dans un cursus de formation standard et reconnu, il faut aussi avoir des compétences pédagogiques et un bon niveau scolaire, voire universitaire, dans les matières concernées. Peut-être la loi de 2005 et les comparaisons internationales parviendront-elles à faire évoluer les pratiques d'individualisation…

# Deuxième partie
# Perspectives internationales

*Rébecca Sirmons*

CHAPITRE 6. LE HOMESCHOOLING, PERSPECTIVES NORD-AMÉRICAINES

CHAPITRE 7. LES FAMILLES DE HOMESCHOOLERS : PROJETS ÉDUCATIFS ET PROFILS SOCIODÉMOGRAPHIQUES

CHAPITRE 8. L'IEF, UNE QUESTION DE FAMILLE

CHAPITRE 9. ÉDUQUER ET SOCIALISER

# Chapitre 6. Le *homeschooling*, perspectives nord-américaines

Comprendre le phénomène du *homeschooling* suppose de le replacer dans son contexte social, culturel et historique. Les États-Unis étant le pays où le *homeschooling* a pris racine et s'est développé de façon spectaculaire, c'est à ses fondements et aux débats qu'il a suscités que nous allons consacrer ce chapitre. Les transformations profondes du système éducatif ne viennent pas du travail des chercheurs, ni des éducateurs, mais de mouvements sociaux plus larges qui entraînent les institutions politiques, économiques et culturelles. Dans quel mouvement social s'inscrit le *homeschooling* ?

## 6 - 1. Le *homeschooling*, une pratique qui s'institutionnalise

Des débats animés, voire virulents, perdurent, mais il est un fait que l'on ne peut ignorer : le *homeschooling* a évolué de la marginalité vers la reconnaissance et l'acceptation.

Au début du mouvement et jusqu'au début des années 90, le *homeschooling* n'était pas une pratique légale dans tous les états américains[1]. Or ce mouvement est très vite devenu particulièrement dynamique dans le lobbyisme gouvernemental, au point d'être considéré comme le groupe le plus influent en matière d'éducation[2]. Malgré leur diversité, les *homeschoolers* sont capables de s'unir pour défendre leur liberté et leurs droits[3]. Les familles qui le portent, qu'elles soient de gauche ou de droite, montrent la même méfiance vis-à-vis des institutions et ne sont pas convaincues que le système gouvernemental puisse répondre aux besoins du citoyen moyen. De plus, les unes et les autres décrient l'abandon de la morale (même si leurs définitions diffèrent) et militent en faveur de la liberté[4]. Cette

---

[1] Reich R. (2002), p. 56
[2] *Ibid.* ; Isenberg E. J. (2007)
[3] Davis et Aurini (2003), p. 68
[4] Mayberry M. (1988), p. 39

unité de vue, malgré des tendances radicalement opposées, a donné et continue à donner de la force à leur action lobbyiste.

## Émergence et développement

Comment expliquer que le *homeschooling* soit né et ait pris racine aux États-Unis ? Stevens présente quelques caractéristiques institutionnelles et culturelles pouvant éclairer cet aspect. Tout d'abord, le scepticisme à l'égard du rôle de l'État dans l'éducation des enfants est partagé par nombre d'américains[1]. Or l'administration du système scolaire est décentralisée. Chaque état possède son propre code de l'éducation. Ainsi, des personnes souhaitant innover peuvent tout simplement rechercher un état dont la législation est favorable à leurs pratiques, puis, après un premier succès et de premières victoires législatives, la développer ailleurs. Ensuite, la grande proportion de protestants conservateurs (estimée à 25 % de la population) explique une partie du succès du *homeschooling* grâce à deux traits : des mères au foyer et la richesse organisationnelle du protestantisme (églises, maisons d'édition, écoles et universités privées…) qui a pu contribuer au développement du mouvement.

La population est partagée, mais les chiffres d'enquêtes officielles[2] montrent qu'indéniablement, le *homeschooling* croît en popularité. En 1985, 73 % des personnes interrogées désapprouvaient cette pratique, seuls 16 % l'approuvaient. En 1997, ces chiffres étaient respectivement de 57 % et 36 %. Quatre ans plus tard, en 2001, ils étaient 54 % et 41 %[3]. Ceux qui l'approuvaient étaient devenus une majorité. En 2009, ce même sondage a montré, d'une part, que 50 % de la population interrogée pense que le *homeschooling* n'améliore pas les performances scolaires alors que 43 % pensent que si, et, d'autre part, que 49 % pensent que le *homeschooling* ne promeut pas la citoyenneté responsable, alors que 46 % disent que si.

---

[1] Stevens M. L. (2003), p. 94-95.
[2] Phi Delta Kappa/Gallup Poll, sondage officiel, annuel et national. www.ncpublicschools.org/newsroom/news/2001-02/20010824
[3] Hadderman (2002), p. 2.

Ce phénomène concerne, aujourd'hui, environ deux millions d'enfants d'âge scolaire. Au Canada, on a également pu assister à une explosion du nombre d'enfants instruits en famille, avec environ 2 000 enfants en 1979 et environ 80 000 en 2001-2002[1]. Sans aucun doute, plus une pratique est courante, plus elle est acceptée et acceptable, d'où un effet d'engrenage et une augmentation du nombre de personnes susceptibles d'y adhérer.

Ainsi, la première génération de *homeschoolers* est adulte et on peut observer ce qu'elle est devenue. De nombreux chercheurs se sont penchés sur le devenir universitaire[2], social ou professionnel[3] des enfants n'ayant pas été scolarisés. Ils sont tous unanimes : ces enfants ont réussi à s'intégrer dans des études supérieures et sont des adultes responsables, citoyens et actifs dans la vie sociale. Les critiques, notamment par rapport à la socialisation, disparaissent de plus en plus lorsque les individus, autrefois réticents face à la pratique du *homeschooling*, observent ceux qui n'ont pas été à l'école. J'ai pu moi-même constater que les parents interrogés aux États-Unis avaient choisi le *homeschooling* avant même d'avoir des enfants parce qu'ils connaissaient des enfants non-scolarisés et qu'ils étaient impressionnés par leur attitude et leur comportement.

Le *homeschooling* n'est plus considéré comme un choix éducatif étrange, mais comme un choix légitime et acceptable de la part d'une grande partie de la population, ses voisins, sa famille, ou son boulanger[4]. Ce sont des indices incontestables du succès du *homeschooling*.

## La bureaucratisation du système scolaire

Le choix du *homeschooling* ne reflète pas seulement une résistance à l'école publique ou la croissance d'un sentiment anti-école[5], mais surtout une désillusion par rapport à l'ordre institutionnel contemporain[6]. Les raisons fondant ces sentiments

---

[1] Aurini J. et Davies S. (2005)
[2] Cogan M. F. (2010) ; Jones P. et Gloeckner G. (2004) ; Ray (1988) ; Wichers (2001)
[3] Ray B. D. (2004) ; Rothermel P. (2002) ; Webb J. (1989)
[4] Stevens M. L. (2003), p. 93
[5] Apple M. W. (2000), p. 257
[6] Mayberry M. (1988), p. 40

sont complexes, nous pouvons relever la bureaucratisation du système scolaire public et la mise en place du management gouvernemental des écoles. Cette gestion a pour but de coordonner les institutions éducatives, de centraliser leur direction et de promouvoir l'égalité des chances en agissant dans l'intérêt de toute la population. L'autonomie des collectivités locales a été réduite, mais non abolie, du moins dans la mesure où elles agissent dans un souci d'égalité et d'impartialité. Les enseignants, en fonction de leurs qualifications professionnelles, bénéficient de la confiance des bureaucrates et leur rôle est de faire le lien entre l'individu et l'État. L'école publique se trouve placée au-dessus d'un examen critique : la population doit faire confiance aux professionnels – enseignants, travailleurs sociaux et autres fonctionnaires – puisqu'ils sont les spécialistes de l'éducation et qu'ils possèdent le savoir[1].

Cette croissance du pouvoir du système scolaire a été tolérée jusque dans les années 1970, puis elle a suscité un mécontentement grandissant. Avec la bureaucratisation, l'école est devenue impersonnelle, incapable de s'adapter aux variations culturelles individuelles ou locales[2]. Jouer un rôle actif dans l'éducation de ses enfants a conduit une partie de la population à s'engager davantage à l'école. L'implication parentale est un des facteurs de réussite scolaire[3], il en a résulté des tensions dans les relations parents-école, car les parents ne se sentent ni reconnus, ni entendus.

Cette implication étant rendue compliquée par les réactions, parfois hostiles des professionnels, certains parents préfèrent opter pour une implication totale en reprenant le contrôle de l'instruction de leurs enfants. D'autres n'attendent même pas d'avoir des conflits avec l'institution scolaire et considèrent le *homeschooling* comme un mode de vie que l'on peut choisir de plein droit : « Les nouvelles caractéristiques de la réalité postmoderne encouragent le *homeschooling*[4] ». Les *homeschoolers*

---

[1] Apple W., *ibid.*, p. 264-265
[2] Gaither M. (2008), p. 234
[3] Wartes (1988), p. 50
[4] Newman A. et Aviram A. (2003), p.140

ont choisi de se soustraire à ces tensions[1]. Libérés du joug bureaucratique, les parents ont un sentiment d'*empowerment*[2] lorsqu'ils prennent sous leur responsabilité toute l'éducation de leurs enfants[3].

Lubienski et Apple leur reprochent ce retrait. Ils ne nient pas les défauts de l'école publique qui devrait être plus à l'écoute des parents. Mais au lieu de quitter l'école pour manifester leur mécontentement, ils devraient faire entendre leurs voix et agir pour un changement de l'école[4].

## La diversification des réseaux et des idéaux

Les personnes ayant opté pour un mode de vie différent cherchent toujours à se regrouper avec ceux qui leur ressemblent. Des pratiques d'abord liées à la gauche marginale (mouvements hippies), telles que l'alimentation biologique, le souci de préserver l'environnement, l'allaitement maternel, se sont développées. J'ai moi-même pu constater que parmi les *homeschoolers* que je côtoie, on me pose régulièrement la question « as-tu accouché à la maison ? » alors qu'on me la pose très rarement, voire jamais, parmi mes autres connaissances. Le *homeschooling* est plus souvent accepté parmi ceux qui pratiquent l'accouchement à la maison, le portage, le maternage, qui utilisent les couches lavables et les médecines alternatives et ont banni tout produit chimique de leur maison…

De plus en plus de personnes recherchent leur épanouissement personnel au sein de petites communautés alternatives. Le *homeschooling* fait partie de ces pratiques qui gagnent en popularité[5]. Au début du mouvement du *homeschooling*, on avait pu noter une polarisation en deux groupes : les « *unschoolers* », disciples de John Holt et les protestants conservateurs ayant lu les ouvrages de Raymond Moore[6]. Aujourd'hui, en plus de ces groupes, on peut trouver des

---

[1] McDowell S. A. (2000), p. 203
[2] Ce terme se diffuse dans un contexte français, voir Bacqué M.-H. et Biewener C. (2013)
[3] Van Galen J. A. (1988), p. 66-67
[4] Lubienski C. (2000), p. 225
[5] Gaither M. (2008), p. 233
[6] Stevens M. L. (2003), p 92

groupes de nombreuses tendances, centrés sur les pédagogies Montessori ou Waldorf-Steiner, ou des groupes catholiques, afro-américains, ou bien encore pour les enfants précoces ou ceux ayant des difficultés d'apprentissage[1].

### *6 - 2. Autorité parentale et culte de l'enfant*

De plus en plus de parents recherchent des options alternatives pour l'éducation de leurs enfants, mais ce qui distingue les parents *homeschoolers* des autres, c'est leur insistance sur l'autorité parentale[2], d'une part, et sur les besoins de l'enfant, d'autre part. L'éducation de leurs enfants relève de leur responsabilité et non de celle de l'État. Néanmoins cette affirmation ne fait pas l'unanimité et les débats sont vifs.

### Parents-Enfant-État, une trilogie d'intérêts en conflit

Depuis longtemps, une question s'est posée : qui doit avoir la principale position dans l'éducation des enfants[3] ? Aux États-Unis, comme en France, ce débat faisait déjà rage il y a plus de deux siècles[4]. Les Volontaristes promouvaient l'éducation volontaire sous l'autorité des parents et d'associations libres et s'opposaient à une instruction gérée par l'État.

Les *homeschoolers* défendent l'autorité parentale et des visions du monde marquées par des croyances religieuses. Ray affirme :

> « Si l'implication parentale dans la vie des enfants est si vitale, à en croire à la fois les recherches sur la réussite scolaire des enfants et la vision du monde des grandes religions, et si l'instruction en famille constitue la quintessence de l'implication parentale, alors la grande majorité des éducateurs, des ministres de cultes et des parents devrait défendre sa pratique[5]. »

Où tracer la limite entre l'autorité et les objectifs des parents, l'autorité et les objectifs de l'État et l'intérêt de l'enfant lui-

---

[1] Davies S. et Aurini J. (2003), p. 66
[2] *Ibid.*, p. 67
[3] Ray B. D. (2000), p. 272. Voir Ségalen M. (2010)
[4] Voir chapitre 2.
[5] Ray B. D. (2000), p. 279

même ? Les objectifs de l'État concernent principalement l'instruction, le bien-être, l'autonomie et la citoyenneté de l'enfant. Pour les partisans du *homeschooling*, les parents sont ceux qui connaissent le mieux leurs enfants et qui veulent, plus que l'État, agir pour son bien. L'intérêt des parents envers leurs enfants a une dimension affective, ce qui n'est pas le cas pour ce qui est de l'intérêt de l'État[1].

En revanche, pour Reich, ce sont les objectifs de l'État et le bien des enfants qui seraient le plus étroitement liés. Parmi ces objectifs, l'un est central : l'« autonomie minimale » qu'il définit comme la capacité d'un individu à développer ses propres centres d'intérêt, à se forger ses convictions et croyances personnelles et à exercer ses droits civiques[2]. Reich est sceptique à l'égard du *homeschooling*, il y voit une possibilité d'éviter de rencontrer des idées contraires à celles de ses parents et, de ce fait, l'empêchement d'acquérir cette « autonomie minimale ». L'État doit donc intervenir pour limiter l'autorité de parents repliés.

Émergent ici et là, d'un côté comme de l'autre, en dehors des critiques – parfois acerbes – des positions adverses, des engagements militants portés par une hiérarchisation différente des valeurs : d'abord l'enfant ou d'abord la société démocratique ?

**Personnalisation et culte de l'enfant**

La population qui réclame des formes alternatives d'instruction et qui prend position pour le *homeschooling* le présente comme la meilleure manière de répondre aux besoins propres et uniques de chaque enfant. Leurs discours, basés sur le langage des droits, trouvent une résonance grandissante.

La motivation culturelle pour les nouveaux *homeschoolers* repose sur une conception ultra-individualiste de l'apprentissage. Au désir d'épanouissement personnel se rajoute ce que l'on peut considérer comme le culte de l'enfant. Les parents souhaitent le meilleur et le *homeschooling* leur apparaît comme un des moyens de s'adapter et de réaliser le potentiel de chacun

---

[1] Davies S. et Aurini J. (2003), p. 65
[2] Reich R. (2002), p. 20

dans la mesure où il permet une instruction sur-mesure. Davies et Aurini notent que l'idée que chaque individu possède son style d'apprentissage propre et que nous devrions adapter l'enseignement à chaque enfant constitue un changement culturel profond[1]. Cette personnalisation de l'enseignement (*customization*) s'apparente à une attitude de consommateur vis à vis de l'éducation[2]. Apple rejoint cette analyse. Pour lui, « le mouvement social dont le *homeschooling* est un symptôme a réduit la démocratie à une pratique de consommation, la citoyenneté à un individualisme exacerbé et la politique à l'hostilité et la crainte de l'autre[3] ». Si certains mouvements sociaux entraînent davantage de démocratie et de justice sociale, d'autres, comme celui de la privatisation extrême de l'éducation, redéfinissent les notions de démocratie et d'égalité et entraînent une régression sociale et culturelle.

### Liberté et autonomie pour qui ?

Un argument des *homeschoolers* est leur droit de choisir librement le type d'instruction pour leurs enfants.

Reich ne milite pas en faveur d'une école obligatoire et il reconnaît le droit des parents à choisir le mode d'instruction pour leurs enfants. Il défend une pratique réglementée et contrôlée du *homeschooling*[4]. Même s'il reconnaît que certains *homeschoolers* font un effort intentionnel pour que leurs enfants découvrent une grande diversité d'idées et de cultures, le danger que pourraient représenter ceux qui ne le font pas justifie une réglementation plus cadrée de cette pratique. Selon lui, une grande partie des enfants *homeschoolers* ne seraient pas exposés à des croyances différentes de celles de leurs parents et par conséquent ne seraient pas libres de choisir leurs propres croyances. Le *homeschooling* serait un moyen de surprotéger les enfants des influences extérieures et de les maintenir dans un certain obscurantisme.

---

[1] Davies S. et Aurini J. (2003), p. 69
[2] Reich R. (2002), p. 58
[3] Apple M.W. (2000), p. 258
[4] Contrairement à des auteurs comme Apple ou Lubienski.

Glanzer, Hardenbergh, Howell ou Ray affirment qu'il s'agit là de préjugés qui attendent encore d'être prouvés par des recherches empiriques. Reich ne devrait-il pas prouver empiriquement que les parents ne donnent pas à leurs enfants une autonomie minimale et ne lui permettent pas d'acquérir des compétences de base ? Les parents peuvent avoir tout autant à cœur l'autonomie minimale de leurs enfants mais y parvenir par des moyens différents de ceux du système scolaire. Pour les parents pratiquant le *homeschooling*, mettre leurs enfants à l'école revient à suivre, sans réflexion, le mouvement général. Leur faire découvrir une expérience différente et utiliser des méthodes pédagogiques alternatives développerait mieux leur esprit critique et par là-même leur autonomie minimale.

Il y a donc une première tension entre la liberté des parents et celle des enfants. En effet, la liberté de faire ce choix ne concerne que les parents. Elle ne définit pas la liberté pour les enfants de faire des choix autonomes, sans contraintes[1]. Néanmoins, pourquoi ne pas retourner la question : l'école publique produit-elle des individus autonomes[2] ? Le débat, ouvert, rebondit avec une deuxième question : à qui revient-il d'apporter la preuve de la réussite comparée des parents ou de l'école publique dans la formation des enfants à l'autonomie ? Aux parents ou à l'État ?

Faudrait-il imposer aux parents la charge d'apporter la preuve que les intérêts, à la fois de l'enfant et de l'État, sont satisfaits ? Glanzer se demande pourquoi ce n'est pas plutôt à l'État qu'incomberait la responsabilité de fournir des preuves. Et Glanzer insiste : il remarque que ce que Reich exige des familles pratiquant le *homeschooling* pour prouver qu'elles produisent de bons citoyens n'est pas exigé des immigrants qui souhaitent acquérir la nationalité américaine. Ces derniers doivent juste savoir lire, écrire et parler l'anglais, avoir une connaissance de base de l'histoire et du gouvernement américains, avoir une bonne moralité, être en accord avec la Constitution des États-Unis et avoir un sentiment favorable vis-

---

[1] Lubienski (2000), p. 216
[2] Glanzer P. L. (2008), p. 6

à-vis de ce pays. En aucun cas on ne leur demande de prouver une quelconque autonomie, mais simplement un ensemble de capacités et d'engagements[1].

**Particularisme et isolationnisme**

En réaction à la culture de masse induite par le passage obligé à l'école, des modèles alternatifs se sont développés. Rejetant l'effacement des différences culturelles par l'effet *melting-pot*, une population grandissante préfère célébrer les particularismes[2].

Le *homeschooling* manifesterait une tendance au cocooning qui veut ignorer la diversité culturelle et intellectuelle : « Un monde dénué de conflits, d'incertitudes, de la voix et de la culture de l'autre, qui se résume en un mot : "cocooning", voilà l'idéal[3]». Inquiets face à la violence urbaine, les gens tentent de se protéger derrière des communautés fermées. Ils sont donc plus aptes à envisager des pratiques telles que le *homeschooling*, cohérentes avec le désir croissant de se constituer des *security zones* aussi bien physiques qu'idéologiques[4]. De plus, la suburbanisation facilite les séparations ethniques, économiques, culturelles et familiales et nourrit ainsi la soif américaine de vie privée[5]. L'isolationnisme du *homeschooling* pourrait s'apparenter à celui d'Internet dans la création de communautés virtuelles, dans la possibilité de choisir ce qui intéresse, de personnaliser l'information.

Les critiques du *homeschooling* l'accusent d'ignorer la diversité existant dans la société par une fermeture aux idées et aux cultures différentes. Mais ceux qui défendent le *homeschooling* retournent la question : et si, au contraire, le *homeschooling* préservait les diversités culturelles de la population et la liberté de conscience ? Hardenbergh analyse la crainte d'Apple et de Reich de la façon suivante :

---

[1] Glanzer P. L. (2008), p. 11
[2] Gaither M. (2008), p. 227
[3] Apple M. W. (2000), p. 262
[4] *Ibid.*, p. 261
[5] Gaither M. *ibid.*, p. 233

« En n'allant pas à l'école, les *homeschoolers* pourraient être perçus comme une menace à l'éducation universelle. Par le simple fait que leur éducation n'est pas régulée par une autorité extérieure à celle de leurs parents, les enfants *homeschoolers* sont une menace à la croyance dominante en l'éducation universelle[1] »

Et si le *homeschooling* était une manière de s'affranchir d'un contrôle extérieur pour mieux exercer la démocratie ?

Cette attitude, selon Apple, mine la cohésion sociale et les collectivités locales. Lubienski le rejoint en disant que les familles qui pratiquent le *homeschooling* se ferment et ne font rien pour la société. Mais est-ce vraiment la réalité des *homeschoolers* ? Selon Howell, aucune preuve empirique ne soutient la théorie de l'isolationnisme des *homeschoolers*, alors que les preuves de leur engagement civique abondent. Par ailleurs, rien ne prouve que l'école publique garantisse la cohésion sociale[2].

## 6 - 3. Des enjeux sociopolitiques

Le *homeschooling*, même s'il se développe et bénéficie d'un regard de plus en plus bienveillant, suscite toujours des débats exacerbés. Cela tient, notamment, aux enjeux sociopolitiques qui le sous-tendent et aux positions radicalement antagonistes qui s'affrontent à son sujet.

### Cohésion sociale et endoctrinement

Pour les uns, c'est la vocation de l'école d'ouvrir la possibilité pour tous d'accéder au savoir, d'élaborer une expérience commune et de transmettre les valeurs communes et fondamentales de la société. La société participe à son financement et tous peuvent en bénéficier. Conjointement le *homeschooling* est accusé de contribuer à la fragmentation de la société. Pour Lubienski, le *homeschooling* nuit à la cohésion sociale parce qu'il ouvre la porte à toutes sortes d'endoctrinements : sous le couvert de l'autorité parentale, des enfants

---

[1] Hardenbergh (2005), p. 6
[2] Howell C. L. (2007)

pourraient être formés au « nazisme, à des guérillas, au racisme, à la pédophilie, au satanisme, ou à d'autres pratiques sectaires[1] ». L'école publique apparaît alors comme le seul moyen de lutter contre ces extrémismes.

Pour les autres, que l'école soit la « *glue*[2] » de la société, comme le dit Apple, est purement spéculatif[3]. Aucune étude ne vient soutenir l'hypothèse que, sans école obligatoire, la société se désintégrerait. Paradoxalement d'ailleurs, soulignent les tenants du *homeschooling*, les mêmes chercheurs qui prônent l'école obligatoire décrient le manque d'engagement dans la société actuelle et semblent oublier que la majorité des adultes ont passé au minimum une douzaine d'années sur les bancs de l'école publique ! Pour Ray[4] le *homeschooling* contribue à la fois au bien social, académique et psychologique de l'individu et au bien de la société car il permet l'émancipation et l'autonomie des individus, autonomie nécessaire au fonctionnement démocratique d'un pays.

Certes, l'école vise à inculquer à des individus de cultures et d'arrière-plans différents des valeurs communes telles que la décence, la civilité et le respect. Mais la difficulté est de définir les valeurs communes d'une société et de prouver que les familles qui pratiquent le *homeschooling* ne les inculqueraient pas à leurs enfants.

Le problème du *homeschooling*, pour Apple, ce sont les *homeschoolers* religieux. Ce n'est pas tant le risque de maltraitance physique qui l'inquiète, au contraire des services de protection de l'enfance, qu'un enfermement des enfants dans les idées, croyances ou cultures de leurs parents. À l'opposé de ce risque, Beck soutient que le *homeschooling* fortifie les liens communautaires de base tout en s'opposant à la mondialisation dominatrice par une forme de mondialisation où les droits de l'homme, les différences culturelles, la cohésion sociale et les spécificités régionales sont respectées et restent vivantes. Ce processus alternatif de mondialisation s'exprime dans le

---

[1] Lubienski C. (2000), p. 213
[2] Apple M. W. (2000), p. 262
[3] Hardenbergh (2004), p. 8
[4] Ray B. D. (2000), p. 289

*homeschooling* car « les *homeschoolers* développent de vastes réseaux sociaux et ont un contact social qui dépasse largement le cadre du *homeschooling*[1] ». Ainsi, au lieu de conduire à l'enfermement et à l'endoctrinement, le *homeschooling* serait un catalyseur de nouveaux réseaux sociaux qui renforceraient des liens communautaires, y compris à l'échelle mondiale.

### Quel fondement pour une société démocratique ?

Le développement de la scolarisation est en lien avec l'évolution de la société, souligne Newman, pour lequel c'est la révolution industrielle qui a nécessité la mise en place d'un processus de socialisation centré sur la production industrielle. L'école du $XIX^e$ siècle était conçue dans une perspective de production à la chaîne[2]. Un siècle et demi plus tard, alors que la société a changé et les besoins ont évolué, n'est-il pas l'heure de réévaluer un tel système scolaire ?

Il est généralement admis que la socialisation scolaire est une étape indispensable pour devenir un bon citoyen et la personnalisation de l'enseignement nuirait à la démocratie. Pourtant que l'école produise de bons citoyens reste de l'ordre de l'idéologie. S'il a été démontré qu'un niveau de revenus et qu'un engagement civique élevés sont corrélés avec un niveau d'études élevé, aucune recherche n'a démontré qu'être allé à l'école publique soit un facteur significatif. Une étude comparative de l'engagement civique des adultes ayant été scolarisés et de ceux ayant été instruits en famille n'est-elle pas nécessaire pour soutenir l'idée de la « bonne socialisation scolaire » ? Les positions et des arguments de toutes sortes s'affrontent. Certains remarquent que c'est dans les pays les moins démocratiques (la Chine, le Vietnam, Cuba, l'Arabie Saoudite, l'Iran, etc.), que le *homeschooling* est illégal. La légalisation reconnaissant le *homeschooling* semble, dans certains pays, accompagner l'émergence de la démocratie (comme en Bulgarie, en République Tchèque, en Pologne, en Roumanie ou en Ukraine[3]).

---

[1] Beck C. W. (2004)
[2] Neuman A. et Aviram A. (2003), p. 132 ; Robinson S. K. (1999), p. 16
[3] Glanzer P. L. (2008), p. 12

Ray a tenté cette évaluation. Il a trouvé un engagement civique et une participation à la vie sociale plus élevés parmi les *homeschoolers* participant à son étude que ceux de la population générale. En revanche, Lubienski affirme que la seule approche démocratique de l'éducation est l'école publique[1]. De même, dans une perspective durkheimienne, pour Apple, rejeter l'école c'est rejeter l'idée même de la Cité. Face à cet argument, Ray répond que c'est un idéal utopique. Très peu de parents d'enfants d'âge scolaire ont effectivement l'occasion de délibérer sur le fonctionnement et l'enseignement dispensé à l'école. Par ailleurs, les mêmes personnes qui disent que les individus ne devraient pas être manipulés ou contraints défendent aussi le droit de l'État à l'endoctrinement[2].

Howell décrit la difficulté de définir le concept même de démocratie. Différentes versions réclament différentes conditions de mise en œuvre. Chaque côté peut défendre sa position en se basant sur ces différentes conceptions de la démocratie. Mais leur première responsabilité serait de prouver que sa propre conception est préférable[3]. Arai rejoint Howell : le *homeschooling* propose une redéfinition de la citoyenneté. L'école ne peut être ni le seul, ni le principal agent d'éducation à la citoyenneté pour tous les enfants. Les familles pratiquant le *homeschooling* ont peut-être une vision un peu différente de la citoyenneté, mais leurs enfants peuvent devenir des citoyens responsables. Les parents *homeschoolers* défendent la démocratie aussi bien que les parents scolarisant leurs enfants et ne sont pas intéressés par ce qu'Arai appelle la « servilité éthique[4] ».

Pour Ray[5], la question n'est pas tant de savoir qui devrait avoir la responsabilité de l'éducation des futurs citoyens, mais plutôt quelles valeurs et croyances devraient prévaloir dans la société. À une époque où l'explosion des progrès de la science et de la technologie pose d'énormes questions éthiques et morales, il devient de plus en plus difficile de s'accorder sur des

---

[1] Lubienski C. (2000), p. 209
[2] Ray B. D. (2000), p. 285
[3] Howell C. L. (2007), p. 167
[4] Arai A. B. (1999)
[5] Ray B. D. (2000), p. 286 et 287

valeurs communes. Les parents qui pratiquent le *homeschooling* ne réclament pas d'argent de la part de l'État ou de leurs voisins pour instruire leurs enfants. Ils veulent seulement la liberté de pouvoir choisir le contenu de l'enseignement que leurs enfants reçoivent. En tant que parents, ils sont convaincus de vouloir le meilleur pour leurs enfants tout en gardant le bien de la société en tête. Par ailleurs, les résultats obtenus par Van Galen critiquent la capacité des écoles, telles qu'elles sont organisées, à exercer la tolérance et à défendre les différences individuelles. Dès lors, demande-t-elle, comment les enfants qui vont à l'école peuvent-ils développer ces qualités[1] ?

### Bien public et intérêt privé

Qui bénéficie du *homeschooling* ? Ne se développe-t-il pas au détriment de classes sociales les moins favorisées ? En choisissant la fuite au lieu de l'engagement, les *homeschoolers* ne nuisent-ils pas à l'école publique parce que leur absence désavantage ceux qui n'ont pas les moyens de le pratiquer[2] ? Cette critique se concentre sur l'égalité des chances qui est mise en question par la pratique du *homeschooling*. Nul doute que l'école gratuite et laïque ait été mise en place pour donner à tous le même accès à l'éducation, mais dans le désir d'être équitable, doit-on limiter la liberté individuelle ?

« Les conséquences sociales plus larges des choix individuels sont-elles prises en compte par les défenseurs du *homeschooling* ? » demande Lubienski. Les discours sur le *homeschooling* sont centrés sur les droits de l'individu, les intérêts privés, plutôt que sur le bien public. Négliger l'éducation comme bien public a des effets négatifs sur l'école publique : des élèves moins bien formés, moins de cohésion sociale et de tolérance[3].

Pour les critiques du *homeschooling*, sa pratique nuit de trois manières aux classes sociales moins avantagées : elle leur vole du capital économique, du capital social et du capital culturel.

---

[1] Van Galen J. A. (1988), p. 66
[2] Apple M. W. (2000), p. 266
[3] Lubienski C. (2000), p. 207 et 212

Les écoles étant financées en fonction du nombre d'élèves, les familles qui retirent leurs enfants de l'école contribuent à la réduction de leur budget. Cette dimension économique est débattue par les *homeschoolers* : ils paient leurs impôts comme tout le monde. Certains auteurs[1] évoquent la possibilité d'une réduction d'impôt pour les familles instruisant elles-mêmes leurs enfants. Cette question a été débattue par le New York Times[2]. Mais, rétorquent certains, quand on ne bénéficie pas de l'instruction gratuite offerte par l'État, comment peut-on être accusé de voler la société ? Apple mentionne les « Charter Schools » dont bénéficient certains *homeschoolers*. Ces écoles, financées par l'État, fonctionnent comme des écoles privées, elles offrent même, dans certains cas, une aide et un soutien financier aux familles pratiquant le *homeschooling*. Ainsi, pour les critiques comme Apple, c'est un moyen pour les *homeschoolers* de se faire financer par l'État. De l'autre côté, certains *homeschoolers* voient les « Charter Schools » comme un moyen pour l'État de récupérer le contrôle de ces familles[3]. D'ailleurs de nombreux parents ne souhaitent pas d'aide financière de l'État afin d'éviter davantage de contrôle de sa part[4].

Du point de vue du capital social, comme les familles qui pratiquent le *homeschooling* savent généralement s'exprimer de manière claire et convaincante, qu'elles sont actives dans leurs communautés et qu'elles portent un intérêt important à l'éducation de leurs enfants, les élèves des écoles publiques pourraient bénéficier de leur participation, affirme Lubienski[5]. Retirer ses enfants de l'expérience éducative commune qu'offre l'école publique reviendrait à voler du capital social aux autres élèves. De plus, ceux qui ont un niveau socioculturel plus élevé ont une plus grande responsabilité envers la société. Ces familles devraient faire bénéficier de leurs savoir-faire et de

---

[1] Bunday K. (1995) ou Basham P. *et al.* (2007)
[2] Article en ligne http://www.nytimes.com/roomfordebate/2011/01/04/do-home-schoolers-deserve-a-tax-break?ref=opinion&nl=opinion&emc=tya3
[3] Cardiff C. (1998)
[4] Davies S. et Aurini L. (2005), p. 71
[5] Lubienski C., *op. cit.*, p. 208

leurs valeurs ceux qui ont moins de capital culturel. Placer son enfant dans une école privée pour augmenter son potentiel ou l'instruire soi-même avec la motivation de lui donner une meilleure éducation, seraient donc des initiatives égoïstes de parents cherchant à satisfaire les intérêts de leurs enfants au détriment du bien public[1].

Ces critiques se basent sur un présupposé : que les familles pratiquant le *homeschooling* auraient un niveau socioculturel supérieur à la moyenne[2]. Toutes les études ne convergent pas sur cette question (comme l'étude des caractéristiques démographiques de ces familles le montrera plus loin). Howell s'interroge : si nous supposons que le *homeschooling* améliore les performances scolaires, est-ce uniquement parce que ce sont les milieux favorisés qui le pratiquent ? Mais quand des familles de milieux défavorisés choisissent le *homeschooling* les inégalités ne devraient-elles pas aussi être réduites ? Si tel était bien le cas « l'argument de l'égalité des chances impliquerait que plus de familles pauvres devraient pratiquer le *homeschooling*. Ce n'est clairement pas le résultat que recherchent les critiques[3] » ! Quoiqu'il en soit, l'école, malgré tous ses efforts dans ce sens, peine à atténuer les inégalités. Bien au contraire, Bourdieu et d'autres sociologues, ont démontré que l'école contribuait à la reproduction des stratifications sociales, c'est-à-dire des inégalités[4].

## 6 - 4. Conclusion

Que ces études appartiennent à d'autres sphères nationales et culturelles conduit néanmoins à retrouver des aspects qui ont fait l'objet d'âpres débats qui ne sont pas l'exclusivité de la France : les relations entre l'État et la famille. Les *homeschoolers* actuels ont bénéficié de l'émancipation acquise

---

[1] Lubienski C., *ibid.*, p. 219
[2] Il est vrai que le documentaire « Être et devenir » de Clara Bellar, sorti en France le 28 mai 2014, propose des présentations de familles qui vont dans ce sens. On peut se demander si cela peut être exclusivement imputé aux milieux que fréquente cette jeune mère de famille, actrice, chanteuse et réalisatrice de cinéma et qui vit tantôt aux États-Unis, tantôt en France.
[3] Howell C. L. (2007), p. 168
[4] Bourdieu P. (1970)

par ceux qui les ont précédés au cours des années 1970 et 1980. Pour ces premiers parents, choisir le *homeschooling* signifiait faire face à d'éventuelles sanctions légales, à l'incompréhension et à la critique de leurs proches[1]. Ceux qui n'auraient pas osé affronter le regard des autres il y a deux ou trois décennies n'ont plus, aujourd'hui, à se préoccuper de ces réticences. Aussi on peut s'attendre à ce que cette diffusion et cette relative banalisation ait pour conséquence des parents qui tentent le *homeschooling*, pour une période limitée, sans avoir le même niveau d'engagement que leurs prédécesseurs.

Dans une époque de mondialisation où les influences culturelles et sociales se font sentir à l'échelle de la planète, il est probable que, malgré des contextes très différents, l'institutionnalisation du *homeschooling* aux États-Unis ait ouvert la voie à son développement dans d'autres pays. Les débats ne sont pas clos. Le foisonnement des recherches et l'importance accordée à des approches scientifiques susceptibles de fournir des preuves des résultats, aussi bien de l'école publique que du *homeschooling*, dans les domaines des apprentissages cognitifs, de la socialisation et de la citoyenneté n'éliminent pas les partis pris. Échanges et publications alimentent des débats stimulants sur les capacités d'innovation, sur la tension entre bien public et intérêts privés, entre particularités, diversité et cohésion sociale. La force des arguments des uns et des autres manifeste, au delà de valeurs pour le moins contrastées, des logiques d'action porteuses d'engagement et de militantisme dans un contexte socio-politique mouvant et incertain.

---

[1] Stevens M. L. (2003), p. 91

# Chapitre 7. Les familles de homeschoolers : projets éducatifs et profils sociodémographiques

Quels sont les projets et les caractéristiques des familles qui choisissent de se charger de l'instruction de leurs enfants ? Tout d'abord, nous nous attacherons aux conceptions éducatives des familles de *homeschoolers*. En effet, les pionniers ont fait l'objet de recherches : dès les années 80 des chercheurs se sont intéressés, conjointement, aux raisons conduisant à faire ce choix, aux manières de voir l'institution scolaire et aux pratiques découlant de ces conceptions de l'éducation. Dans un second temps, nous nous interrogerons sur ce que l'on sait des caractéristiques sociodémographiques de ces familles.

Ce chapitre propose un panorama d'études internationales. Il n'y a pas d'étude française d'ampleur sur cette question. D'ailleurs, même la simple évaluation quantitative de cette pratique est fluctuante et peu documentée[1]. Néanmoins, comme nous allons le constater, des aspects se retrouvent par-delà les frontières et les cultures éducatives et politiques. Il convient aussi de préciser que, pour des chercheurs des États-Unis, s'intéresser aux origines et poser des questions en conséquence va de soi. Il ne faudra donc pas s'étonner que des catégories comme « blancs », « noirs », « caucasiens », « hispaniques »… soient reprises ici en référence à des recherches qui s'attachent à préciser le profil des familles non scolarisantes. Il y a des spécificités nationales que certains peuvent juger choquantes, mais que l'on ne peut négliger à partir du moment où l'on regarde au delà de nos frontières. Émergent des questionnements stimulants et l'observation de tendances. Ainsi se trouve constitué un socle pour nourrir des démarches en France, à la française.

---

[1] Voir chapitre 2.

### 7 - 1. *Les pionniers du homeschooling, l'étude de J. Van Galen*

Les stéréotypes concernant les familles non-scolarisantes ne manquent pas, toutefois une image semble dominer, celle d'une mère donnant des leçons à ses enfants rassemblés autour de la table de la cuisine. Les reportages médiatiques influencent sans aucun doute les représentations courantes. Certaines sont même véhiculées par les propos tenus par de hauts responsables en éducation : « Des hippies ayant un bon niveau d'étude, excentriques, arrogants et ignorants qui représentent un danger potentiel pour leurs enfants, émotionnellement ou physiquement[1] », ainsi que Rothermel l'a entendu au Royaume-Uni. Une telle caricature ne peut être que réductrice : Mayberry souligne que les familles de *homeschoolers* ne sont pas homogènes. Les tendances observables doivent servir à la comparaison et non cacher des distinctions entre les différents types de familles[2].

Jane Van Galen, professeure en Éducation à l'Université de Washington-Bothel, a centré ses recherches sur les buts de l'éducation dans la société américaine. Elle s'est demandé quelles étaient les raisons de ce choix et dans quelle mesure la pédagogie de ces parents était une alternative viable à l'instruction scolaire. Pour cela, elle s'est basée sur des entretiens avec des fonctionnaires de l'éducation impliqués dans le contrôle ou la réglementation du *homeschooling*, sur une exploration documentaire[3] et sur l'observation de familles pratiquant le *homeschooling*. Son étude des motivations parentales l'a conduite à mettre en évidence deux orientations éducatives qui ont marqué le début de ce mouvement : les idéologues et les pédagogues.

---

[1] Rothermel P. (2003), p. 3.
[2] Les références de ce chapitre sont nombreuses, nous renvoyons donc le lecteur directement à la bibliographie placée à la fin de cet ouvrage pour les auteurs qui ne sont mentionnés que pour une seule publication.
[3] Elle comprenait la lecture et l'analyse de cinq années de publication des deux principaux magazines existant à l'époque sur le *homeschooling* (« *Growing without Schooling* » édité par John Holt, et « *The Home Educator and Family Report* » édité par Raymond et Dorothy Moore), de plusieurs livres et monographies sur le *homeschooling* et des dossiers d'un avocat qui avait défendu, lors de différents procès, plusieurs familles pratiquant le *homeschooling*.

**Idéologues et pédagogues**

Van Galen s'est intéressée particulièrement aux parents qui avaient retiré leurs enfants de l'école, notamment parce qu'ils énonçaient des critiques du système scolaire qui se rapprochaient de celles de chercheurs en éducation. Cette décision avait été prise, soit quand les parents s'étaient trouvés en désaccord avec le curriculum enseigné, soit quand ils étaient convaincus que la rigidité de l'enseignement scolaire pouvait constituer un préjudice cognitif ou émotionnel. Ainsi, ces familles rejoignaient les critiques de l'institution scolaire qui affirmaient que les écoles, qu'elles soient publiques ou privées, ne pouvaient servir équitablement les intérêts privés d'une population diverse. Elles souhaitaient aussi fortifier leurs relations avec leurs enfants et transmettre des croyances, des valeurs et des savoir-faire qui, selon eux, n'étaient pas correctement enseignés. Leurs motivations s'inscrivaient dans une perspective conservatrice, autant du point de vue religieux que politique et social.

Les pédagogues choisissaient le *homeschooling* essentiellement pour des raisons pédagogiques. Ils ne critiquaient pas tant le contenu de l'enseignement que la manière dont il était enseigné. Ces parents réfléchissaient par eux-mêmes et croyaient en la créativité et au potentiel intellectuel de leurs enfants. Ils étaient convaincus que ceux-ci apprendraient mieux avec une pédagogie encourageant le désir naturel d'apprendre.

Les pédagogues, aussi bien que certains idéologues, reprochaient à l'école de classer les élèves et de les étiqueter en fonction de leurs capacités. Pour certaines de ces familles, les enfants étaient en difficulté à l'école et les parents avaient le sentiment d'avoir épuisé toutes les ressources offertes par celle-ci. Dans tous les cas, le *homeschooling* apparaissait comme la solution. Pouvoir s'adapter au style d'apprentissage de leurs enfants et les libérer de la compétition scolaire représentaient des avantages importants. En se basant sur cette distinction, Knowles[1] a étudié le rôle des expériences passées des parents dans leurs choix de méthodes pédagogiques. Cette dimension

---

[1] Knowles J. G. (1988a)

causale est cependant fragile, car les expériences sont considérées en fonction du recul procuré par le passage des années.

**Pratiques des idéologues et des pédagogues**

Chez les idéologues, la transmission prend une forme plutôt scolaire. Ils reproduisaient l'école à la maison. Souvent, ces familles avaient une pièce tenant lieu de salle de classe et leur journée était structurée de manière comparable à la journée d'école. Elles achetaient un curriculum complet auprès d'éditeurs de livres scolaires ou utilisaient des cours par correspondance. Les enfants travaillaient de manière plutôt autonome et les parents se bornaient à les aider quand ils en avaient besoin. En effet, ces parents ne se sentaient pas à la hauteur pour enseigner eux-mêmes, ils préféraient s'en remettre à des méthodes conçues et éprouvées par des professionnels. Cette stratégie leur permettait également de comparer plus aisément leurs enfants aux enfants scolarisés : « Même si les enfants qui apprennent à la maison sont débarrassés des étiquettes qui leur étaient collées à l'école et de la comparaison avec leurs camarades, une telle individualisation ne peut être assimilée à une véritable autonomie[1] ».

Chez les pédagogues, la journée était organisée autour d'apprentissages informels sans forcément se ressembler, la spontanéité et la créativité étant valorisées. Les livres scolaires, qu'ils soient achetés en kit ou choisis un par un par les parents, étaient adaptés et modifiés au gré des objectifs de la famille et des occasions. Les parents essayaient différentes pédagogies, notamment Montessori ou Waldorf-Steiner... Ils se renseignaient de manière active et cherchaient avant tout à s'adapter aux besoins et aux centres d'intérêts de chacun de leurs enfants. Toute activité de la vie courante pouvait susciter une découverte, un apprentissage. Van Galen citait l'exemple d'un enfant qui cherchait à découvrir comment construire un octogone à partir d'une figurine du sapin de Noël qu'il venait de décorer. Sa mère lui avait ensuite demandé comment il cons-

---

[1] Van Galen J. A. (1988), p. 59

truirait un hexagone. Ainsi, une activité ludique devenait une formidable occasion pédagogique.

À la différence des idéologues, les pédagogues encourageaient davantage leurs enfants à analyser et critiquer qu'à mémoriser des connaissances. Ces parents faisaient un effort conscient et volontariste pour donner à leurs enfants un environnement très différent de l'environnement scolaire et n'avaient pas de réticences pour tenter des alternatives pédagogiques. Cependant, Van Galen remarquait que l'orientation fortement individualiste de l'éducation donnée semblait occulter les contraintes sociales, économiques, raciales et associées au genre, qui sont des contraintes de la vie d'adulte.

Van Galen évoquait le paradoxe des idéologues :

« ceux des parents qui se méfi(ai)ent le plus des écoles (étaient) les plus susceptibles d'utiliser des méthodes et des supports pédagogiques qui ressembl(ai)ent le plus à ceux employés dans l'école traditionnelle, et ces parents qui défend(ai)ent bec et ongles qu'eux seuls devraient avoir autorité sur l'éducation de leurs enfants (étaient) souvent le moins impliqués activement dans l'enseignement[1] ».

Ainsi, plutôt que de laisser les écoles contrôler l'éducation de leurs enfants, ces parents se plaçaient, de fait, sous le contrôle des éditeurs de manuels scolaires !

De leur côté, les pédagogues, qui définissaient l'éducation en termes personnels et individuels, faisaient abstraction des limitations des libertés individuelles : « Les écoles (étaient) critiquées presque exclusivement sur des bases pédagogiques, sans remettre en cause la question du fondement politique et économique de l'enseignement formel[2] ». Les pédagogues s'intéressaient davantage à la qualité de l'enseignement et à l'obligation de résultats des institutions scolaires. Leur discours se basait sur des questions d'efficacité pédagogique.

---

[1] *Op. cit.*, p. 62
[2] *Ibid.*, p. 63

**Des évolutions liées aux pratiques**

Avec l'expérience, les idéologues ont eu tendance à rejoindre les pédagogues et à devenir plus critiques vis-à-vis de la forme scolaire. Après avoir rejeté l'institution scolaire, ils en venaient à remettre en question les méthodes pédagogiques des manuels scolaires et l'organisation disciplinaire. Devenus sans illusion quant à certains mythes éducatifs, les parents de la recherche de Van Galen se sont posé des questions : pourquoi étudier une matière plutôt qu'une autre ? Pourquoi travailler les différents sujets dans l'ordre proposé ? Pourquoi attribuer des notes au travail des enfants ? N'était-ce pas envisager une approche industrielle, inacceptable de l'éducation ?

Lorsqu'un écart se creusait entre le curriculum acheté et leurs nouvelles définitions de ce qu'est apprendre, les idéologues se montraient prêts à prendre davantage de décisions dans l'éducation de leurs enfants et à leur laisser plus de liberté et d'autonomie dans leurs apprentissages. Ces évolutions annoncent l'évolution générale du mouvement du *homeschooling*. En effet, depuis cette première recherche de Van Galen, d'autres chercheurs se sont posé les mêmes questions dans un contexte sans cesse en mouvement. Au cours des deux décennies suivantes, les motivations et les pratiques des parents ayant fait le choix du *homeschooling* ont beaucoup évolué et il est devenu difficile de catégoriser les familles de manière aussi simple.

## *7 - 2. Les homeschoolers aujourd'hui, des situations plurielles*

Aujourd'hui, il est bien moins aisé de catégoriser les familles, car les raisons évoquées sont nombreuses. Collom a classé les raisons données par les parents en quatre ensembles : l'insatisfaction avec les écoles publiques, les raisons scolaires ou pédagogiques, les valeurs religieuses et les besoins de la famille. Pour le Québec, Brabant[1] dégage sept facteurs principaux : le projet familial, l'objection au mode d'organisation sociale et pédagogique de l'école, l'enrichissement et le

---

[1] Brabant C. (2004)

souci du développement socio-affectif de l'enfant, la transmission de valeurs religieuses, morales ou spirituelles, l'expérience scolaire négative de l'enfant et les caractéristiques particulières de l'enfant.

Ce serait une erreur de croire que ces ensembles de catégories correspondent chacune à une sorte de *homeschoolers*. Au contraire, la population des *homeschoolers* est d'autant plus hétérogène que leurs motivations s'inspirent de ces différents ensembles de raisons selon toutes sortes de configurations.

Dans une étude de Rothermel[1], au Royaume-Uni, 30,77 % des parents se disaient déçus de l'éducation scolaire, et 29,17 % disaient avoir toujours voulu faire ce choix. Partant de ces deux groupes, elle distingue les motivations ayant rapport à l'expérience scolaire et celles concernant l'idéologie familiale. Jackson opère une distinction similaire entre les raisons tournant autour des aspects négatifs des institutions scolaires et celles concernant les avantages de la *home education*[2]. Newman et Aviram ont également évoqué le rôle qu'auraient des expériences passées (en particulier négatives) dans les projets éducatifs des parents.

Selon Green et Hoover-Dempsey, les raisons idéologiques ont aujourd'hui moins d'importance. En revanche les raisons pédagogiques, qui incluent les besoins spécifiques des enfants tels que les troubles de l'apprentissage ou la précocité, deviennent prépondérantes. Cela est confirmé par l'étude d'Ensign.

Les résultats des recherches de Green et Hoover-Dempsey, et de Ice et Hoover-Dempsey montrent que les parents choisissent d'instruire eux-mêmes leurs enfants pour les mêmes raisons que celles qui motivent les parents scolarisants à s'impliquer dans l'école : ils sont convaincus de devoir jouer un rôle actif dans l'éducation de leurs enfants, ils pensent avoir la capacité de les aider à réussir dans leurs études. Ainsi, en fonction du contexte, ils s'impliquent soit dans la scolarisation de leurs enfants, soit dans l'instruction en famille.

---

[1] Rothermel P. (2003)
[2] Jackson G. (2009)

**Une classification stimulante en quatre styles de pratiques**

Dans un effort pour refléter les tendances actuelles des *homeschoolers* aux États-Unis, McKeon distingue quatre types de *homeschooling* basés sur quatre philosophies de la vie et de l'éducation qu'il présente de la façon suivante :

- Le type traditionaliste se base sur la croyance en l'existence d'une vérité universelle et absolue (essentialisme) et cherche à transmettre des savoir-faire fondamentaux et une solide maîtrise des savoirs. Il vise à former les esprits pour que les enfants soient, tout à la fois, disciplinés et capables de raisonner. Ces familles utilisent généralement un programme scolaire préétabli, un curriculum composé d'un ensemble de manuels et de fichiers scolaires, qu'elles reçoivent généralement dans un colis complet et prêt à l'emploi.

- Le type classique se base, tantôt sur une approche religieuse inspirée de Saint Thomas d'Aquin, tantôt sur une approche séculière de philosophes modernes tels que Robert Hutchins ou Mortimer Adler. Leurs philosophies se rapprochent de l'essentialisme en ce qu'ils affirment l'existence d'une vérité sur laquelle fonder sa vie. Ce type de *homeschooling* rejette tout usage de livres scolaires. Pour transmettre le savoir, il privilégie les grandes œuvres littéraires et le dialogue socratique.

- Le type éclectique se base sur une philosophie progressiste selon laquelle on apprend le mieux ce qui intéresse et ce qui concerne sa propre vie. Pour ces familles, l'apprentissage s'articule à des expériences, des centres d'intérêt personnels et des talents naturels. Les enfants peuvent s'exprimer de manière créative et libre, en utilisant des supports pédagogiques très divers.

- Le type *unschooling*[1] est basé sur une philosophie existentialiste pour laquelle l'être humain est vu comme un

---

[1] Dans unschooling, « un » est un préfixe privatif, on pourrait donc traduire par « sans école », mais ce serait affadir ce préfixe, il vaut mieux préciser à l'écart, voire à l'inverse, d'une pédagogie de type scolaire.

être libre, responsable de sa propre construction, refusant toute notion de destin ou de vérité ultime. L'individu prime sur le groupe et chacun apprend à son rythme et selon ses penchants personnels. Dans ces familles, les parents donnent aux enfants le libre choix de ce qu'ils souhaitent étudier et envisagent l'éducation comme une manière de vivre et de développer ses potentiels personnels plus que comme une formation en vue de s'insérer et de gagner sa vie plus tard.

À la suite de deux décennies de pratiques, les distinctions opérées par Van Galen sont devenues simplistes. La naissance et le perfectionnement de réseaux de *homeschoolers* a permis un partage d'expériences et de savoir-faire. Certains parents constituent la seconde génération de *homeschoolers* et élaborent leurs pratiques à partir de leurs propres expériences d'enfants *homeschoolers*. De plus, on a pu assister à une multiplication phénoménale des ressources pour le *homeschooling* facilement accessibles avec, notamment, le développement d'internet. D'ailleurs, dans l'étude de Van Galen, la plupart des familles étaient novices, avec moins de deux années d'expérience. Elle-même reconnaissait qu'avec l'expérience, les pratiques des idéologues se rapprochaient de celle des pédagogues. L'expérience individuelle des familles, ainsi que l'expérience collective et la maturation du mouvement, jouent, sans aucun doute, un rôle important dans l'évolution des pratiques. L'innovation qui ne caractérisait tout d'abord qu'une petite proportion des parents *homeschoolers* a pu se généraliser.

Aujourd'hui, les pratiques parentales varient énormément et puisent à différentes sources, en fonction de leur personnalité et de ce qu'ils repèrent des aptitudes et des centres d'intérêt de leurs enfants. Les parents sont encouragés à utiliser une variété de méthodes et à en changer pour trouver ce qui convient le mieux à leurs enfants et à leur famille[1]. Même McKeon, qui a élaboré la classification précédente en quatre types, reconnaît que bien des familles puisent dans plus d'une de ces philosophies pour constituer leurs stratégies pédagogiques. Pour

---

[1] Clements A. D. (2002) ; Ensign J. (2000) ; Patterson J. A. *et al.* (2007)

Rothermel (dont le champ d'étude se situe au Royaume-Uni), les parents qui ont commencé de manière plus ou moins formelle ont tendance à s'adapter aux besoins de leurs enfants. Ceux qui sont plus sûrs d'eux finissent par rejeter le programme scolaire national, alors que ceux qui ne le sont pas autant continuent, tantôt à le suivre rigoureusement, tantôt le gardent en tête tout en s'émancipant. De plus, elle a insisté sur le rôle des enfants : ils influencent leurs parents et les orientent vers ce qui leur plait et leur convient[1].

**Des convergences**

Il n'y a pas deux camps, ceux pour qui l'apprentissage est entièrement libre et ceux qui souhaitent reproduire l'école à la maison. On peut percevoir plus d'éclectisme, une sorte de melting-pot de stratégies éducatives. Quelle que soit l'orientation philosophique de départ, des tendances sont partagées par des familles de bords différents, ou d'un pays à l'autre.

La place de l'enfant est centrale : l'instruction doit s'adapter à l'enfant et non l'inverse. Pour les parents, qu'une philosophie de l'éducation soit affichée, que l'emploi du temps soit structuré ou non, il leur importe de répondre aux demandes des enfants, y compris en puisant dans des manuels scolaires. Bertozzi a noté un paradoxe : alors que les parents affirment laisser une liberté entière à leurs enfants pour explorer ce qui les intéresse, leur environnement est façonné par les pratiques parentales, leurs centres d'intérêt ne sont pas indépendants d'influences extérieures. Cet aspect ne semble que peu verbalisé par les parents, si ce n'est du point de vue des relations sociales et des activités culturelles ou sportives.

La centralité de l'enfant se voit également dans l'étude de Jackson[2] : les enfants de son étude ont le choix entre poursuivre la *home education* et le retour à l'école. Pour décider, les parents prennent en compte leur désir.

Aux États-Unis, de nouvelles pratiques voient le jour avec le développement de partenariats entre les familles et les écoles. Ces dernières permettent aux familles de suivre des cours à la

---

[1] Rothermel P. (2002)
[2] Jackson G. (2007)

carte, d'utiliser leurs équipements (bibliothèques, gymnases...). Elles proposent aussi un suivi aux familles ainsi que des unités de valeur (*credits*) en vue des procédures d'inscription à l'université. Cette collaboration fait parfois l'objet d'une contrepartie financière indirecte : les écoles étant subventionnées en fonction du nombre de leurs élèves, inscrire des *homeschoolers* leur permet d'augmenter leur effectif et leur budget[1].

Quels que soient les projets et motivations originels, un point est commun aux familles faisant le choix de l'instruction en famille aujourd'hui : la centralité de l'individu. Dans le système scolaire, c'est à l'individu de s'adapter à la collectivité. L'instruction en famille permet au contraire de s'adapter à l'enfant, les familles y gagnent une liberté qu'elles n'avaient parfois pas anticipée. Opter pour un mode d'instruction centré sur les besoins de l'individu s'accompagne d'un changement de paradigme qui ne touche pas uniquement l'éducation, mais également d'autres pratiques considérées comme marginales. Cette recherche de l'épanouissement personnel se voit dans des domaines aussi divers que le travail, l'alimentation, la santé, l'habitat... et elle ne concerne pas uniquement l'Amérique du Nord. Ces pratiques peuvent précéder la décision du *homeschooling* et ainsi la faciliter, mais aussi la suivre, du fait de la prise de conscience d'une autonomie et d'un pouvoir de décision plus grands.

### 7 - 3. *Profil sociodémographique des familles*

Dans les études qualitatives, les données sociodémographiques sont insuffisantes, d'autant plus que, comme le dit Arai : « Dans la présentation des résultats, j'ai volontairement omis les données chiffrées, afin de ne pas sous-entendre de précision, qui pourraient donner lieu à des extrapolations[2] ». Nous avons donc eu recours à des études quantitatives dans lesquelles les profils des familles sont systématiquement étudiés.

---

[1] Lines P. (2000)
[2] Arai A. B. (2000), p. 5

**aux États-Unis...**

Les travaux réalisés à grande échelle sont ceux de Rudner et ceux de Ray. Cependant, nous ne retenons pas ici l'étude de Rudner, pourtant très souvent citée dans les articles évoquant les caractéristiques démographiques des *homeschoolers*. En effet, il recourt aux services d'évaluation proposés par une université privée confessionnelle, les participants n'ont pas été choisis de manière aléatoire. Aussi la population étudiée, malgré sa taille importante (n = 20 760), ne peut être considérée comme représentative de la population des *homeschoolers* dont elle masque la diversité en la présentant comme un groupe homogène. Des critiques semblables ont été formulées sur les travaux de Ray, mais ce dernier en a tenu compte et son étude la plus récente se base sur des données recueillies à partir de plusieurs sources : le *U.S. Departement of Education*, et les *Departments of Education* de treize états américains, le *U.S. Census Bureau*, des questionnaires distribués par plusieurs associations nationales de *homeschoolers*, ainsi que des données fournies par cinq organismes nationaux américains qui proposent des ressources aux *homeschoolers*[1].

Une troisième étude réalisée à grande échelle[2] se base sur deux enquêtes nationales du *U.S. Census Bureau* et donne une description distanciée de la population des *homeschoolers*.

Une remarque s'impose si l'on compare les recherches antérieures à 1990 et celles des années 2000 : les familles ont désormais une plus longue expérience du *homeschooling*. Dans les recherches de Wartes et de Van Galen, la majorité avaient moins de deux ou trois ans d'expérience, alors que dans celle de Clements, les trois familles avaient de 3,5 à 8,5 années d'expérience, dans celle de Collom près de la moitié avait plus de trois ans d'expérience et dans celle de Scott et Quintero Johnson, les familles avaient en moyenne 5,27 années de pratique du *homeschooling*.

On note ensuite que les revenus et niveaux d'études des *homeschoolers* en 1988 étaient sensiblement supérieurs aux

---

[1] Ray B. D. (2010)
[2] Bauman K. (2002)

revenus de la population générale[1], alors qu'après 2000 les revenus sont semblables[2]. On peut expliquer cela par la diffusion du *homeschooling* qui n'est plus cantonné à une classe d'intellectuels marginaux. La normalisation du *homeschooling*, ainsi que le développement des ressources à l'usage des *homeschoolers*, ont pu faciliter cette évolution.

Enfin, on remarque une diversification des « races » parmi les *homeschoolers*, même si les blancs restent surreprésentés. Alors qu'en 1988 les blancs sont prépondérants à 96 %, les études plus récentes n'en comptent plus que 75 % en 2002, et 91,7 % en 2009[3]. Les hispaniques sont de plus en plus nombreux : 9,1 % d'hispaniques parmi les *homeschoolers* par rapport à 13,9 % dans la population générale, en 2002. Les noirs restent sous-représentés : 8,8 % selon Bauman, et seulement 1,2 % selon Ray. Parmi les minorités représentées dans l'étude de Collom en 2005, 22,6 % sont noirs alors que 61,1 % sont hispaniques. McDowell et ses collègues ont cherché à savoir si les différences de participation au mouvement du *homeschooling* peuvent s'expliquer par des perceptions différentes parmi les groupes ethniques. Pour en avoir des indices, elles ont interrogé des étudiants. Elles sont parvenues à des résultats surprenants : les étudiants blancs étaient les plus nombreux à ne pas envisager le *homeschooling* pour leurs futurs enfants : 78,1 % ; les étudiants noirs étaient 54,7 % ; et les « autres » – hispaniques, asiatiques, amérindiens… – 33,4 %. De plus, les étudiants noirs s'inquiétaient moins de la question de la socialisation que les étudiants blancs et étaient plus nombreux à attribuer des raisons pédagogiques aux familles pratiquant le *homeschooling*. Ces différents résultats, ainsi que ceux d'Apple[4], laissent présager une augmentation de la proportion des minorités parmi les *homeschoolers* aux États-Unis.

---

[1] Mayberry M. (1988)
[2] Bauman K. (2002) ; Ray B. D. (2009)
[3] Ces pourcentages, à considérer avec prudence, sont issus des recherches de Wartes J. (1988), Bauman K. (2002) et Ray B. D. (2009)
[4] Apple M. W. (2006)

## ... ailleurs dans le monde

Ces comparaisons conduisent à une nouvelle comparaison, celles de familles *homeschoolers* de différents pays. Elles peuvent être utiles pour rendre compte de la diversité de cette pratique à travers le monde et appréhender des perspectives de recherche dans un pays comme la France.

En Norvège, par exemple, la taille moyenne de la fratrie parmi les *homeschoolers* – 3,6 enfants par famille – est semblable à celle des *homeschoolers* américains[1]. En revanche, les revenus et le niveau d'étude des parents sont bien moindres : les *homeschoolers* norvégiens gagnent en moyenne la moitié des revenus moyens de l'ensemble de la population norvégienne, alors qu'aux États-Unis les revenus moyens des *homeschoolers* se situent dans la moyenne nationale. De plus, 74,8 % des *homeschoolers* norvégiens vivent en milieu rural, alors qu'ils ne sont que 38 % aux États-Unis et 27 % au Canada[2]. Cela s'explique peut-être parce que la superficie, le climat et la population de la Norvège rendent l'école moins accessible pour les populations vivant dans des coins reculés.

La situation décrite au Québec par Brabant est semblable à celle des États-Unis, mais l'engagement religieux est bien moindre, ce qui est cohérent avec les résultats d'Arai sur les motivations des familles[3].

Enfin, De Waal et Theron ont étudié les *homeschoolers* en Afrique du Sud, pays qui a une longue histoire en la matière. Leurs résultats ne sont pas détaillés, néanmoins leur description est intéressante : dans la plupart des cas, c'est la mère qui s'occupe du *homeschooling*, il y a à peu près autant d'afrikaners que d'anglophones. La majorité a plus de 30 ans, mais n'a ni expérience, ni formation pour l'enseignement. Leurs revenus sont semblables à ceux d'une famille sud-africaine blanche moyenne, mais ils ont plutôt moins d'enfants que les familles

---

[1] Beck C. W. (2004) ; Scott A. et Quintero-Johnson J. (2009) ; Ray B. D. (2009)
[2] Respectivement : Mayberry M. (1988) ; Brabant C. (2004)
[3] Brabant C. (2004) ; Arai A. B. (2000)

américaines ou norvégiennes. La plupart n'ont pas d'appartenance religieuse et la moitié n'est affiliée à aucune association[1].

## Des tendances

Malgré des variations, on observe des tendances, quels que soient l'époque ou le pays.

### Des familles biparentales

Les familles sont plus souvent biparentales, et les parents mariés, que dans l'ensemble de la population. Cela peut s'expliquer à la fois par les valeurs conservatrices de bon nombre de ces familles, mais aussi par des questions d'organisation pratique : la garde et l'instruction des enfants demandent une disponibilité qui est facilitée lorsque le foyer comporte deux parents.

### Des familles de classes moyennes

On note chez les *homeschoolers* des revenus moyens, mais un niveau d'étude des parents plus élevé, avec une plus grande proportion de cadres et de professions supérieures et intermédiaires. Une grande proportion des mères ne travaillant pas, les revenus correspondent, en effet, à un seul salaire. Néanmoins, et cela peut paraître surprenant, dans certaines recherches, près de 40 % des parents qui se chargent de l'enseignement travaillent également[2]. Dans l'étude de Ray, 19,4 % des mères travaillent, le plus souvent à temps partiel. Mayberry note une grande proportion de travailleurs indépendants : 29 % par rapport à 9 % dans la population générale. Avec le développement récent du travail à domicile et du télétravail, il est probable que c'est une manière d'avoir un emploi rémunéré tout en assurant l'instruction des enfants.

Isenberg a étudié les facteurs prédictifs du *homeschooling*. Selon ses résultats, les familles ayant des revenus plus élevés ont moins tendance à choisir le *homeschooling* car elles peuvent acheter une maison dans des quartiers dont des écoles publiques sont de meilleure qualité ou scolariser leurs enfants dans des

---

[1] De Waal et Theron (2003), p. 151
[2] Bauman K. (2002) ; Collom E. D. (2005)

écoles privées. Cela contribuerait à expliquer le fait que la majorité des *homeschoolers* se situent dans la classe moyenne.

### *Des fratries plus nombreuses que la moyenne*

Enfin, une caractéristique ressort de ces études : la taille de la fratrie. En effet, les familles ont une tendance à être plus nombreuses que la moyenne nationale. Selon Bauman, 53,9 % des familles pratiquant le *homeschooling* ont trois enfants ou plus, alors qu'elles sont 40,4 % dans la population générale. Les familles de l'étude de Scott ont entre un et huit enfants, avec une moyenne de trois enfants. Dans l'étude de Ray, les familles ont en moyenne 3,5 enfants alors que la moyenne nationale est de deux enfants par famille. Surtout, la proportion de grandes familles n'est pas négligeable : environ 40 % ont quatre enfants ou plus, et 11,3 % ont six enfants ou plus.

Il n'est pas rare qu'un ou plusieurs enfants d'une famille pratiquant le *homeschooling* soi(en)t scolarisé(s). Ainsi, dans l'étude de Collom, dans 40 % des familles, seul un des enfants est instruit à la maison. Cependant les familles qui mentionnent des raisons religieuses ont davantage tendance à ne scolariser aucun de leurs enfants[1].

### *7 - 4. En conclusion*

Il existe une grande variété parmi les familles pratiquant le *homeschooling* si bien qu'il est impossible de décrire "la" famille *homeschoolers* type. Ainsi, ce qui ressort conjointement des motivations et des profils de ces familles, c'est moins une caractéristique sociale qui l'emporterait de façon dominante qu'un projet porté par l'implication de tous ces parents dans l'éducation de leurs enfants[2]. Cet investissement parental tient à la place centrale de l'enfant aujourd'hui. L'« enfant du désir d'enfant », ainsi que le nomme Yonnet[3], n'est pas nécessairement un enfant unique, mais chacun est unique. La proportion de familles nombreuses au sein du mouvement du

---

[1] Isenberg E. (2007), p. 398
[2] Lubienski C. (2000), p. 223
[3] Yonnet P. (2006)

*homeschooling* n'est pas un contre argument, au contraire, mais une forme, renouvelée, de ce désir d'enfant.

# Chapitre 8. L'IEF, une question de famille

Que l'IEF soit une question de famille, cela n'est-il pas une pure et simple tautologie ? Certes ! Néanmoins ce terme « famille » renvoie à des dimensions différentes, interdépendantes. Il ne s'agit pas, dans ce chapitre, d'en proposer une étude exhaustive, ce serait bien prétentieux. Nous allons nous attarder sur des aspects que nous avons explorés dans le cadre de recherches ponctuelles. Il faut souligner, enfin, que centré de façon privilégiée sur l'aspect familles, ce cheminement rencontre, plus ou moins directement, d'autres thèmes qui sont inextricablement intriqués les uns dans les autres. La pratique de l'IEF s'écarte des stratégies des institutions bureaucratiques qui organisent en découpant et en classant, elle est globalisante, transversale et souple. De ce fait, ce chapitre, comme le suivant « Éduquer et socialiser », propose une tonalité dominante, sans émietter les logiques complexes qui émergent des exposés des parents. Dans cette perspective, nous aborderons tout d'abord le poids du passé des parents dans leurs choix éducatifs, puis l'instruction en familles nombreuses, enfin nous présenterons quelques portraits de famille.

## *8 - 1. Le poids du passé des parents dans leurs choix éducatifs*

Quelle est l'influence du passé des parents dans leurs choix éducatifs ? C'est la question que se pose J. Gary Knowles[1] et il s'attache, en premier lieu, à l'impact de son propre itinéraire dans ses préoccupations de recherche. Alors qu'il vivait sur une petite île isolée dans le Pacifique, Knowles était directeur d'une école locale, unique en son genre. Comme il n'y avait pas de classe pour ses très jeunes enfants, il les a instruits chez lui.

---

[1] Professeur à l'Ontario Institute for Studies in Education (OISE). Ses domaines de recherche incluent l'éducation à l'environnement extérieur, l'architecture scolaire, la professionnalisation des enseignants avec un intérêt particulier pour l'éducation parentale (les parents-enseignants dans le cadre du *homeschooling*), l'éducation informelle, et la pratique de modes éducatifs alternatifs. Nous avons échangé personnellement avec lui en mars 2011.
http://legacy.oise.utoronto.ca/aecp/main/faculty/knowles.html

Plus tard, lorsqu'il a déménagé aux États-Unis, il a découvert des chercheurs et des éducateurs qui parlaient du *homeschooling* dans des termes qui dépassaient son expérience et il s'est lui-même intéressé à la recherche dans ce domaine. Des années plus tard, après avoir lu ses travaux, son plus jeune fils a souhaité tenter l'expérience du *homeschooling*, mais Knowles reconnaît que cette expérience n'a pas été concluante. Il a publié de nombreux articles sur le sujet, et bien qu'il se reconnaisse lui-même comme un défenseur critique du *homeschooling*, il cherche à émettre des jugements mesurés et équitables sur cette pratique d'instruction. Le texte de ce chapitre rend compte d'un article : *Parents' Rationales and Teaching Methods for Home Schooling: The Role of Biography*, déjà ancien mais marquant par sa façon originale d'aborder la question et par l'ampleur de sa démarche qualitative.

**Questionnements**

La question du choix du *homeschooling* croise générale-ment, d'une part, les problèmes rencontrés à l'école et, d'autre part, les situations des familles au moment de leur prise de décision. Knowles formule deux hypothèses : les expériences passées sont aussi importantes, sinon plus, que les circonstances présentes des familles pour déterminer leur décision de pratiquer le *homeschooling* et ces expériences éducatives influencent leurs méthodes d'enseignement.

**Démarche méthodologique**

Knowles a commencé, dans le cours des années 80, une étude longitudinale auprès de douze familles pratiquant le *homeschooling* dans l'état de l'Utah. Elles ont été choisies en fonction de leurs caractéristiques : catégorie socioprofes-sionelle, statut, orientations politiques et religieuses, lieu de vie, mode de vie, années d'expérience dans le *homeschooling*, niveau d'éducation des parents. Le but était d'obtenir un échantillon aussi divers que possible pour élargir les points de vue et rendre compte de la variété existant au sein de cette population. La prise de contact avec ces familles s'est faite, en 1987, à l'occasion de la Convention Annuelle de la Utah Home

Education Association et par le biais d'autres évènements organisés par cette association.

Les revenus de ces familles étaient contrastés, mais la majorité d'entre elles se situaient dans les classes socio-économiques moyennes à modestes. Le foyer ayant les revenus les plus faibles (entre $ 5 000 et $ 8 000 annuels, en 1988) était celui d'une famille monoparentale de trois enfants dont la mère étudiait en vue d'obtenir un master en éducation. À l'autre extrême se trouvaient des familles dont les parents étaient architecte, écrivain ou journaliste et qui touchaient près de $ 65 000 par an. Parmi les autres parents il y avait un travailleur non-qualifié, plusieurs commerciaux, des membres du clergé et des professions intermédiaires, un employé dans le paramédical, un ingénieur informatique, des étudiants au niveau master et des enseignants. Certains d'entre eux étaient travailleurs indépendants et d'autres venaient d'abandonner leur travail rémunéré pour se consacrer au *homeschooling*.

Alors qu'un bon nombre étaient membres, pratiquants ou non, de la religion dominante dans l'état de l'Utah, le mormonisme, d'autres étaient catholiques, protestants évangéliques, adhérents à une religion orientale ou agnostiques. Près de la moitié des parents étaient nés dans un autre état et plusieurs avaient vécu dans d'autres contextes régionaux ou avaient beaucoup voyagé dans divers pays. Deux parents étaient nés à l'étranger (en Iran et en Nouvelle-Zélande) et avaient épousé un américain. La plupart avaient entre 30 et 40 ans, mais certains avaient moins de 30 ans et d'autres atteignaient la cinquantaine. Deux des familles avaient un seul enfant, et deux autres avaient respectivement six et sept enfants. Au total, répartis dans ces douze familles, on comptait 33 enfants de 4 à 14 ans, la plupart avait donc l'âge de l'école élémentaire.

Au cours d'une première phase, Knowles a recueilli des histoires de vie pour rassembler des données biographiques sur les parents. Les thèmes proposés encourageaient l'évocation de leurs inquiétudes et leurs activités en relation avec le *homeschooling*, dans le passé, le présent et le futur. Les données ainsi recueillies constituaient des informations sur l'arrière-plan de la famille et ses expériences éducatives au cours de l'enfance des parents : expériences d'apprentissage, souvenirs d'école, exemples positifs ou négatifs d'enseignants… S'y ajoutaient les évènements significatifs de la mise en place de l'école-maison (*home school*), les expériences d'enseignement, les relations avec la famille élargie, les voisins et la communauté, ainsi que les réactions de ceux-ci au *homeschooling*, les interactions avec les directeurs d'établissements scolaires, la préparation du *homeschooling* et des préoccupations générales comme leurs représentations au sujet de l'éducation et leurs relations avec leurs enfants. La plupart des parents ont rédigé ou enregistré leur histoire de vie. Au cours d'une seconde phase, des entretiens ont permis d'éclaircir des zones d'ombre et de répondre à des questions soulevées par l'analyse. Des observations dans le foyer ont permis au chercheur de repérer les pratiques éducatives mises en œuvre.

**Résultats et discussion**

Cette recherche s'intéresse aux raisons profondes dévoilées par les histoires de vie, plus qu'aux raisons superficielles données spontanément. Dans un premier temps, Knowles classe ces raisons sous-jacentes, en quatre catégories. Les deux premières concernent directement le passé douloureux des parents eux-mêmes, la troisième concerne les difficultés présentes de leur enfant, la quatrième n'est pas réactive mais ouverte sur l'avenir.

1. Certains parents indiquent avoir souffert d'un environnement familial déficient. Ils se sont sentis victimes de la négligence ou du manque d'intérêt, voire de la maltraitance ou de l'inadaptation sociale de leurs propres parents. Ils veulent éviter ces manques en répondant aux besoins émotionnels de leurs enfants et en entretenant des liens forts avec eux. La majorité de ces parents n'ont jamais scolarisé leurs enfants.

2. L'éducation scolaire et d'autres expériences d'apprentissage ont constitué des épreuves. Ces parents apprécient la possibilité de s'adapter aux styles d'apprentissage de leurs enfants et la liberté que procure le *homeschooling*, contrairement à la rigidité perçue du système scolaire. Ils comptent ainsi éviter à leur progéniture les expériences

pénibles qu'ils ont vécues à l'école lorsqu'ils étaient enfants. Certains d'entre eux n'ont jamais mis leurs enfants à l'école. Ceux qui les ont déscolarisés soulignaient que leurs enfants avaient connu les mêmes difficultés qu'eux-mêmes.

3. La plupart des parents qui ont retiré leurs enfants de l'école l'ont fait suite à la perception de difficultés. Comme pour les précédents, les difficultés de leur scolarisation passée et celle, contemporaine, de leurs enfants, étaient présentées comme semblables. Souvent ces parents s'en prenaient au « manque de morale » dans les écoles et dans la société en général. Ils cherchaient à protéger leur famille du ton irréligieux qu'ils percevaient à l'école.

4. Cet ensemble regroupe des parents ayant des enfants précoces ou surdoués et d'autres dont les enfants souffrent de troubles de l'apprentissage. L'école ne pouvant répondre à leurs besoins spécifiques, les parents étaient convaincus de pouvoir leur proposer un meilleur environnement pour apprendre et s'épanouir.

À la différence de Van Galen ou de Rothermel, Knowles tisse des liens, plus ou moins directs, entre les expériences passées des parents à l'école ou dans leur famille et leurs représentations de l'école. Il propose un modèle explicatif dans lequel les expériences éducatives et scolaires passées ont davantage de poids que les problèmes contemporains. Par ailleurs, Knowles note que les parents mormons de son étude ne mettaient pas en avant des raisons religieuses pour le *homeschooling*.

### Les pratiques éducatives des parents

Knowles est sensible à un paradoxe manifeste chez les parents mécontents du système scolaire : pourquoi ces parents utilisent-ils les méthodes pédagogiques qu'ils critiquent chez les enseignants ? L'approche biographique lui semble particulièrement pertinente pour élucider cette tendance à reproduire des méthodes d'enseignement réprouvées. Ayant étudié par ailleurs l'impact de la biographie sur les pratiques d'enseignement des professeurs d'école, Knowles[1] avait dégagé trois facteurs de base influençant les pratiques d'un enseignant débutant : tout d'abord les expériences de l'enfance, de la famille et de l'école, ensuite des modèles d'enseignants remontant au début de la scolarité, enfin des expériences d'enseignement passées. Il a repris des orientations similaires pour analyser les pratiques pédagogiques des parents.

La plupart des parents de cette étude n'avaient pas de formation d'enseignant, ils se fondaient essentiellement sur l'exemple de professeurs qu'ils avaient connus par le passé. Knowles distingue quatre facteurs interdépendants qui influencent les manières de faire des parents en tant qu'enseignants de leurs enfants :

Le premier est constitué des expériences familiales qui sont à la base des opinions parentales sur l'éducation. Ceux-ci cherchent à imiter les expériences positives et à éviter les comportements qui avaient constitué des expériences négatives dans leur enfance.

Le deuxième concerne les modèles d'enseignants : influencés par leurs expériences avec des exemples positifs ou négatifs d'enseignants, ils ont une idée très claire des pratiques qu'ils veulent rejeter et de celles qu'ils souhaitent reproduire.

Le troisième concerne les souvenirs de l'école, déterminants dans la mise en place de l'école-maison. Les parents savent quelle atmosphère ils veulent créer, souvent pour contre-balancer leurs mauvais souvenirs de l'école.

Enfin, le dernier se réfère à des composantes intermédiaires, postérieures à l'enfance mais antérieures à la pratique du *homeschooling*, telles que des expériences d'enseignement, la lecture d'articles ou de livres au sujet du *homeschooling*, des conférences ou séminaires proposés par des associations de *homeschoolers* ou leur milieu religieux et culturel.

Pour Knowles, toute expérience est analysée par la médiation d'expériences antérieures et par des valeurs que chaque individu a incorporées. La démarche de construction de sens devient un « schème », c'est-à-dire une manière de

---

[1] Knowles J. G. (1988a)

comprendre ou de résoudre des problèmes présents ou futurs. Ce schème sert à interpréter d'autres pratiques d'enseignement et se transforme en un cadre d'action. De là émerge l'identité d'enseignant de l'individu. La formulation des idéaux des parents pour leur école-maison contribue à la façon dont ils s'imaginent en tant qu'enseignants. Cette identité fluctue en fonction de leur sentiment de réussite ou d'échec. La réalité quotidienne vient rapidement modifier les pratiques idéalisées, en particulier lorsqu'ils n'ont pas eu de formation les préparant à l'enseignement.

Dépourvus d'un assortiment de méthodes pédagogiques parmi lesquelles ils pourraient puiser, les parents se retournent rapidement vers les pratiques qu'ils ont pu connaître eux-mêmes à l'école, même si elles avaient eu une connotation négative. Toutefois, ils ne reprennent pas les pratiques qu'ils avaient fortement réprouvées en tant qu'élèves. Knowles reconnaît que certains parents sont innovants dans la résolution de leurs dilemmes pédagogiques, mais il insiste sur le poids des expériences passées dans les pratiques éducatives de la plupart d'entre eux. Les parents vivent isolés par rapport au corps professoral et ils n'ont qu'exceptionnellement l'occasion d'observer d'autres enseignants. Au delà de leurs propres souvenirs d'école, ils dépendent de suggestions d'amis ou d'idées puisées dans les ouvrages concernant le *homeschooling*.

Plus largement Knowles s'interroge : « Si les parents *homeschoolers* font partie des adultes n'ayant pas une bonne impression de leur expérience scolaire mais pourtant prennent à cœur l'éducation de leurs enfants, jusqu'à quel point des expériences scolaires négatives ont-elles pu affecter la vie des adultes qui ne s'intéressent que peu à la réussite scolaire de leurs enfants[1] ? ».

En conclusion, il suggère que les responsables du système scolaire, souvent très critiques sur le *homeschooling*, devraient plutôt reconnaître l'impact de l'expérience passée des parents et les traiter comme partenaires.

---

[1] Knowles J. G. (1988a), p. 82

### 8 - 2. L'instruction en familles nombreuses

Dans les familles d'aujourd'hui, deux enfants décalés de trois ans est la norme statistique contemporaine. Or – est-ce paradoxal ? – plusieurs études américaines à grande échelle ont mis en évidence la forte proportion de familles nombreuses parmi les *homeschoolers*. Dans l'étude de Bauman (2002), près de 54 % des 41 086 enfants composant la cohorte vivent dans une famille composée de trois enfants ou plus, alors que la moyenne nationale se situait aux alentours de 40 %. Plus frappante encore est l'étude de Ray (2009) dans laquelle environ 40 % des familles comprennent quatre enfants ou plus, et même 11,3 % ont six enfants ou plus. Ailleurs dans le monde, le profil des familles pratiquant le *homeschooling* reste à étudier, mais la recherche de Beck (2004) en Norvège montre une tendance semblable avec une moyenne de 3,6 enfants par famille. Nous avions d'ailleurs remarqué que parmi les familles ayant participé à une recherche qualitative sur la représentation de la socialisation des parents *homeschoolers* (Sirmons, 2009), plusieurs avaient entre sept et douze enfants. Ce fait n'est pas passé inaperçu et a pu soulever plusieurs questions qui nous ont conduites à explorer plus avant cet aspect.

Micheline Thomas-Desplebin[1] définit la famille nombreuse comme une « famille nucléaire dont le nombre est bien supérieur à la norme sociale ». Ainsi, comme le dit Rosental[2], la famille nombreuse est associée à « une idée de marginalité ou de désuétude ». On peut se demander si la marginalité du choix éducatif de ces *homeschoolers* a précédé ou suivi la décision d'avoir plus d'enfants que ne le manifestent les pratiques sociales actuelles. Le *homeschooling* a-t-il été facilité par le fait d'avoir une fratrie importante ? Des familles qui sont hors-normes par leur taille, autrement dit peu centrées sur le regard des autres, ne sont-elles pas plus enclines à adopter d'autres choix marginaux comme le *homeschooling* ? Ou au contraire, peut-on expliquer ce désir d'enfant renouvelé[3] par la

---

[1] Thomas-Desplebin M. (2009)
[2] Rosental P.-A. (2004)
[3] Décrit par Paul Yonnet (2006)

philosophie même du *homeschooling* qui place l'enfant au centre de la vie familiale ? En effet, avec l'avènement de la contraception, la famille nombreuse n'est plus subie, mais bien souvent choisie, parfois pour des raisons religieuses, mais pas toujours.

Dans son ouvrage *Une éducation en famille « très nombreuse », une école de la réussite*, Micheline Thomas-Desplebin, qui elle-même faisait partie d'une fratrie de quinze enfants, s'intéresse à 28 familles de plus de neuf enfants d'un milieu rural en Poitou, à la fin du XX$^e$ siècle. Elle s'est penchée sur le devenir des enfants de ces familles et conforte l'hypothèse, peu répandue, de la contribution positive à la réussite sociale d'une éducation en famille très nombreuse. Elle met en évidence le rôle de la fratrie dans la coéducation familiale. À son instar, le point de vue que nous avons adopté nous a placées dans une perspective positive dans cette étude des familles nombreuses. Face aux recherches sociologiques qui établissent des corrélations entre famille nombreuse et échec scolaire ou difficulté d'insertion sociale, nous reconnaissons, avec elle, que cette appréciation négative tend à transformer une corrélation en une généralisation abusive. Une des raisons pour lesquelles on ne peut considérer ces familles nombreuses dans une perspective négative est qu'elles n'ont pas les caractéristiques de précarité matérielle ou sociale qui leur sont souvent associées[1]. En effet, les données démographiques dont nous disposons montrent que ce sont des familles stables, de classe moyenne et que de plus, le niveau d'études de ces parents dépasse les moyennes nationales.

### Démarche de recherche et présentation des familles enquêtées

Comment les parents de familles nombreuses enseignent-ils des enfants d'âges et de niveaux différents dans le cadre du *homeschooling* ? Favorisent-ils l'enseignement individuel, l'autonomie ou les interactions familiales par un apprentissage

---

[1] Telles que le surpeuplement, la pauvreté ou l'absence de qualification des parents, selon N. Blanpain, (2007)

commun, tous âges confondus ? En quoi le style éducatif de ces familles influence-t-il les méthodes pédagogiques utilisées[1] ?

Pour répondre à ces questions, nous avons mené des entretiens semi-directifs avec trois mères de famille nombreuse pratiquant l'instruction en famille. Elles ont été contactées lors d'un séjour aux États-Unis, en Californie, par le biais d'une personne de la famille qui a pratiqué le *homeschooling* pendant de nombreuses années. Certes, cette démarche qualitative s'appuie sur un effectif fort limité, de plus ces mères de famille se connaissent entre elles : mais quoi d'étonnant, une implantation géographique assez circonscrite suffit à expliquer cet aspect. S'y ajoute un entretien fait en France. Un savant brouillard méthodologique aurait facilement pu cacher ces caractéristiques. Comme le lecteur peut le constater, cet ouvrage vise au contraire à mettre à plat les composantes des diverses démarches présentées, l'implication des chercheurs, la nature et la quantité des données collectées.

Les familles nombreuses constituant une part importante des familles américaines choisissant le *homeschooling*, il n'a pas été difficile de trouver des mères prêtes à me rencontrer et à me parler de leur expérience. Les deux premières, Mme Jones et Mme Martin, ont toutes deux sept enfants dont la majorité est maintenant adulte. Elles n'enseignent plus qu'un ou deux enfants, aujourd'hui adolescents.

Dans la famille de Mme Jones, le père est retraité, ancien cadre informaticien, et la mère est au foyer. Les deux parents sont titulaires de Masters de physique (père) et de mathéma-

---

[1] En fonction des entretiens et de la direction qu'ont pu prendre ces interlocutrices, les questions suivantes servaient de trame :
- Quels sont les avantages et les inconvénients du *homeschooling* dans une famille nombreuse ?
- Auriez-vous choisi l'instruction en famille si vous n'aviez eu qu'un enfant ?
- Parlez-moi du parcours de vos enfants, que font actuellement vos enfants adultes ?
- Comment gérez (gériez)-vous l'instruction de plusieurs enfants d'âges et de niveaux différents ?
- Comment évaluez-vous les apprentissages de vos enfants ?
- Comment motiviez-vous les enfants pour apprendre ?
- Comment décririez-vous votre style éducatif ?
- Qu'est-ce qui a changé dans votre rôle de parent lorsque vous avez commencé l'instruction en famille ?

tiques (mère). Ils ont commencé l'instruction en famille lorsque leur second enfant était en 6ᵉ. Leur fils aîné a suivi une scolarité complète dans différentes écoles, privées et publiques. Les trois suivants ont été d'abord scolarisés, puis instruits en famille, l'aînée de ces trois est retournée à l'école pour le lycée. Les trois plus jeunes n'ont jamais été à l'école. Mme Martin et son mari sont également tous deux diplômés du supérieur. Le père travaille dans l'industrie chimique et la mère s'est consacrée à élever leurs enfants qui n'ont jamais été scolarisés.

La dernière famille est celle de Mme Kevin, également mère au foyer. Le père est informaticien. Leurs neuf enfants n'ont jamais été scolarisés, la plus jeune allait avoir cinq ans au moment de l'entretien. Plusieurs des aînés poursuivent des études supérieures.

Ces familles, plutôt conservatrices, sont croyantes pratiquantes. Néanmoins elles illustrent l'évolution que l'on a pu observer au sein du mouvement du *homeschooling* : elles sont influencées dans leurs idées et leurs pratiques par la philosophie éducative de John Holt.

La dernière, Mme Bernard[1], est française. Elle a onze enfants, l'aîné a quinze ans. La famille vit dans une région rurale, ce sont des viticulteurs depuis plusieurs générations. La mère a un niveau bac+2. Elle est au foyer et instruit huit de ses enfants avec l'aide de cours par correspondance privés. Les trois derniers ne sont pas d'âge scolaire. Elle ne mentionne dans l'entretien que les noms de ses deux aînés, Paul et Luc, qui ont respectivement quinze et quatorze ans. À part quelques mois en maternelle pour son aîné, aucun de ses enfants n'a été à l'école. La famille a opté pour l'instruction en famille pour des raisons d'organisation : les enfants étant nombreux, la mère ne voulait pas passer son temps à les conduire dans différentes écoles, et préférait leur donner plus de possibilités pour des activités extrascolaires.

---

[1] On retrouve cette mère dans la partie « Portraits de famille » : « Blandine et sa famille ».

### Le *homeschooling*, une organisation facilitée

Le fait d'enseigner plusieurs enfants d'âges et de niveaux différents peut sembler, de l'extérieur, particulièrement difficile, mais n'est-ce pas une marque de l'influence de la forme scolaire et des découpages des classes et des programmes ? En tous les cas, les mères interrogées affirment le contraire : il leur était plus facile de garder leurs enfants à la maison que de les scolariser. Un argument majeur, toutefois, qui ne concerne pas directement l'apprentissage mais les conditions de vie.

Pour Mme Jones, avoir ses enfants à l'école aurait impliqué, pour chacun, des groupes d'amis différents, donc plus d'invitations et une vie sociale difficile à gérer lorsqu'on multiplie ces obligations ou ces sollicitations par sept ou neuf enfants. Et cela sans oublier des activités et des devoirs différents, beaucoup de réunions de parents d'élèves, d'évènements ou de fêtes d'école. L'instruction en famille, au contraire, permet de tout regrouper et de tout faire ensemble, ce qui simplifie considérablement l'organisation. Mme Jones est bien placée pour en parler car elle a pu comparer les deux situations : ses quatre grands ont débuté leur scolarité à l'école et son fils aîné n'a jamais été instruit à domicile : « L'instruction en famille nous simplifiait la vie de famille nombreuse » dit-elle.

Mme Martin n'avait jamais envisagé le *homeschooling* avant qu'un changement ait lieu dans les circonscriptions scolaires, alors elle aurait du emmener chaque jour sa fille dans une école bien plus éloignée que celle où elle devait être au départ. Ayant, à cette époque, deux autres enfants en bas âge, il lui était plus simple de passer une demi-heure par jour à faire le programme de maternelle avec sa fille que de la conduire aussi loin à l'école, d'autant que cela aurait supposé de quitter la maison, de réveiller le bébé, de laisser la vaisselle du petit déjeuner en attendant de revenir une ou deux heures plus tard. Cette mère disait ainsi s'éviter une source de stress. À la maison, tout devenait plus facile : Mme Martin évoque l'avantage de pouvoir lire une histoire à ses enfants tout en allaitant son bébé, ou bien d'apprendre à compter à l'un d'eux en s'occupant du linge, ou encore de répondre aux questions d'algèbre tout en vaquant à ses tâches ménagères. Ses plus jeunes enfants s'asseyaient à la table de la cuisine pour qu'elle leur apprenne à lire pendant qu'elle préparait le repas. Le temps scolaire se mêlait à la vie quotidienne et ce d'autant plus que la famille était grande et que le poids de la gestion matérielle s'accroissait. Cela ne concerne pas uniquement la mère, mais également ses enfants. Mme Martin décrit des situations où elle travaille spécifiquement avec un enfant pendant qu'un autre lit, qu'un troisième occupe le bébé et qu'un dernier prépare le repas de midi. Les enfants ne sont pas tous occupés aux études en même temps, il y a la vie de la maisonnée et chacun travaille pour que tout fonctionne, centré tantôt sur des intérêts collectifs, tantôt sur ses propres intérêts.

Les journées se suivent sans forcément se ressembler, en fonction de la structure que les parents mettent en place : si Mme Jones garde un emploi du temps assez régulier pour les études le matin, Mme Kevin est plus souple et décontractée, il peut arriver que le seul moment où ses enfants aînés étudient soit le soir, une fois que les plus jeunes sont au lit. De plus, chez Mme Martin et Mme Kevin le père aide les enfants sur les points difficiles en mathématiques, le soir après son retour du travail.

Mme Bernard, française, rejoint les propos de ces trois mères. Néanmoins, elle a opté pour des cours par correspondance qu'elle a prévenu de son choix d'instruction en famille et, dans ses propos, il n'est pas question de pédagogie alternative ou libre, si répandues parmi les familles américaines pratiquant l'IEF. Ce choix lui permettait de rester à la maison avec ses enfants afin qu'ils puissent pratiquer deux activités (musique et sports) à l'extérieur, sans que tout son temps soit gaspillé pour les emmener dans leurs écoles respectives. Elle se souvenait de sa propre mère et, enfant, elle avait souffert de n'avoir pu pratiquer aucune activité extrascolaire.

La question financière est également évoquée à plusieurs reprises par Mme Kevin, sa famille n'a pas les moyens de payer des cours de musique ou de danse à tous les enfants, seuls les plus motivés en bénéficient. Loin de se plaindre, elle voit cette difficulté d'une manière positive : leur entourage est conscient du coût d'une famille très nombreuse[1] et les approvisionne en nourriture ou en vêtements.

## Le *homeschooling*, un choix de vie

Dans ces familles nombreuses pratiquant le *homeschooling*, que le temps scolaire soit indissociable de la vie quotidienne ne signifie pas qu'il n'y ait aucune stratégie pédagogique. Bien au contraire, une de ses dominantes tient aux interactions qui se trouvent démultipliées entre frères et sœurs par l'effectif de la fratrie, mais aussi entre parents et enfants et avec des personnes extérieures. Dans les entretiens, toutes ces mères soulignent que le *homeschooling*, c'est être ensemble, en famille. Ainsi Mme Bernard remarque, à plusieurs reprises, que le nombre d'enfants engendre un apprentissage de la vie en communauté et qu'elle n'aurait pas fait ce choix si elle n'avait eu qu'un ou deux enfants.

Décrivant les moments d'étude, les mères évoquent surtout des interactions individuelles avec tel ou tel de leurs enfants. Cela leur semble naturel de mettre en avant ces interactions dont elles sont actrices. Elles insistent sur le fait que ce sont les enfants qui en sont les initiateurs par leurs questions[2], qu'il importe d'y répondre quand elles surgissent, plutôt que d'anticiper ou de donner un cours magistral. Lorsque l'adulte ne sait pas répondre, il aide l'enfant à trouver l'information. Ces mères se félicitent d'ailleurs de ce que leurs enfants les ont dépassées dans certains domaines : pour elles c'est la preuve de la réussite de leur style d'enseignement.

Cependant les parents ne s'interdisent pas de questionner, notamment pour repérer si l'enfant a compris ou non. Mme Jones posait systématiquement des questions après des moments de lecture. Elle souligne également qu'en règle

---

[1] Dans un pays où il n'y a pas de politique soutenant les familles : allocations familiales, coefficient familial, calcul de l'impôt…

[2] Ces situations constituent en quelque sorte l'envers de la pédagogie interrogative dans le cadre de laquelle l'enseignant pose des questions ou bien, par un arrêt dans le flux de sa parole, manifeste son attente vis-à-vis des élèves qui pourraient boucher ce trou (Guigue, 2003), comme d'ailleurs ils le font à l'écrit avec les exercices des divers « Bled ». Ce simple terme sur un moteur de recherche suffit à accéder à leur présentation.

générale le *homeschooling* permet une meilleure relation parent-enfant, et qu'elle avait plus le sentiment d'être une mère que d'être une enseignante.

Chez Mme Martin, ce sont les moments de lecture à haute voix qui sont le départ d'interactions avec les enfants en tant que groupe. Toute lecture est suivie d'une discussion où les points de vue des différents membres de la famille sont confrontés, notamment sur les thèmes qui ressortent de livres d'histoire concernant l'esclavage ou le racisme. Dans cette famille, les enfants apprennent beaucoup à travers la lecture avec leurs parents parce que ce sont des occasions pour réfléchir et discuter de ce qui a été lu. Ces « expériences partagées » par tous les membres de la famille servent à apprendre « ensemble » et « à plus tard se remémorer ensemble les différents évènements ».

Les interactions dans la famille ne sont pas uniquement l'occasion d'apprentissages scolaires mais sont une véritable école de la vie où il faut apprendre à s'entendre et à partager. Mme Martin souligne cela en parlant de sa quatrième enfant, une fille née handicapée (avec des problèmes cérébraux). Elle n'a jamais été placée dans une institution spécialisée par crainte qu'elle ne soit tirée vers le bas par des camarades plus sérieusement handicapés qu'elle. Elle a été instruite, selon ses capacités intellectuelles, à la maison. Aujourd'hui adulte, elle a atteint un niveau de CM1 ($5^e$ année d'école élémentaire) en mathématiques et un niveau de $6^e$ en anglais. Mme Martin est fière de rapporter les propos de certains médecins : si sa fille a autant progressé, intellectuellement et socialement, c'est parce qu'elle était instruite en famille, soumise aux mêmes contraintes que le reste de la famille, devant « apprendre à coopérer et à pardonner ». On voit là la trace de valeurs de morale chrétiennes qui semble un point essentiel du projet éducatif de ces familles nombreuses.

Si Mme Jones et Mme Martin mettent moins l'accent sur les interactions au sein de la fratrie, peut-être est-ce parce qu'elles n'y jouent pas un rôle central. Mme Kevin, elle, compte beaucoup sur le rôle d'exemple que peuvent avoir les aînés sur les plus jeunes, mais aussi sur l'aide que les plus grands peuvent apporter aux plus jeunes : sa fille aînée, qui a 17 ans, les aide pour leurs devoirs de mathématiques et son fils de 19 ans est comme un « mentor ».

En revanche, s'il arrive à Mme Martin de demander à un aîné d'aider un plus jeune, cela reste rare et c'est à elle que les enfants posent leurs questions en premier. Les enfants sont de sa responsabilité, pas celle des aînés. Mme Jones insiste aussi sur un point : les grands «n'avaient pas suffisamment de patience, ni de connaissances » pour s'enseigner les uns les autres. « Ils n'ont pas la maturité nécessaire », « ce n'est pas leur rôle » sont des phrases qui reviennent à plusieurs reprises. Elle semblait ne pas vouloir ennuyer ses enfants avec les autres, ni se laisser supplanter par les plus grands. Ces remarques vont à l'encontre des conclusions de Thomas-Desplebin selon lesquelles les aînés de familles nombreuses sont souvent amenés à enseigner ou aider leurs frères et sœurs plus jeunes. Ceci dit, elle a interrogé les enfants, et non les parents, et il n'est pas sûr que les impressions des enfants correspondent à celles des parents. Néanmoins pour ces mères, les enfants apprennent beaucoup les uns des autres, à tout le moins dans leurs jeux collectifs et pendant leur temps libre.

En cohérence avec cette orientation somme toute assez individualisante, Mme Jones dit n'utiliser la compétition entre frères et sœurs que très rarement. D'une part, on n'est pas meilleur que l'autre parce qu'on est plus vieux, l'âge n'a pas d'importance. D'autre part, elle trouve cela contre-productif : celui qui est plus doué dans un domaine va être trop fier et rabaisser celui qui est plus faible qui, du coup, se décourage et ne va plus faire d'effort. Pour Mme Bernard, cette préoccupation est aussi une conviction forte, mais étayée différemment, non pas sur des aspects individuels mais sur le genre : les garçons et les filles ne progressent pas au même rythme et la mixité à l'école est néfaste à l'apprentissage des garçons qui, moins studieux que les filles à cause de leur immaturité, se sentent humiliés par celles-ci et réagissent en « faisant les pitres ». Le *homeschooling* permet à chaque enfant d'apprendre à son rythme, sans comparaisons avec des camarades de son âge. C'est, pour elle, une solution idéale.

Pour Mme Martin, les activités en famille et le fait que les enfants étaient tout le temps ensemble, même lors d'activités extérieures à la famille (ses deux aînés ont suivi un cours d'histoire ensemble et travaillaient leurs devoirs ensemble, ses filles étaient toutes deux dans une chorale) ont fait en sorte que les frères et sœurs sont devenus « des amis très proches ». Mme Jones dit également que ses enfants sont « meilleurs amis ». Ainsi, selon le discours parental, les liens familiaux sont très forts.

Cela ne signifie pas pour autant que les enfants n'ont que peu de contact avec l'extérieur. Mme Martin évoque les amis de ses enfants, rencontrés dans le voisinage, parmi d'autres *homeschoolers* ou lors des activités extrascolaires. Souvent, toutefois, ce n'est pas l'individu qui initie des rapports avec des personnes extérieures à la famille, mais la famille en tant que groupe qui se retrouve avec d'autres familles, comme dans le cas des coopératives de *homeschoolers*. Selon Mme Martin, les enfants instruits à la maison, en général, pas les siens en particulier, communiquent mieux avec les adultes que ceux qui sont scolarisés. Dans l'esprit des mères américaines ces interactions avec des personnes extérieures sont importantes pour la socialisation et à la question « Auriez-vous pratiqué le *homeschooling* si vous n'aviez eu qu'un ou deux enfants ? » elles répondent toutes « oui », mais qu'alors elles auraient fait participer leur enfant à plus d'activités à l'extérieur, soit parce que cela aurait été facilité par le nombre plus réduit d'enfants (Mme Jones), soit dans le but de rencontrer d'autres enfants (Mme Kevin).

## L'apprentissage de la lecture : la clé du savoir

A l'exception de Mme Bernard qui a inscrit ses enfants dans des cours par correspondance et suit une chronologie et une progression scolaires, les autres mères ont des conceptions qui s'écartent d'une perspective scolaire. L'importance du livre et de la lecture apparaît tout au long des discours de ces mères. Même quand l'apprentissage de la lecture se fait tardivement, à huit ou neuf ans, l'enfant a été baigné dans un milieu où la lecture à haute voix était quotidienne. Il a aussi vu ses frères et sœurs plus âgés en train de lire. Il n'est jamais question de ne pas aimer lire et on peut se demander si le fait que ces mères ont attendu patiemment que leurs enfants soient « prêts » à lire, sans les bousculer, n'a pas joué un rôle dans ce rapport positif à la lecture. Jackson[1] note qu'il n'est pas rare que les enfants américains instruits à domicile apprennent à lire tardivement (25 % d'entre eux) sans que cela ait une conséquence sur les performances scolaires en fin de scolarité. On peut penser que c'est grâce à l'influence de Raymond Moore qui préconisait un apprentissage de la lecture plutôt tardif que précoce[2]. Deux d'entre ces mères qui n'ont pas poussé leurs enfants à lire à six ans mentionnent ses ouvrages, mais aussi ceux de Holt[3]. Pour Mme Kevin, il est beaucoup plus aisé d'apprendre à lire à un enfant qui est prêt, il s'agit donc de repérer quand il a la maturité nécessaire. Ainsi, son dernier enfant, qui a cinq ans, n'a pas encore commencé. Elle débutera l'enseignement formel avec lui lorsqu'il commencera à reconnaître les lettres, qu'il aura envie d'écrire son prénom et qu'il observera des faits mathématiques dans la vie quotidienne.

Cet apprentissage tardif de la lecture n'est pas un frein à l'acquisition d'autres connaissances (mathématiques, histoire, sciences, etc.), cela est possible parce que la mère passe davantage de temps à lire ou à parler à son enfant qu'un enseignant ne peut le faire avec chacun des élèves de sa classe. Dans ce contexte, pour que l'enfant suive, il faut absolument qu'il sache lire, ne serait-ce que les consignes et énoncés d'exercices... Bien entendu, l'enfant gagne considérablement en autonomie lorsqu'il sait lire et il peut explorer les connaissances qui l'intéressent comme bon lui semble.

Selon McKeon[4], les parents éducateurs accordent beaucoup d'importance à la lecture et la littérature constitue une part très importante de leur programme d'instruction. Elle n'a pas trouvé qu'une méthode marchait mieux qu'une autre, mais que les parents cherchaient à trouver la méthode qui correspondait le mieux aux besoins individuels de leurs enfants.

---

[1] Jackson G. (2008)
[2] Moore R. et Moore D. (1975)
[3] Holt J. (1981)
[4] McKeon C. (2007)

**Instruire en créant un environnement stimulant**

Qu'il y ait plus ou moins de liberté, de souplesse, d'écoute dans les démarches d'instruction des familles donne des colorations originales, différentes d'une famille à l'autre, mais incontestablement les savoirs sont valorisés. Il ne s'agit pas du tout d'une éducation informelle au sens où l'entend Abraham Pain, c'est-à-dire d'« une modalité éducative du quotidien sans intention de former » ou d'un « enseignement sans forme[1] ». Bien au contraire. Même quand les normes scolaires d'apprentissage sont rejetées ou négligées.

Mme Martin se représente les contenus à apprendre comme composés de deux ensembles : le premier, celui des savoir-faire (ce que Mme Jones, de son côté, appelle « les choses de base ») qui comprennent le savoir compter, lire et écrire, nécessaires pour l'apprentissage du second qui englobe tout le reste (l'histoire, la géographie, les sciences, etc.). Elle s'occupe plus particulièrement d'enseigner à ses enfants les trois grands savoirs de base, pour qu'ensuite ils soient capables de découvrir par eux-mêmes les savoirs qui les intéressent. « Le plus dur, dit-elle, est d'apprendre à un enfant à lire, mais ensuite, toutes les portes du savoir lui sont ouvertes ». Mme Martin souligne : « Le *homeschooling* est devenu mon style de vie, ce n'est plus un choix éducatif, mais c'est simplement la manière dont nous apprenons. Bien sûr nous avons eu des jours de frustrations, de chaos ou d'énervement, mais dans l'ensemble, ce qui en est ressorti c'est l'épanouissement et l'harmonie ».

Si l'objectif premier des mères interrogées est que leurs enfants maîtrisent ces savoirs de base, les matières étudiées sont limitées à l'essentiel et prennent surtout la forme de lectures en groupe. Ces lectures, en histoire et en sciences en particulier, ne sont pas issues de livres scolaires mais de ce que Charlotte Mason[2] appelle des « livres vivants » (living books). Il s'agit

---

[1] Pain A. (1990)

[2] Charlotte Mason (1842-1923) est une éducatrice anglaise qui a créé une méthode pédagogique innovante pour son époque ainsi que la première association de parents éducateurs au Royaume-Uni, Parents National Education Union (PNEU) en 1892. De nombreux parents instruisant leurs enfants à domicile se sont joints à cette association entre les deux guerres mondiales (Taylor L. A. et Petrie A. J., 2000). Actuellement,
*(Suite page suivante)*

d'ouvrages qui sont « vraiment intéressants pour moi et intéressants à tous les âges », dit Mme Jones. Ils portent sur des sujets divers, leur auteur est passionné et cherche à transmettre sa passion. Il pourra par exemple s'agir de romans historiques ou de livres d'histoire des sciences. Cela pourrait conduire à dire que leur style de *homeschooling* est plutôt « classique » selon la définition de McKeon.

L'« intérêt » paraît essentiel pour les parents *homeschoolers* et s'exprime à travers le choix des livres lus en famille et des activités que les enfants pratiquent. Mais l'importance de l'intérêt ne se limite pas aux enfants. Mme Jones souligne qu'il faut que le livre soit intéressant pour chacun des enfants, peu importe leur âge, mais aussi pour le parent. Mme Kevin précise qu'elle n'a jamais étudié deux fois le même sujet en histoire : les plus jeunes n'ont pas étudié la vie au temps des romains, elle l'a travaillée avec ses aînés quelques années auparavant. Elle risquerait de s'ennuyer et, dans sa logique, si elle n'est pas/plus intéressée par le sujet, ses enfants ne le seront pas non plus. En revanche, si un de ses enfants est curieux de la vie au temps des romains, elle mettra à sa disposition les outils nécessaires pour qu'il satisfasse sa curiosité.

L'idée que l'on ne peut apprendre que ce qui intéresse est particulièrement prégnante chez ces différentes mères. Cependant, dans le cas de la famille Bernard, on peut constater que ce qui est proposé suscite de la motivation : tous font du judo et plusieurs ont été sélectionnés pour les championnats régionaux. Néanmoins avec ses onze enfants, certains projets sont inenvisageables : la taille de la famille rend impossible tout voyage, toute visite de musée, même dans la région… La famille n'a pas les moyens.

Chez Mme Martin, les enfants n'ont jamais eu de leçons d'art, de musique ou d'informatique, mais ils ont eu l'occasion de développer leurs connaissances en suivant leur curiosité et leurs centres d'intérêts personnels. Son rôle est de créer un environnement stimulant et d'encourager ses enfants. Par exemple, elle a donné à son fils, qui s'intéressait aux films

---

nombreux *homeschoolers* américains ou anglais ont repris la méthode de Charlotte Mason ou s'en inspirent.

animés, un appareil photo pour qu'il puisse constituer un film à partir de personnages en Lego. Grâce à cela, il a pu remporter plusieurs concours de films animés. Maintenant il aimerait travailler dans ce domaine. Ce fils est déjà pianiste dans un groupe musical alors qu'il n'a jamais suivi de cours de musique.

Mme Jones décrit aussi comment elle a laissé chacun de ses enfants développer des compétences spécifiques : pour l'une la musique, pour l'autre le graphisme, pour un autre la mécanique, etc. Un grand avantage du *homeschooling*, souligné par ces mères, est que les enfants ont plus de temps pour faire ce qui les intéresse que s'ils étaient à l'école, contraints d'étudier des matières dont ils ne retiendraient pas grand-chose. Dans la famille Kevin, qui vit à la campagne, les enfants passent beaucoup de temps dehors, à explorer dans la nature. L'autodidaxie, « l'apprentissage autogéré », est encouragée par le *homeschooling*. Pour Mme Martin, il s'agit de « leur apprendre à apprendre. Je peux leur enseigner les bases et puis ils peuvent passer du temps à faire ce qui les intéresse le plus, peu importe ce que c'est, et ils peuvent devenir très forts dans leur domaine ». Pour Mme Kevin une des plus grandes responsabilités des parents éducateurs est de préserver la soif naturelle d'apprendre. Mme Jones se rappelle quand un de ses fils s'est intéressé à la guerre civile des États-Unis, a dévoré tous les livres qu'il a pu trouver à ce sujet, et comment il est réellement devenu un « expert » dans le domaine. Il était même allé jusqu'à construire un canon dans le jardin familial !

Mme Martin se souvient de sa propre éducation, et de ses années dans une des universités les plus réputées des États-Unis où, dit-elle, elle a uniquement appris à passer des examens. Elle a appris quantité d'informations dans le but de réussir les épreuves qu'elle devait passer, mais elle les a ensuite oubliées. Elle voulait pour ses enfants qu'ils aiment apprendre, qu'ils apprennent à apprendre, que cela leur plaise, et non qu'ils apprennent uniquement à réussir des examens.

La motivation des enfants vient donc essentiellement de leur propre désir d'apprendre, mais aussi du sentiment de réussite. Mme Jones a toujours essayé de maintenir la barre à un niveau tel que ses enfants puissent l'atteindre. L'échec décourage alors que la réussite stimule. Elle désirait que ses enfants sachent qu'elle était contente et même fière d'eux. Cela implique beaucoup d'encouragements (ce que Mme Martin souligne également), mais aussi un respect de la progression propre à chacun. Tout comme les enfants n'apprennent pas à marcher au même âge, elle n'a jamais voulu décourager sa fille qui n'a commencé à lire qu'à sept ans et qui n'a pas aimé lire avant l'âge de dix ans alors qu'une de ses grandes sœurs lisait couramment des romans à cinq ans. Mme Martin relate une expérience similaire avec sa fille qui a appris à lire à l'âge de neuf ans. Elle parle de ses difficultés à faire comprendre à l'entourage que, si son rythme était différent, il n'y avait pas lieu de s'inquiéter et qu'elle apprendrait quand elle serait prête. Ces mères manifestent une grande confiance dans leurs enfants, ce qui les sécurise et les encourage. Cette petite fille qui n'a lu qu'à neuf ans, a réussi ses études supérieures sans aucun problème. Si elle avait été dans une institution où l'enseignement progresse en fonction de la classe et non en fonction de l'individu, elle aurait, selon toute probabilité, été en échec scolaire et n'aurait jamais pu prétendre faire des études supérieures.

L'enseignement individualisé constitue une grande partie de l'instruction en famille, même pour ces familles nombreuses. Mme Jones explique qu'elle passait la matinée avec ses enfants autour d'une table où chacun avait son propre travail à faire et où elle pouvait répondre aux questions des uns et des autres. Mme Martin passait du temps avec ses enfants, un par un, en fonction de leurs besoins dans l'acquisition de leurs compétences du « savoir-faire » (*skills*), alors que les autres travaillaient de manière indépendante. Mme Kevin, en revanche, ne semblait pas passer beaucoup de temps à enseigner directement ses enfants. Elle ne leur donnait pas beaucoup de travail individuel : chaque jour ses enfants devaient faire des mathématiques, recopier des textes, et compléter leur cahier de la nature où ils archivaient leurs découvertes. Elle se bornait à leur rappeler qu'ils devaient faire leurs devoirs et répondre à leurs questions.

Parallèlement, le travail en groupe fait aussi partie de ce que l'on peut appeler « l'enseignement », autant par les lectures à haute voix, qui sont une part considérable du temps d'intervention direct, que par les projets scientifiques auxquels les enfants travaillent ensemble. Même les films d'animation du fils de Mme Martin étaient un « projet de famille » car, la maison étant petite, le matériel l'envahissait et la coopération de chacun était indispensable. De plus, le travail collectif ne s'arrête pas au foyer, il se déroule également dans le cadre de coopératives de familles de *homeschoolers*. Les parents partagent leurs connaissances et donnent des cours à des groupes plus grands d'enfants, sans limite d'âge. Pendant des années, Mme Martin a donné des cours de littérature lors de ces regroupements, et ses enfants ont bénéficié des cours de langues, d'histoire, de géographie, de sciences, de musique ou d'art, que d'autres parents proposaient. Mme Jones évoque un contexte similaire : plusieurs familles se regroupaient pour étudier l'histoire américaine et faisaient des soirées à thèmes, chacun se déguisait en pionnier et mangeait des plats de l'époque. Ces expériences éducatives sont marquantes pour les enfants. Les aînés des Kevin participent à un club de discours et de débats, ce qui leur apprend à faire des recherches, à préparer une argumentation et à s'exprimer devant un public. Ils suivent également un cours de philosophie qui exige beaucoup de lectures et leur permet d'acquérir des compétences en dissertation.

### Quelles « évaluations » pour ces apprentissages ?

Du point de vue des évaluations, les mères interrogées disent ne pas utiliser de tests car ils encouragent la peur et la compétition, deux attitudes néfastes. Certes Mme Kevin précise que son mari fait passer un quiz mathématique à ses enfants chaque semaine pour vérifier qu'ils ont bien acquis les notions étudiées. Toutefois c'est par leur proximité et leur attention qu'elles savent ce que leurs enfants ont assimilé ou non. Étant avec leurs enfants tout le temps, elles les connaissent bien et voient « les ampoules s'allumer » (Mme Kevin). Quand les enfants vont à l'école, pour Mme Jones, les parents ne connaissent pas le niveau réel de leurs enfants, ils connaissent uniquement leurs notes. Lorsqu'elle a déscolarisé sa fille aînée en $6^e$, elle s'est aperçue que si elle avait toujours eu d'excellents résultats, elle était peu appliquée et faisait juste le minimum pour s'en sortir. Le *homeschooling* lui a ainsi donné une meilleure connaissance de sa fille et a influé sur ce qu'elle attendait d'elle. Inquiète de gâcher ses enfants en les instruisant elle-même, elle a tout de même fait tester ses enfants dans une école du quartier à la fin de chaque année scolaire afin de vérifier leur niveau par rapport à celui des enfants scolarisés. Leurs résultats étant systématiquement dans les meilleurs percentiles. Elle a été rassurée et a arrêté cette pratique après quelques années.

Pour Mme Martin, l'évaluation se déroule comme dans la « vraie vie » où on ne teste pas ses connaissances, on les utilise. Elle en donne deux exemples : la construction d'une armoire ou encore l'usage de l'informatique pour lesquels son fils a utilisé les connaissances qu'il avait acquises. D'ailleurs, son mari, chimiste, ne se souvient que de la chimie dont il se sert dans son travail, pas de tout ce qu'il a étudié à l'école. Pour elle, le savoir est assimilé lorsqu'il est réinvesti. On ne se souvient que de ce qu'on utilise, c'est cela que l'on a réellement appris. On retrouve là l'importance des interactions avec l'environnement soulignée par Piaget ou les notions de savoirs d'action et de savoir en usage mises en évidence, notamment, par Malglaive[1], mais dans le cadre de la formation d'adultes.

Le seul examen que les enfants des trois familles américaines ont passé est celui de fin d'études secondaires, qui n'évalue que la maîtrise des trois savoirs, lire, écrire, compter, et qui est nécessaire pour que les adolescents mineurs aient légalement le droit de trouver un emploi. Les enfants de Mme Martin ont passé cet examen entre seize et dix-sept ans.

Mme Jones voit son enseignement comme traditionnel en ce qu'elle se servait de manuels scolaires, mais elle n'hésitait pas à recourir à d'autres supports en cas de difficulté de compréhension. Mme Kevin considère qu'elle est un « tuteur » aux côtés de ses enfants, celle qui facilite leur apprentissage naturel en leur fournissant des outils stimulants et surtout, en leur transmettant son enthousiasme pour apprendre. Sa responsabilité est de nourrir la curiosité de ses enfants, au lieu de l'étouffer. Mme Martin se voit comme la compagne de ses enfants, là pour répondre à leurs questions, comme celles sur l'escargot qui a été observé lors d'une promenade.

---

[1] Malglaive G. (1990)

L'apprentissage n'est pas pour autant entièrement libre. Ce sont les mères qui choisissent les livres pour la lecture collective à haute voix ou les livres scolaires si elles en utilisent.

Une question paraît plus ou moins sous-jacente : celle de l'autorité. En fait, elle est essentielle pour ces mères qui considèrent que le *homeschooling* est une tâche impossible si les enfants n'ont pas appris au préalable à leur obéir. Mme Bernard développe un style éducatif marqué par une éducation catholique stricte, elle fait référence à des règles, des interdits. Sans obéissance, dit Mme Jones, il est impossible de réussir car la famille passe énormément de temps ensemble et les parents (souvent la mère) donnent par conséquent plus de directives aux enfants. On trouve là le côté affectif de la relation éducative : les enfants n'apprennent que lorsqu'ils se sentent en sécurité dans l'affection de leurs parents et qu'ils cherchent à leur plaire. Aucune des mères n'a l'impression que son rôle a changé avec le choix du *homeschooling*. En revanche, Mme Kevin considère qu'être parent constitue un apprentissage en soi : elle apprend à gérer l'adolescence de deux de ses fils, elle apprend à être plus patiente avec ses enfants… et cet apprentissage est intensifié par la présence permanente avec ses enfants. Mme Martin dit qu'il est absolument nécessaire que ses enfants respectent l'autorité parentale parce qu'ils sont convaincus que leurs parents les aiment et veulent le meilleur pour eux. Le *homeschooling* est une continuation naturelle de ce qu'elle avait commencé à la naissance de ses enfants : elle leur a appris à marcher, à parler, à faire leurs lacets, et « maintenant on va apprendre à lire ».

### Vie quotidienne, partage et apprentissage

Le *homeschooling* est un mode de vie comme l'écrivent Neuman et Aviram[1] : il existe une certaine fluidité entre les moments d'étude et la vie quotidienne. Tout dans la vie sert à apprendre. Les interactions et conversations entre parents et enfants développent leurs capacités de raisonnement, l'apprentissage contextualisé dans la « vraie vie » est un atout et

---

[1] Neuman A. et Aviram A. (2003)

les parents servent de guides pour leurs enfants au fur et à mesure de leurs découvertes. Dans le cas de ces familles nombreuses, les enfants apprennent non seulement avec leurs parents, mais aussi avec leurs frères et sœurs, même s'il n'y a pas d'enseignement formel entre les aînés et les puînés. « Une famille très nombreuse où l'intergénérationnel se vit à travers la fratrie se singularise par la diversité des référentiels acquis et des sources d'expérience possible[1] ». Confrontés au collectif, les enfants de familles nombreuses apprennent, « soit dans une relation duelle de nature hiérarchique de celui qui apprend vers celui qui a à apprendre, soit dans une relation de complicité, de participation commune à une tâche ou à une œuvre donnée. Chacun des protagonistes exprime le plaisir partagé de faire ensemble […] ». Pour les adultes de son étude, faire partie d'une famille nombreuse était un atout « compte tenu des multiples apprentissages que le fait d'être nombreux entraîne dans la gestion de la vie quotidienne, dans la représentation qu'ils acquièrent du monde environnant[2] ».

Néanmoins, ces mères soulignent qu'avoir une grande famille exige beaucoup de temps et d'énergie. Gérer les besoins de leurs enfants à tous les niveaux, physique, psychologique ou intellectuel, n'est pas simple. Pour toutes, les américaines et la française, le dialogue mais aussi l'entraide sont des pratiques essentielles, d'ailleurs la charge de travail est une occasion pour les enfants d'apprendre à aider et à partager. Mme Jones souligne l'impact d'une fratrie nombreuse : « J'avais l'impression d'avoir une grande famille dans un monde de petites familles […]. Je ne pouvais pas imiter mes voisins qui n'avaient que deux enfants, je ne pouvais pas emmener chacun de mes enfants à cinq ou six activités différentes, j'étais trop occupée ». Ses enfants vivent donc dans des conditions différentes de celles de leurs petits voisins, mais cette limite est contrebalancée par le fait qu'ils ont l'occasion de faire beaucoup de choses ensemble, ce qui resserre leurs liens familiaux.

---

[1] Thomas-Desplebin M. (2008), p. 79
[2] Thomas-Desplebin M. (2009), citations de ce paragraphe p. 240 et 177.

On peut se demander si ce qui est vrai pour une famille nombreuse le serait également pour une famille de un ou deux enfants qui opterait pour le *homeschooling*. Dans un cas comme dans l'autre, les situations de la vie quotidienne vécues dans le groupe familial sont autant d'occasions d'apprentissage. Cependant le poids de la présence et des attentes des parents, tout particulièrement dans le cas d'un enfant unique, voire même de deux, serait incontestablement plus prégnant. Que le « faire ensemble » soit important, que cela recouvre des dimensions sociale, organisationnelle, affective et identitaire, certes, mais la taille de la famille n'est pas un aspect anodin.

## 8 - 3. *Portraits de familles françaises et nord-américaines*

Dans le cours des années 2008-2009, j'ai conduit des entretiens semi-directifs avec quatorze familles pratiquant l'IEF, pour la plupart depuis au moins quatre ans[1]. C'est habituellement la mère qui se charge de l'instruction des enfants, c'est donc elle qui a été interviewée, parfois en présence de ses enfants, exceptionnellement avec son conjoint. De ce fait, les familles ont été identifiées par le prénom de la mère (bien sûr il a été changé). La moitié des familles vivaient aux États-Unis, en Californie, l'autre moitié en France. À cette époque, je n'étais pas activement engagée dans les réseaux d'IEF en France. Je me suis donc servie d'internet pour contacter directement des familles ayant un blog et pour prendre contact avec les associations nationales pour lancer des appels à participation. C'est donc par ce biais que j'ai pu échanger avec cinq familles françaises. Pour les deux autres, c'est grâce au bouche-à-oreille. La famille de mon mari ayant pratiqué le *homeschooling* aux États-Unis pendant de nombreuses années, j'ai pu être mise en relation avec des familles grâce à une association locale assez importante. J'ai également interrogé la mère d'une correspondante américaine que j'avais eue lors de ma propre expérience d'instruction en famille.

---

[1] Ce chapitre est en partie issu des données collectées lors d'un Master 1 conduit sous la direction de Mme Maria Pagoni (UFR, Sciences de l'Éducation, Université Lille 3).

Ces entretiens étaient plus particulièrement centrés sur la socialisation, sur les conceptions des parents et sur les démarches qu'ils développaient dans cette perspective[1]. Dans la mesure du possible, j'ai tenté de privilégier la diversité des familles que ce soit du point de vue socioculturel et socio-économique (en particulier études et parcours professionnels des parents), de leur lieu d'habitation (ville ou campagne), du nombre et de l'âge des enfants. Afin de donner une certaine épaisseur à ces familles, je vais donc en faire des portraits.

**Portraits de familles françaises**

*Nadine et sa famille*

Elle vit en milieu urbain, dans une petite ville du sud du Massif central. Les deux enfants, Adrien et Mélanie ont respectivement sept ans et demi et cinq ans et demi, ils ont toujours été instruits en famille. Leurs parents sont tous deux diplômés du supérieur : Nadine a obtenu une maîtrise de mandarin en langues orientales, suivi d'un DESS de management international franco-chinois. Ayant échoué au CAPES de chinois, elle a néanmoins une expérience de l'enseignement dans le cadre de cours privés de chinois et de français langue étrangère. Le père a suivi une formation d'ingénieur dans une grande école. Après avoir été directeur général d'une société à Tahiti pendant une dizaine d'années, il a fait de la veille technologique, il est actuellement chargé de mission dans une association de conseil en entreprise. Nadine n'exerce plus aucune activité professionnelle pour se consacrer à l'enseignement de ses enfants. Son mari et elle en sont venus à faire ce choix un peu par hasard, sans projet défini au départ. Étant à Tahiti, les contraintes de l'école et leurs contraintes familiales étaient incompatibles, et ils n'ont donc pas scolarisé leur fils de trois ans en maternelle. L'épanouissement familial et les résultats scolaires de leurs enfants étant encourageants, ils ont « tout naturellement » continué, sans savoir jusqu'à quand cette expérience se prolongerait.

---

[1] Cette recherche sera exploitée sous l'angle de la socialisation dans le chapitre suivant.

Nadine définit la socialisation comme la capacité de parler de manière polie, de respecter autrui, que ce soit un plus faible ou bien une autorité, d'aller vers les autres, d'aimer la découverte et d'être ouvert sur le monde. Dans cette perspective, elle suscite des situations concrètes : rencontres, notamment dans le cadre d'activités sportives, correspondance avec des enfants d'un autre pays et bénévolat dans la protection des animaux. Elle a aussi évoqué la socialisation négative que les enfants peuvent connaître à l'école et se dit heureuse que ses enfants ne soient pas marqués par un langage vulgaire ou par la pression des pairs. Elle prend très à cœur la socialisation de ses enfants qu'elle qualifie de « matière d'enseignement ».

## Fabienne et sa famille

J'ai rencontré Fabienne lors d'une journée portes ouvertes de l'association LAIA (Libres d'Apprendre et d'Instruire Autrement). Elle a trois fils, Martin 16 ans et des jumeaux, Kevin et Dylan, 14 ans. Ils habitent actuellement en Bretagne, dans un bourg en bord de mer. Jusqu'à l'année précédente, ils avaient partagé leur temps entre Paris et la Bretagne. Fabienne est infirmière-puéricultrice, le père, dont elle est en cours de séparation, est fonctionnaire de police. Elle ne travaille pas pour se consacrer à l'instruction de ses trois fils, mais la situation va probablement changer pour des raisons financières. Toutefois ces parents souhaiteraient quand même poursuivre l'instruction en famille jusqu'au baccalauréat. Ils ont commencé il y a treize ans en réaction aux difficultés d'adaptation de leur aîné à l'école maternelle. Elle oppose la rigidité de l'école et la liberté d'apprentissage, à la fois dans les matières scolaires et dans la vie en général, que procure l'IEF. Socialiser, c'est savoir vivre dans la société dans laquelle on se trouve en en respectant les normes sociales, c'est savoir dialoguer avec les autres, poliment et sans gêne quel que soit l'âge de l'interlocuteur. Elle a déjà bien réfléchi à cette question : elle a rédigé un article à ce sujet pour le journal d'une association de familles pratiquant l'IEF. Fabienne est décontractée et n'a aucune appréhension quand à l'intégration de ses fils, désormais adolescents : « Je sais que c'est gagné ».

### *Michelle et sa famille*

J'ai contacté la famille de Michelle au travers de son site internet où elle présentait l'instruction en famille. Cette famille vit dans un pavillon en banlieue, nous avons convenu d'un rendez-vous dans un café à Paris. Michelle, mère au foyer pour se consacrer à l'éducation de ses enfants, est en reprise d'études pour le plaisir, ses trois filles sont grandes et ont moins besoin de sa présence. Elle a un niveau bac+3. Le père est ingénieur. Les deux aînées sont jumelles : Sophie et Julie ont 17 ans, et sont respectivement en Première et Terminale, elles ont commencé l'IEF en CE2 (3$^e$ année de l'enseignement élémentaire). Leur plus jeune sœur, Marie, 13 ans, n'a jamais été à l'école, elle va passer le brevet en avance dès juin. Les trois adolescentes sont musiciennes et passent la majorité de leur temps au conservatoire. Aucune n'envisage une rescolarisation.

### *Blandine et sa famille*

La famille de Blandine, des viticulteurs, est composée de 11 enfants. Les deux aînés, Paul et Luc ont respectivement 15 et 14 ans[1]. A part quelques mois en maternelle pour le premier, aucun n'a été à l'école. La famille a opté pour l'instruction en famille pour des raisons d'organisation : la mère ne voulait pas passer son temps à les véhiculer ici et là. Blandine est très expressive, elle parle essentiellement à la première personne et affirme ses convictions : « Dans la vie qui va suivre, on n'aura pas un seul métier, on en aura plusieurs et il faudra s'adapter ». Son style éducatif est strict, son but est d'enseigner à ses enfants la valeur « travail » pour l'intégration dans la société. Elle considère qu'une famille nombreuse a de multiples possibilités lorsqu'elle est dispensée de se rendre dans des institutions scolaires. Une place importante est accordée aux activités extrascolaires, particulièrement le judo. Elles permettent de voir du monde et d'acquérir des savoir-faire utiles pour la vie en société. Elle le souligne par comparaison avec le passé : « Il y a vingt ou trente ans ça n'aurait pas été possible ça, donc ils auraient été à l'école parce qu'ils n'auraient pas pu faire des activités ». Néanmoins

---

[1] On a déjà fait connaissance avec cette famille dans les développements sur « L'instruction en familles nombreuses ».

tout s'organise suivant une logique « pratique » : tous les enfants font le même sport et tous jouent du même instrument de musique. Cette homogénéisation simplificatrice ne semble pas problématique : plusieurs de ses enfants ont été sélectionnés pour les championnats régionaux. Elle se sert de leurs succès pour montrer aux gens qui critiquaient leur famille hors norme et leur décision de faire l'IEF, que l'on arrivait quand même à « quelque chose, […] que c'était des enfants normaux ». Certes, ceux-ci n'ont pas de proches amis, mais peut-être accorde-t-elle un poids inhabituel aux relations désignées par ce terme, car elle note qu'ils ont des « connaissances », des « copains », des « camarades » qui leur permettent de confronter leurs idées, leurs convictions et les valeurs de la famille avec celles du monde extérieur, et cela génère des discussions fécondes.

### *Liliane et sa famille*

Liliane a répondu à mon appel à participation parce qu'elle jugeait que le cas de sa fille, Chloé, 15 ans, déscolarisée suite à des problèmes de phobie scolaire, pourrait m'intéresser. Ils ont une expérience d'IEF de trois années. Chloé a été scolarisée jusqu'au collège, mais elle avait de très grandes difficultés à s'adapter à la vie collective. Enfant sage et réservée, elle s'était renfermée sur elle-même, devenant asociale et malheureuse. Une année dans une petite école privée n'a pas apporté un changement majeur. L'IEF lui a permis de retrouver plus de liberté dans les apprentissages et de s'épanouir socialement. Quatre années plus tard, elle est capable d'aller vers les autres et d'avoir une vie sociale centrée autour de ses intérêts (l'équitation et les arts plastiques). Sa mère précise néanmoins que ce n'est pas « la jeune fille super à l'aise ». La socialisation, pour Liliane, semble donc se résumer à la capacité d'interagir avec d'autres parce qu'on est « bien dans sa peau ». Le jeune frère, Romain, huit ans, a déjà fait des allers-retours entre l'école et la maison : sa mère lui a proposé de faire son CP (1$^e$ année d'école élémentaire) à la maison, puis, parce que les camarades de l'école lui manquaient, il y est retourné avant de reprendre l'instruction en famille pour le CE2 (3$^e$ année), parce qu'il s'ennuyait. Il s'agit donc d'un compromis : la liberté de l'IEF tout en conservant de nombreux contacts avec ses amis.

Liliane a deux autres enfants, plus grands (18 et 20 ans), qui ont suivi une scolarité classique et qui poursuivent maintenant des études supérieures.

### *Agnès, Thibault et leur famille*

Thibault est le seul père qui ait participé à un entretien avec son épouse Agnès. J'ai été accueillie dans leur salon, les filles étant présentes et affairées à leurs occupations. Les points de vue de ces deux parents sont parfois divergents, à certains moments ils découvraient les idées de leur conjoint. La mère définit la socialisation comme l'acquisition des normes sociales nécessaires pour s'intégrer à la société, alors que le père évoque plutôt les interactions avec les autres. Leurs actions éducatives, comme l'organisation de sorties avec d'autres familles IEF, sont donc colorées de significations différentes. Thibault et Agnès élèvent leurs trois filles, Mathilde (8 ans), Émilie (6 ans) et Rose (3 ans) dans une maison de ville dans une agglomération du Sud-ouest. Elles n'ont jamais été scolarisées parce que l'aînée avait eu des difficultés avec le groupe à l'âge d'entrer en maternelle. Ses difficultés se sont dissipées, mais l'envie d'apprendre en famille est restée et ils ont continué ainsi. Ils n'envisagent une scolarisation, un jour, que si « elles en ont envie ». La famille est très engagée pour constituer un réseau de familles pratiquant l'IEF et très active dans diverses associations autour de la parentalité.

### *Isabelle et sa famille*

Isabelle est mère de 5 enfants, elle a choisi de retirer ses enfants de l'école parce qu'elle connaissait des difficultés relationnelles avec les enseignants. Elle ne savait rien au sujet de l'instruction en famille et ne connaissait personne qui la pratiquait. Elle a fait face à beaucoup d'opposition de la part de son entourage et a temporairement rescolarisé ses enfants une année pour cette raison. Aujourd'hui, ses deux aînés, 20 ans et 18 ans, sont respectivement étudiants en école de commerce et en classe préparatoire. Les trois plus jeunes, une adolescente de 15 ans, et deux garçons de 12 et 7 ans, font l'école à la maison par le biais de cours par correspondance du CNED. La famille possède trois lieux de résidence, en banlieue parisienne, en Corse et en Bourgogne, et, grâce à l'enseignement à domicile, partage son temps dans ces différents endroits. Tout au long de l'entretien, Isabelle insiste beaucoup sur les contacts que ses enfants ont avec les autres, leurs nombreux amis et leurs activités (pour la plupart religieuses, la famille étant catholique pratiquante).

## Portraits de familles nord-américaines
### Jennifer et sa famille

La famille de Jennifer vit en Californie, dans une banlieue pavillonnaire. Le mari de Jennifer est informaticien et elle-même est au foyer, pour se consacrer à l'éducation de leurs enfants, trois garçons, des jumeaux de 10 ans, Austin et Tyler, et un cadet, James, de 8 ans. Elle a également élevé pendant cinq ans deux de ses nièces qui venaient d'un milieu difficile, Ashley 15 ans et Marissa 13 ans. À l'époque où a eu lieu l'entretien, Ashley venait de retourner vivre chez son père dans le sud de la Californie. Ses nièces n'ont été instruites à domicile que pendant cette période passée chez eux, alors que ses fils n'ont jamais été à l'école. Jennifer évoque d'emblée des raisons sociales : elle trouve que l'école socialise négativement les enfants, de plus l'IEF présente les avantages d'un enseignement personnalisé. Pour elle, socialiser ses enfants signifie leur enseigner à se comporter avec les autres et cela passe par la politesse et l'altruisme. Cet enseignement est favorisé par le fait que ses enfants sont la grande majorité du temps avec elle et qu'elle peut leur montrer la bonne manière de se comporter en toute circonstance. La difficulté, dit-elle, est l'égoïsme inné de l'enfant et il faut qu'il apprenne à aimer son voisin comme lui-même suivant les instructions morales de la Bible. La famille est pratiquante et ses convictions religieuses marquent son style éducatif. Les nombreuses activités auxquelles participent ses enfants (activités sportives, théâtre, activités dans le voisinage…) sont autant d'occasions de s'entraîner à la socialisation.

### Eleonor et sa famille

Eleonor fait partie des pionnières du *homeschooling* aux États-Unis, elle a une expérience de 22 années. Jeune veuve dans le début des années 1980, elle s'est lancée dans l'aventure avec son fils aîné, alors âgé de cinq ans, après la lecture du livre de Raymond Moore[1]. Elle a découvert au fur et à mesure quelques parents qui avaient aussi décidé de prendre en charge l'éducation de leurs enfants. Son fils aîné, Pete, a été scolarisé pour la première fois à l'entrée en *High School* (au niveau de la $2^e$) dans une école privée. Son second fils, Josh, né plus tard d'un remariage, a fait toute sa scolarité à la maison. Comme ses deux fils sont maintenant adultes, Eleonor a du recul pour évaluer leur socialisation. Elle décrit notamment la réussite de son fils aîné : il a suivi une formation « prestigieuse » puis une carrière dans l'Armée de l'Air et au Ministère de la Justice américaine et il a fondé a une famille.

*Roselyn et sa famille*

Roselyn dirige un réseau d'une centaine de familles pratiquant l'IEF, mais son parcours a été semé d'embuches. Enfant maltraitée, victime de nombreux abus, elle a plongé dans la drogue et l'alcool, elle a eu affaire à la justice, a été placée de foyer en foyer. Après un mariage précoce à 18 ans avec un homme de quatorze ans son aîné, elle n'a pas pu élever ses deux premiers enfants qui ont vécu avec leur père après leur séparation alors qu'elle n'avait que 19 ans. Plusieurs années plus tard, elle a reconstruit sa vie. Son remariage a été l'occasion d'un nouveau départ, elle a à présent un foyer heureux et équilibré. Inspirée par l'exemple de sa sœur, elle n'a jamais scolarisé ses deux derniers fils de douze et quatorze ans. Ce qui marque cet entretien, c'est le pardon associé à la résolution de conflits, élément essentiel pour interagir avec les autres. Cet apprentissage se fait essentiellement au sein de la famille.

*Tammy et sa famille*

Tammy est aussi un exemple inhabituel. PDG d'une société florissante de conseils financiers, elle a adopté deux frères russes alors qu'ils avaient six et sept ans. Igor et Nikolaï ont maintenant onze et douze ans. Tammy n'a que deux années d'expérience d'IEF, ses fils ont été scolarisés à leur arrivée en Californie. Mais tout était nouveau pour eux, la langue, la culture, le cadre de vie… Leurs difficultés d'adaptation ont

---

[1] Moore R. (1981)

amené Tammy et son mari à les retirer de l'école. Depuis, Tammy prend en charge entièrement leur éducation, allant jusqu'à les emmener avec elle pour ses déplacements professionnels, ce qui a été l'occasion pour eux de développer des amitiés surprenantes, par exemple avec un lauréat d'un Prix Nobel. Elle décrit la socialisation scolaire comme négative : brimades et violence entre enfants. Elle avait l'impression de pouvoir leur donner un environnement plus « positif » à la maison. Elle souligne que ses enfants sont marqués psychologiquement par leur petite enfance difficile : perte de leurs parents biologiques, vie dans un orphelinat, elle s'efforce de les accompagner pour les guérir de ces traumatismes.

### Nathalie et sa famille

J'ai rencontré la famille de Nathalie à plusieurs reprises, lors de voyages aux États-Unis. Les trois enfants, quatorze, dix-sept et dix-huit ans, n'ont jamais été à l'école, à part un début de maternelle pour l'aîné. C'est une famille américaine assez typique, très impliquée dans le milieu du *homeschooling*. Nathalie dit que ses enfants connaissent, au moins de loin, les 800 à 1 000 enfants non-scolarisés de leur ville, parce qu'ils se croisent en différentes occasions : sports, chorale, activités de la vie communautaire, regroupements organisés par les parents de réseaux de familles IEF, etc. Il s'agit d'un environnement dans lequel ils sont bien intégrés et où ils puisent toutes leurs amitiés. Elle insiste sur l'importance de la structure familiale, base même d'une société solide.

### Darlene et sa famille

Darlene a aussi une longue expérience de l'instruction en famille. Je la connais depuis plus d'une douzaine d'années. Je correspondais en français avec sa fille aînée lorsque nous étions adolescentes. Nous nous étions rendu visite lors de différents voyages. Darlene et son mari ont élevé leurs enfants dans un cadre bucolique, en pleine forêt, dans un chalet en rondins de bois. Son mari est pédiatre en ville, il est assez connu et a de bons revenus, mais la famille vit très simplement. Darlene a commencé à réfléchir à l'instruction en famille avant même d'avoir des enfants. Frappée par la maturité et le comportement d'enfants IEF qu'elle dirigeait dans le scoutisme, elle se demandait quel facteur les avait autant influencés. Pour son mari c'était le fait d'avoir été instruits à domicile, ils ont donc tenté cette expérience, dès le début, avec leur fille aînée. Ils l'ont poursuivie avec ses cinq frères et sœurs. Leurs six enfants ont actuellement 26, 23, 20, 18, 15 et 13 ans. Les activités extrascolaires (notamment du bénévolat dans des actions caritatives), les visites de musée, les voyages auxquels ils ont beaucoup participé sont mentionnées à de nombreuses reprises. Elles ne sont pas là pour socialiser, mais pour mettre à l'épreuve la socialisation qui a été apprise à la maison. Elles permettent de « prendre conscience de la dynamique des groupes… d'apprendre à s'entendre avec d'autres enfants, à écouter un entraîneur, à avoir un travail ». Ainsi, de son point de vue « les enfants IEF ont une confiance en eux-mêmes que d'autres n'ont pas… ils ont appris à réfléchir de manière indépendante et ils ne s'inquiètent pas de… vous savez, ce que les autres enfants pensent d'eux parce qu'ils n'ont pas ce regard des autres qui dit au quotidien "cette réponse est idiote !" ». Seuls les deux derniers sont encore à la maison. Les autres sont à l'université ou bien dans la vie active. Les deux aînés sont mariés et ont des postes à responsabilités dans leurs domaines respectifs. Darlene considère que d'avoir instruit elle-même ses enfants les a grandement avantagés pour leur vie d'adulte.

### *Stéphanie et sa famille*

Stéphanie est infirmière, elle a laissé son travail lorsqu'elle a eu son premier enfant. Son mari est ingénieur en milieu rural dans le Minnesota. Leurs enfants n'ont jamais été scolarisés. C'est une mère impressionnante, son cas s'apparente à celui de Blandine, en version américaine. Lors de notre entretien, elle attendait la naissance imminente de son douzième enfant, son aîné n'ayant que quatorze ans. Malgré la taille de la famille, elle insiste beaucoup sur les besoins individuels de chacun, notamment au niveau de leur style d'apprentissage et de leurs intérêts personnels. Ils s'attachent à tout faire ensemble, en famille, leurs amis sont les amis de leurs enfants et vice versa. Pour elle, la socialisation est de savoir « fonctionner » dans une société et de savoir communiquer avec les autres.

## Conclusion

Cette démarche au plus près des familles montre la complexité de leurs itinéraires et des motifs de leur choix. Des points sont sûrs, l'instruction n'est pas dévalorisée, ni non plus de solides valeurs collectives. Néanmoins, ces affirmations générales ne doivent pas masquer certaines divergences, surtout en référence au contexte culturel et institutionnel français de l'école républicaine laïque. Il reste manifeste que les différences de positions politiques ou religieuses et la variété des pratiques pédagogiques et éducatives des familles ayant fait ce choix sont considérables. Les amalgamer et les stigmatiser serait abusif et trompeur. Cela éviterait, à bon compte, de s'interroger sur le poids du fonctionnement quotidien des établissements scolaires et sur les responsabilités de ceux qui les pilotent. Surtout, cela éviterait de véritables débats sur les valeurs partagées et les missions de l'école.

# Chapitre 9. Éduquer et socialiser

## 9 - 1. L'expérience des « mamans-profs »

Les parents, de fait surtout les mères, sont mobilisés par la scolarisation de leurs enfants : il leur faut veiller à les préparer, à assurer leur arrivée ponctuelle, à prévoir leur retour en fin de journée. Plus tard il s'agit de veiller au contenu du cartable et à ce que les leçons soient apprises et les devoirs bien faits. Pour autant les parents ne sont alors que les auxiliaires de l'école. Dans le cadre de l'IEF, il s'agit de beaucoup plus : cumuler deux fonctions, deux rôles habituellement séparés, pris en charge par des personnes étrangères l'une à l'autre, dans des lieux distants. Toutefois les enjeux de cette distinction entre une professionnelle et la mère se posent aussi en termes de complémentarité. Freinet l'aborde explicitement, de façon originale du point de vue de l'enseignante :

> « Le jour où l'institutrice-maman prendra conscience du monstrueux décalage qu'il y a dans sa propre vie, quand elle se garde bien, hors de l'école, d'appliquer à son enfant la pédagogie qu'elle pratique dans sa classe ; le jour où l'instituteur ne sera plus contraint de se dédoubler d'homme en veston à fonctionnaire en blouse ; quand il pourra, dans une pédagogie revitalisée, se comporter lui-même à l'École comme il se comporte dans la rue, ce jour-là nous pourrons vraiment nous donner tous la main pour aller de l'avant[1] ».

Aujourd'hui, l'idéologie de la compétence et du professionnalisme confère à cette réflexion une coloration déconcertante, voire même choquante : comment considérer que le décalage entre la maman et l'enseignante est monstrueux ? Comment soutenir que l'institutrice ne devrait pas oublier qu'elle est aussi maman et que, de même, l'instituteur est aussi papa, et que cette dualité devrait être enrichissante plutôt que schizophrénique ? En effet, désormais, il est plutôt question de former les parents à

---

[1] Freinet, C. (1960), *L'originalité des techniques Freinet, Techniques de vie, n°3.*

leur rôle et aux tâches qui s'ensuivent. Or, Freinet a beaucoup appris de sa fille, de son développement et de ses démarches. On pourrait aussi penser à Piaget et à l'impact qu'a eue l'observation de ses propres enfants. Mais aujourd'hui, cet entrelacement, quand il ne suscite pas des soupçons, semble mis de côté au profit de perspectives fonctionnelles et réductrices.

### Maman-prof, étudier un cumul délicat

L'instruction en famille conduit à s'interroger sur l'expérience des « mamans-profs ». De nombreuses études révèlent, en effet, que, pour leur majorité, les familles de *homeschoolers* vivent sur un seul salaire et que dans une plus grande majorité des cas, c'est la mère qui se charge de l'instruction des enfants, et si elle travaille, c'est le plus souvent à temps partiel ou à domicile[1].

Susan McDowell s'est intéressée à ces « mamans-prof ». Dans son article *The Home Schooling Mother-Teacher : Toward a Theory of Social Integration*[2], elle présente la recherche au cours de laquelle elle a interviewé neuf mères pratiquant le *homeschooling* aux États-Unis, observé des familles de *homeschoolers* lors de plusieurs évènements les rassemblant et examiné des écrits rédigés à leur attention.

Grâce à ses relations avec sa sœur qui pratiquait le *homeschooling* avec son fils, McDowell n'a pas eu de mal à trouver des participantes. En effet, elle l'avait accompagnée à plusieurs reprises à des foires, des réunions ou des sorties pédagogiques pour *homeschoolers*. Elle a ainsi pu gagner la confiance des membres qu'elle avait rencontrés à ces différentes occasions. Pour choisir ces familles, elle s'est servie de la classification de Van Galen et a retenu trois mères dont le choix

---

[1] Knowles J. G. (1988) ; Beck C W. (2004) ; Collom E. D. (2005) ; Apple M.W. (2006) ; Ray B. D. (2009).

[2] Susan McDowell (2000) a terminé son doctorat en éducation à Vanderbilt University en 1998. Elle a écrit plusieurs articles sur le *homeschooling* et a conduit des recherches sur ses différents aspects, en particulier sur la socialisation des enfants *homeschoolers*, sur le rôle des mères qui instruisent leurs enfants, sur la participation au mouvement du *homeschooling*, sur sa perception dans la sphère politique. Elle est également éditrice de la revue publiée par le National Home Education Research Institute : *Home School Researcher*.

du *homeschooling* les classait dans la catégorie des idéologues, quatre mères qui pouvaient se situer dans la catégorie des pédagogues et deux qui évoquaient à la fois des raisons pédagogiques et des raisons idéologiques. Elle ne donne pas d'indications concernant leurs caractéristiques sociodémographiques autres que les détails sur la vie quotidienne apparaissant dans les entretiens.

Dans cette recherche, McDowell s'est interrogée sur les répercussions perçues du *homeschooling* sur la famille en général et sur la mère en particulier. Cette charge de travail supplémentaire est-elle un facteur de stress ? Quelle est leur attitude vis-à-vis de cette responsabilité qu'elles ont endossée ? Comment vivent-elles cette expérience ? Pour ce faire elle a mis en œuvre une approche se basant sur la *Grounded theory*. Sa démarche est donc inductive : c'est à partir du discours des mères pratiquant le *homeschooling* qu'elle effectue l'analyse. Dans cette culture qui lui était familière, McDowell a conduit des entretiens semi-directifs, en proposant quelques questions de départ aux neuf participantes de l'étude : « Combien d'enfants avez-vous ? Combien sont instruits à la maison ? » ; « Depuis combien de temps pratiquez-vous le *homeschooling* ? » ; « Comment avez-vous pris la décision de le pratiquer ? » ; « Décrivez une journée-type » ; « Quel aspect du *homeschooling* préférez-vous ? » ; « Quel aspect aimez-vous le moins ? » ; « Y a-t-il autre chose que vous aimeriez dire au sujet du *homeschooling* ? » Tous les entretiens ont été enregistrés, et leurs transcriptions ont été renvoyées aux participants pour valider leur authenticité.

En plus de ces entretiens, elle a inclus des observations : au cours des entretiens, lors d'une foire pour *homeschoolers*[1], lors de la visite d'une église constituée essentiellement de *homeschoolers*[2], lors de deux séminaires sur l'apprentissage s'adressant aux familles pratiquant le *homeschooling*, lors d'une conférence pour *homeschoolers* donnée dans une autre église[3],

---

[1] 11th Annual Family ressource Fair, sponsorisé par la Smoky Mountain Chapter of the Tennessee Home Education Association
[2] The Church with the Home Schooling Heart
[3] The 13th Annual Middle Tennessee Home Educators Association – MTHEA

et lors d'une sortie de groupe à une patinoire. De plus, McDowell a analysé un certain nombre de documents édités par des associations de *homeschoolers* : les lettres de nouvelles de trois associations[1], plusieurs magazines traitant du *homeschooling*, ainsi que 61 sites internet sur ce sujet.

### Des thèmes clés

Au cours de l'analyse des entretiens, onze thèmes sont apparus de façon récurrente :
- la capacité de s'adapter (*flexibility*),
- le *homeschooling* réducteur de stress,
- les inquiétudes concernant les limites personnelles en tant qu'enseignante,
- les tâches ménagères,
- la socialisation,
- l'autonomie des enfants dans l'apprentissage,
- le trouble du déficit de l'attention,
- l'évaluation des *homeschoolers*,
- les autres *homeschoolers*,
- les écoles publiques et/ou privées,
- les tensions raciales au sein des écoles publiques.

### Homeschoolers et pseudo-homeschoolers

McDowell en est venue à distinguer deux grandes catégories : les *homeschoolers* classiques et les *pseudo-homeschoolers*. Si toutes les interviewées pratiquaient le *homeschooling*, néanmoins deux mères, dénommées Cissy et Susy, ne manifestaient pas comme les autres le même enthousiasme, parfois zélé et passionnel. D'ailleurs leurs enfants, contrairement à ceux des autres participantes, n'ont manifesté aucun désir de communiquer avec la chercheuse. Ce point est intéressant car, bien que les entretiens n'aient visé que les mères, leurs enfants, même adolescents, ont pratiquement à chaque fois voulu montrer ou expliquer des aspects de leur

---

[1] « *Smoke Signals* » de la Smoky Mountain Chapter of the Tennessee Home Education Association ; « *HEART* », l'acronyme de « *Home Educators Are Rutherford's Treasure* », édité par un groupe de *homeschoolers* à Rutherford County, dans le Tennessee ; « *Family Christian Academy Newsletter : Dedicated to Helping Home Educators* » publié par l'association du même nom.

éducation. Des onze thèmes clés, seuls quatre apparaissaient dans les discours de ces deux mères : leur opinion au sujet des écoles publiques, les autres *homeschoolers*, les tensions raciales dans les écoles publiques et les tâches ménagères. Toutes deux travaillaient à plein-temps, certaines des autres mères travaillaient mais seulement à mi-temps.

La différence la plus significative concerne la motivation à pratiquer le *homeschooling*. Alors que pour la majorité cela avait été un choix mûrement réfléchi, Cissy et Suzy y avaient été contraintes. Cissy, inquiète et insatisfaite des difficultés scolaires de sa fille, n'avait pas vu d'autre solution que d'opter pour le *homeschooling*. Elle semblait blâmer cette dernière de l'avoir forcée à une alternative éducative qu'elle avait méprisée. Elle évoque le *homeschooling* comme une punition. Le fils de Suzy avait été renvoyé de l'école publique et elle n'avait trouvé aucune école privée prête à l'accepter. Dans un cas comme dans l'autre, le choix du *homeschooling* n'avait pas vraiment bouleversé leur mode de vie dans la mesure où elles avaient gardé leur activité professionnelle à temps plein. Les propos tenus au cours de ces entretiens mettent en évidence une colère silencieuse. De nombreux *homeschoolers* iraient jusqu'à dire que Cissy et Suzy ne pratiquent pas un véritable *homeschooling* et que leurs sentiments négatifs portaient probablement préjudice à l'instruction et à leur relation avec leur enfant.

### Le *Homeschooling*, un choix positif

Dans les sept autres familles, les mères ont affirmé que le *homeschooling* avait eu des répercussions positives sur leurs enfants, pour ce qui concernait la capacité de s'adapter, la socialisation, la gestion d'un déficit de l'attention et les problèmes rencontrés dans les écoles publiques ou privées, parmi lesquels les tensions raciales.

Pour ces mères, les avantages du *homeschooling* l'emportaient largement : la flexibilité de la famille, l'autonomie des enfants dans l'apprentissage et la réduction du stress. McDowell conclut « Les données recueillies au sein des entretiens nous montrent que malgré les inconvénients [du *homeschooling*] qui ont pu être évoqués, de nombreux parents *homeschoolers* considèrent le *homeschooling* comme un choix éducatif alternatif réduisant le stress, plutôt que provoquant du stress supplémentaire[1] ». Ces mères s'étaient inquiétées de la charge de travail et des limites de leurs compétences mais elles se sentaient libérées d'autres inquiétudes tout aussi lourdes, voire plus, liées à ce qui pouvait arriver physiquement ou émotionnellement à leurs enfants à l'école, liées au contenu et aux méthodes pédagogiques de l'enseignement que leurs enfants y recevaient. Incontestablement, avoir la maîtrise de l'éducation de leurs enfants diminuait leur stress.

Lors des différents évènements observés, les parents, aussi bien que les enfants, étaient agréables, détendus et amicaux dans leur comportement. Les parents étaient bien informés sur la législation encadrant le *homeschooling* ainsi que de la recherche effectuée dans ce domaine. Ils étaient déterminés à rester bien informés et se montraient désireux d'aider les autres. Cela se manifestait par leur volonté d'assister aux différents séminaires et conférences sur le *homeschooling*.

L'analyse des documents collectés a montré que le but premier des lettres d'information, magazines et sites internet était de fournir des informations concernant tous les aspects du *homeschooling*. Ces documents, en particulier le *Family Christian Academy Newsletter,* servaient aussi à la promotion de ce mode d'instruction. Le désir d'encourager les *homeschoolers* était visible dans les magazines et sur certains sites internet.

Des articles se penchent sur le problème du stress dans la pratique du *homeschooling*. Cependant McDowell remarque que les articles ayant trait au stress sont bien moins nombreux que ceux en vantant les avantages. Elle soutient l'idée que les « mamans-profs » n'éprouvent pas davantage de stress que l'individu moyen vivant aux États-Unis et que même, selon leurs dires, elles en éprouvent moins depuis qu'elles enseignent leurs enfants.

De nombreux parents se sentaient méprisés par l'institution scolaire, leur compétence parentale n'était pas reconnue[2]. Les

---

[1] McDowel S. A. (2000), p. 198.
[2] Miron J.-M. (2004), Guigue M. et Tillard B. (2010)

relations parents-école sont souvent complexes et marquées par des tensions multiples entre les professionnels qui savent et les parents qui critiquent. En reprenant l'éducation de leurs enfants sous leur contrôle, les mères se mettaient à l'abri d'une relation où elles étaient dominées et retrouvaient un plus grand contrôle sur leur propre vie : « Le *homeschooling* leur donne l'occasion de mettre en pratique dans leur vie quotidienne et d'intégrer de manière plus concrète leurs valeurs, normes et croyances personnelles concernant leurs rôles et la façon dont elles endossent ces rôles[1] ». L'*empowerment*[2] que peuvent éprouver les mamans-profs proviendrait aussi de leur participation sociale à des mouvements qui soutiennent le *homeschooling*.

## 9 - 2. Les enfants « à besoins éducatifs particuliers »

Si les « mamans-profs » qui pratiquent l'instruction en famille éprouvent des doutes et des inquiétudes, il peut arriver que les difficultés spécifiques d'un enfant les amplifient, voire conduisent à cette démarche alors même que les parents ne l'avaient pas envisagée. Le chapitre 5 a présenté le témoignage d'une famille qui en est venue à déscolariser partiellement son fils sur les conseils du médecin scolaire. Il ne s'agissait pas d'un choix mais d'un recours pour adapter l'enseignement à des difficultés que l'école ne parvenait pas à surmonter. Ici ou là, au cours de différents chapitres, des mères soulignent combien cette individualisation a permis à leur enfant de se développer d'une façon exceptionnelle[3.] Dans un premier temps, les parents d' « enfants à besoins éducatifs particuliers »[4] avaient, souvent, procédé à une inscription scolaire, mais face aux difficultés, ils changent de perspective. Ce sont alors des raisons pratiques plus que des raisons philosophiques ou morales qui amorcent la pratique de l'instruction en famille. Ils se sentent tout d'abord contraints d'adopter cette démarche, puis ils cheminent différemment, tantôt avec enthousiasme pour ce mode

---

[1] McDowell S. A., p. 203
[2] Bacqué M.-H. et Biewener C. (2013)
[3] Voir notamment Mme Martin, chapitre 8, « Le *homeschooling*, un choix de vie ».
[4] Pour des précisions sur l'expression « Enfants à besoins éducatifs particuliers », voir chapitre 5.

d'éducation, avec amour et disponibilité pour leur enfant, mais parfois aussi avec amertume[1].

La flexibilité de l'environnement familial permet d'évaluer et de s'adapter aux besoins uniques de ces enfants. De nombreux parents découvrent leurs difficultés, tout autant que leurs talents, par l'expérience et parce que l'école ne répondait pas à leurs besoins. Chaque cas peut être identifié, reconnu et soutenu. L'IEF redonne un sentiment de maîtrise sur une vie délicate qui aurait pu être gravement perturbée. L'investissement important en temps, en énergie et en argent est contrebalancé par ce sentiment. Plusieurs chercheurs se sont penchés sur ces situations où l'individualisation est incontournable, qu'il s'agisse d'enfants précoces ou d'enfants en difficulté.

### Les enfants dits « surdoués »

L'IEF peut être un recours pour des familles d'enfants dits « surdoués », frustrées que leurs besoins complexes ne soient pas comblés à l'école. Michael F. Killeen[2] a étudié les méthodes éducatives de ces familles. Il en a tiré quatre conclusions :
- il existe un lien entre le type de matériel pédagogique utilisé et la qualité de l'apprentissage,
- la connaissance intime de l'enfant est un atout pour son enseignement à domicile,
- se préoccuper des centres d'intérêts, des talents et capacités de l'enfant permet un développement éducatif efficace,
- le contact social avec des pairs est un facteur de réussite.

Ces résultats sont comparables à ceux de Jacque Ensign[3]. Les parents *homeschoolers* des enfants précoces qu'il étudie font un effort conscient pour stimuler leurs enfants et les encourager afin d'éviter l'ennui ou une certaine nonchalance (*underachievement*). Toutefois, considérant que chacun a des capacités qui lui sont propres, ils ne souhaitent pas leur donner le sentiment d'être plus doués. Ils confèrent de l'importance à l'enseignement des compétences scolaires et, contrairement au

---

[1] Winstanleyl C. (2009)
[2] Killen M. F. (2000)
[3] Ensign J. (2000)

stéréotype de l'enfant précoce scolarisé qui a des difficultés à s'intégrer parmi ses pairs, les enfants de cette étude sont très sociables et ont beaucoup d'amis au milieu desquels ils ont souvent un rôle de leader. Tout en suivant les centres d'intérêt de leur enfant, les parents font de leur mieux pour créer un environnement stimulant, élargir leurs horizons afin qu'il se découvre de nouvelles passions.

### Les enfants en difficulté d'apprentissage

La flexibilité de l'IEF est tout aussi bénéfique aux enfants ayant des difficultés d'apprentissage, quelle qu'en soit la nature. Des chercheurs comme Jane Duffey[1] ou Jacque Ensign ont étudié de tels cas. Les parents ont avoué qu'instruire un enfant ayant des troubles et un déficit de l'attention (TDA) constitue un défi. Toutefois, même s'ils reconnaissent avoir parfois des doutes, ils pensent que leur enfant se développera mieux « à son rythme ». En règle générale, ils considèrent leur enfant comme étant normal ce qui est un atout pour l'image qu'il a de lui-même.

Ces parents recherchent en permanence des moyens d'aider leur enfant. Ils souhaitent lui donner le temps nécessaire, ce qui s'observe dans leurs pratiques pédagogiques, même si cela peut signifier apprendre à lire à quatorze ans. Ils encouragent ses activités dans ce qui le passionne : électronique, pilotage d'avions, théâtre de marionnettes… Ils espèrent qu'au cours de ses études supérieures, les enseignants sauront l'observer et lui permettront de briller dans son domaine de prédilection[2]. Ils découvrent aussi que leur enfant peut avoir des atouts, créativité, capacité à voir clairement au milieu du chaos, comme peut l'être une pièce en désordre. Ils s'attachent à en tirer parti, par exemple pour aborder la lecture.

L'enseignement de la lecture est tenu par tous comme un défi. Kimberly Bouchard s'est intéressée aux réactions des parents et à leurs manières d'apprendre par eux-mêmes comment enseigner à leurs enfants ayant du mal à apprendre à

---

[1] Duffey J. (2002)
[2] Ensign, J. (2000)

lire[1]. Au travers d'entretiens, elle a analysé les convictions, les émotions, les décisions et le comportement de quatre mères. Ayant décelé les difficultés de leurs enfants, elles ont éprouvé le besoin de s'informer, sur la dyslexie en particulier, avant de chercher de l'aide extérieure. Les enfants scolarisés n'avaient pas obtenu le soutien dont ils avaient besoin : le *homeschooling* est apparu comme la seule solution. Ces mères, quel que soit leur niveau d'études, disent se remettre en question souvent. Enseigner un tel enfant suscite du stress, des frustrations et des doutes ; cependant elles percevaient des progrès réguliers et étaient convaincues d'avoir fait le bon choix éducatif.

Dans son mémoire de Master, Sarah Loten s'est intéressée au discours de trois jeunes filles instruites en famille[2]. Outre le fait de mieux comprendre leur expérience ainsi que celle de leurs familles, elle a cherché à déterminer le niveau d'inclusion sociale dont bénéficiaient ces adolescentes, à étudier leur manière d'apprendre et l'effet sur l'individualisation de leurs parcours académiques. Elle les a observées dans les milieux dans lesquels elles évoluaient, aussi bien chez elles qu'à l'extérieur. En effet, le contexte du *homeschooling* leur permettait de participer à différents milieux d'enseignement formel : cours de danse, de musique… ou informel, en contexte de tutorat et de groupes d'ampleurs variées. Elle s'est aussi entretenue avec leurs parents, leurs tuteurs ou enseignants. Quelles que soient leurs particularités, ces jeunes filles bénéficiaient d'un réseau social très différent de celui qu'elles auraient eu si elles avaient été scolarisés, pour autant il était diversifié et riche, offrant de nombreuses occasions pour tisser des amitiés.

De leur côté, Theresa Kidd et Elizabeth Kaczmarek ont étudié l'expérience de dix mères australiennes enseignant leur enfant autiste à la maison[3]. Face aux difficultés d'apprentissage, aux problèmes de comportement ou à l'absence de compréhension de la part des enseignants, ces mères ont préféré enseigner elles-mêmes. L'expérience scolaire avait été une source d'anxié-

---

[1] Bouchard, K. (2011)
[2] Loten, S. E. (2011)
[3] Kidd, T. et Kaczmarek, E. (2010)

té et de stress. Dans deux cas ce sont des psychologues qui leur ont recommandé de retirer leur enfant de l'école. Dans neuf de ces dix cas, les mères ont expliqué que l'enfant encaissait les stimulations et, parfois, la violence de leurs pairs, toute la journée. Ce stress accumulé explosait au retour à la maison. Leur état émotionnel rejaillissait sur la famille et était une source de tensions pour tous.

Une fois ces enfants déscolarisés, ils se montraient plus heureux et épanouis, ils faisaient des progrès en termes de compétences sociales. Certains dépassaient le niveau scolaire de leurs pairs. Une mère a expliqué qu'un aspect important était la possibilité de faire des pauses, d'autoriser des moments de solitude. La plus grande difficulté venait du fait de devoir gérer plusieurs rôles : celui de mère, d'éducatrice, d'enseignante. Pour huit mères sur dix, l'IEF était une aventure positive leur permettant de mieux se connaître et d'évoluer, bénéfique pour toute la famille. Deux mères avaient l'impression d'avoir été forcées à ce mode d'instruction qu'elles percevaient comme une lourde charge qu'elles auraient préféré pouvoir éviter.

**Individualisation et environnement scolaire**

Dans le cadre scolaire, la présence de camarades ne peut être négligée. Elle peut contribuer à l'émergence de phobie scolaire[1], généralement considérée comme une pathologie liée à un problème d'ordre psychologique dont la solution relèverait d'une psychothérapie. Les enfants résistants à l'école sont alors catégorisés comme « anormaux », « irrationnels », « dysfonctionnels » ou « malades ». Dans ce contexte interprétatif, leurs difficultés ne seraient qu'aggravées par une déscolarisation. Le point de vue d'Emma Strobant est fort différent. Elle a conduit des entretiens avec sept jeunes ainsi étiquetés, ainsi qu'avec leurs mères et neuf professionnels travaillant avec eux. Elle soutient que la phobie scolaire est une construction sociohistorique et que l'expérience de ces enfants et de leurs familles est transformée par l'instruction en famille qui s'avère pertinente et salutaire pour ces enfants en souffrance.

---

[1] Strobant, E. (2006)

Les camarades d'école peuvent aussi contribuer à la construction d'apprentissages. Dans cette perspective, Ensign a demandé aux parents quelle attention leurs enfants reçoivent de pairs. Dans le *homeschooling*, les frères et sœurs, sans être du même âge, tiennent lieu de camarades de classe. Les parents indiquent qu'il arrive que leurs autres enfants s'entraident, mais le spectacle de la facilité des uns est parfois décourageant pour l'un ou l'autre. Tous interdisent les moqueries mais constatent qu'entre pairs l'enfant apprend à camoufler son handicap.

Dans le système scolaire, ces enfants sont souvent orientés vers l'enseignement spécialisé, mais celui-ci a tendance à stigmatiser les élèves et à les isoler en les regroupant. Alors que les jeunes ayant des troubles d'apprentissage sont davantage sujets au décrochage scolaire que les autres, Ensign note que ceux de son étude sont épanouis et capables, selon ses prédictions, de terminer leurs études secondaires et, pour certains, de poursuivre des études supérieures (un jeune étudiait déjà à l'université au moment de sa recherche).

L'étude la plus approfondie des résultats de l'IEF pour les enfants ayant des difficultés d'apprentissage a été conduite sur une année complète par une équipe de chercheurs dirigée par Steven Duvall[1]. Elle portait sur huit enfants en âge d'être élèves de l'école élémentaire et deux en âge d'être collégiens. Il les a comparés à cinq enfants scolarisés dans des écoles publiques, d'âges, de sexes, de quotients intellectuels et de types de difficulté comparables. Les observations consistaient à prendre des notes toutes les vingt secondes afin de pouvoir les analyser statistiquement[2]. Ainsi, Duvall et ses collègues ont enregistré et analysé le temps durant lequel les enfants étaient activement engagés dans l'apprentissage au cours de leurs périodes d'enseignement. Ils ont également testé leurs progrès en lecture, en mathématiques et en langage écrit. Les enfants instruits en famille étaient actifs dans l'apprentissage deux fois et demie plus longtemps que les enfants scolarisés. Ces derniers passaient 74,9 % de leur temps sans donner de réponse d'ordre

---

[1] Duvall, S. (2005)
[2] Pour des détails sur ce type de méthode, voir Michiels-Philippe, M. P. (1984)

cognitif, alors que les enfants en IEF n'en passaient que 40,7 %, ce qui s'explique essentiellement par le ratio enseignant-élève. Les enfants enseignés à la maison sont assis à côté ou en face de l'adulte enseignant 43 % du temps, alors que les enfants scolarisés ne bénéficiaient de telles conditions que 6 % du temps. De plus, au cours de cette année, les enfants IEF ont beaucoup plus gagné en lecture et en langage écrit.

**Le recours à des professionnels**

Si des parents peuvent créer, à la maison, un environnement qui aide efficacement leurs enfants, néanmoins, ces situations conduisent à souligner le rôle et l'importance des professionnels. Ces parents sont en quête d'informations, de conseils et de soutien, de plus ils mobilisent l'aide de tiers pour accompagner leur enfant.

Dans le cas des « surdoués », tous ont recours à des activités extrascolaires, voire à des stages d'été dans les domaines qui intéressent leurs enfants (art, astronomie, sciences…) et, de manière informelle, à des adultes jouant le rôle de mentor (voisin ou ami ayant des compétences spécifiques dans un domaine d'intérêt de l'enfant) qui considèrent ces jeunes plutôt comme des « co-explorateurs ». En revanche, pour les enfants connaissant de graves difficultés d'apprentissage, l'apport de tiers, orthophoniste, neuro-pédiatre, tuteur spécialisé... est plus formalisé. Dans l'enquête d'Ensign, un bon nombre de parents ont fait procéder à un diagnostic par un spécialiste. Tous ont recours à un consultant en éducation pour planifier et contrôler annuellement les progrès de leur enfant.

**Conclusion**

L'individualisation possible grâce à l'IEF constitue un contexte adapté et stimulant pour des enfants dont les performances s'écartent de ce que l'on attend habituellement d'eux, notamment dans le système scolaire classique. Toutefois l'individualisation n'est un atout que lorsque les parents ne développent pas, par eux-mêmes, des exigences ardues qui prendraient le relais de celles émanant des programmes scolaires, des enseignants et des groupes de pairs. L'instruction en famille ne résout pas magiquement les difficultés académiques ou sociales, mais ce choix éducatif tient compte des individualités et, en cela, peut créer un environnement souple, favorable, diminuant les tensions, les peurs et les échecs. La confiance dans la vitalité exploratrice des enfants exprimée par les parents instruisant en famille et leur leitmotiv, « respecter le rythme de l'enfant », constituent, là tout particulièrement, des conceptions positives et rassurantes pour les uns et les autres.

### 9 - 3. Quelle socialisation pour les enfants IEF ?

Comment les parents pratiquant l'IEF se représentent la socialisation et quelles stratégies mettent-ils en œuvre dans cette perspective ? Comment transmettent-ils les règles et normes de la société ? Comment préparer à la vie en société en se passant de l'école qui éloigne les enfants de leur famille pour les réunir et leur faire partager des valeurs communes ?

**Les critiques de la socialisation scolaire**

Le refus de la socialisation scolaire vient de leur expérience et de ce qui se dit. Pour ceux qui déscolarisent leur enfant, ce sont les difficultés avec l'école qui sont à l'origine de ce choix, parfois leurs problèmes de parents avec les enseignants, plus souvent des problèmes d'adaptation de l'enfant (apprentissage, phobie, violence…). Les problèmes avec l'aîné de la fratrie amorcent un choix qui se poursuit souvent, comme naturellement, avec les enfants suivants. Il s'agit d'éviter une vie collective où l'élève est noyé dans la masse du groupe et où les comportements des pairs enclenchent une socialisation « négative ».

Pour Nadine[1] deux aspects de l'école ne favorisent pas une bonne socialisation : d'un côté, les conflits entre enfants qui engendrent ce qu'elle appelle la « self-défense » et, d'un autre côté, le conformisme enfantin concernant le langage et l'image de soi qui s'exprime par le désir d'avoir des vêtements de marque, des jeux ou des bonbons. Elle déplore aussi le manque de respect des enfants envers les enseignants et qualifie l'école de « jungle ». De même Michelle, évoquant l'entrée de sa plus

---

[1] Les citations de parents mentionnées dans cette partie sont issues de l'enquête présentée chapitre 8, « Portraits de familles françaises et nord-américaines ».

jeune fille à l'école, remarque comme une évidence : « On va pas la mettre parmi ces sauvages-là... ». Les mères s'accordent pour refuser cette socialisation négative marquée par la pression des pairs, le conformisme, la violence, les brimades et les moqueries. Fabienne a retiré son aîné de la maternelle pour ces raisons. Pour Liliane, aux difficultés sociales de sa fille à l'école, s'ajoute la rigidité de la vie en collectivité. Les parents considèrent que la socialisation scolaire empêche une bonne socialisation, c'est-à-dire confiante et respectueuse.

En revanche, cherchant à défendre leur pratique de l'instruction en famille, ils ne voient pas en quoi elle serait un obstacle à la socialisation, tout en reconnaissant qu'elle demande plus d'efforts pour aller vers les gens et développer de nombreuses interactions extérieures à la famille.

### Quelle place pour une socialisation institutionnelle ?

Pour autant ce retrait vis-à-vis de l'école n'est pas le rejet de toute socialisation institutionnelle. La plupart des parents n'hésitent pas à déléguer des apprentissages à des clubs de sport, chorales, théâtres, conservatoires de musique. Cependant ils considèrent ces activités souvent si centrées sur l'apprentissage qu'elles ne laissent qu'une place secondaire à des composantes relationnelles :

« Ils ont eu un peu de socialisation dans les sports d'équipe [...] mais mon but pour eux était qu'ils se défoulent et qu'ils aient du plaisir à jouer en équipe mais ce n'était pas forcément pour... Je crois que la socialisation a été une conséquence positive de ces activités, mais ce n'était pas la raison pour laquelle on les a pratiquées » indique Nathalie.

Pour Liliane, la socialisation, c'est jouer, passer du temps avec les autres :

« Quand il va à la piscine, je suis pas persuadée... il voit des copains, mais c'est pas très socialisant puisqu'en fait il est surtout amené à faire ce qu'on lui demande, à apprendre à nager, donc il a pas trop le temps, vraiment, de jouer avec les copains. Par exemple la musique, je pense pas que ça soit très socialisant non plus ».

Des activités socialisent quand elles laissent du temps pour interagir avec les autres. Certes, elles inculquent des savoir-faire, le sens du travail et de l'effort mais dans un cadre ouvert à la participation, au développement de projets et aux valeurs de coopération. Ces parents se défendent de pratiquer un enfermement de la famille sur elle-même, ils affirment leur ouverture sur le monde et sur d'autres valeurs, notamment des engagements bénévoles humanitaires ou caritatifs. Ainsi émerge une conception de la socialisation valorisant les échanges et les initiatives pouvant conduire à se faire des amis, plus qu'un cadre d'apprentissage collectif et fortement structuré de l'extérieur par des normes et des objectifs préétablis.

**Conceptions et objectifs de la socialisation**

De nombreuses études s'intéressent à la socialisation. Des approches psychosociales choisissent des indicateurs « mesurables », déterminent des échelles pour évaluer la coopération, la responsabilité, la maîtrise de soi, la capacité de s'affirmer, l'estime de soi, la conception de soi, la capacité de communiquer avec les autres ou de développer des amitiés, la dépendance vis-à-vis des amis, la gestion des expériences de victimisation, l'anxiété, le sentiment de bonheur, l'indépendance d'esprit, le comportement citoyen... La diversité de ces indicateurs manifeste l'importance et la complexité théoriques de cette préoccupation. Les perspectives des parents pratiquant l'IEF sont, bien évidemment, plus globalisantes même s'il s'avère qu'elles croisent ces thèmes.

*Des conceptions de sens commun*

Selon Medlin[1], le terme « socialisation » est compris par le commun des mortels de trois manières différentes, souvent complémentaires. Tout d'abord, la socialisation est assurée par des activités collectives, il faut donc donner aux enfants l'occasion de jouer avec d'autres et de participer à des activités extrascolaires. Elle tient aussi au fait d'enseigner aux enfants à se conformer aux normes de la société. Enfin, elle se développe

---

[1] Medlin R. G. (2000)

par l'ouverture sur le monde, il convient donc d'exposer les enfants à une grande variété de cultures et de valeurs.

La première composante est souvent évoquée. Elle est traitée notamment dans le magazine *Les plumes de LAIA*[1] : « Les activités des enfants en dehors du cadre familial ». Mais on peut se demander si les parents IEF ne se basent pas tout autant, voire davantage, sur une perspective durkheimienne selon laquelle la socialisation est le fait de connaître explicitement et d'assimiler les normes et les règles de la société. Cependant certains parents ayant choisi l'IEF voyagent et adoptent un style de vie nomade. Leur manière de socialiser leurs enfants s'apparenterait alors, de fait, plutôt à la troisième perspective.

Rachel Gathercole s'intéresse à cette question d'une autre manière. Alors que ce concept, en tant que tel, lui semble abstrait et insaisissable, elle l'aborde par des questions très pratiques, celles que se posent parents, éducateurs et citoyens, celles qui suscitent leur inquiétude. Elle interroge :

« Nous devons tous décider quelle sorte de socialisation nous pensons être la meilleure pour nos enfants. Est-ce une capacité à s'intégrer dans un groupe de jeunes ? Est-ce que c'est d'être à l'aise en étant soi-même ? S'entendre avec les autres, savoir défendre son point de vue, ou les deux à la fois ? Est-ce savoir se mêler au milieu social ou savoir s'éloigner de la pression du conformisme du groupe ? Savoir diriger un groupe ? Les interprétations et points de vue abondent »

Ces questions se posent tout particulièrement dans le cas de l'IEF :

« Est-ce que les enfants IEF ont des amis ? Est-ce qu'ils ont une bonne estime d'eux-mêmes ? Est-ce qu'ils arrivent à avoir un travail lorsqu'ils deviennent adultes ? Sont-ils "cools" ? Est-ce que leurs parents les étouffent ? Comment vont-ils apprendre à gérer la violence ou la tyrannie de

---

[1] *Les Plumes de LAIA n°2*, septembre 2006

camarades s'ils n'en ont pas ? Comment vont-ils apprendre l'indépendance[1] ? »

Les familles IEF, en se passant de l'institution scolaire, espèrent qu'elles enclenchent un processus éducatif qui préparera leurs enfants aussi bien à la vie sociale qu'au bonheur individuel. L'école ne leur paraît pas une garantie de l'intégration future dans la société, ni un atout favorisant l'indépendance d'esprit et l'autonomie. Les études concernant la vie adulte des anciens enfants non-scolarisés semblent mettre fin aux inquiétudes[2].

**Fondements et perspectives**

Les conceptions et convictions philosophiques ou religieuses des parents sur la société et la vie familiale influencent à la fois leur style éducatif et les méthodes pédagogiques qu'ils utilisent. Tous s'accordent sur trois axes en ce qui concerne leurs objectifs en matière de socialisation : apprendre les règles, s'intégrer à la société et réfléchir de manière autonome. Il n'en reste pas moins une grande latitude dans les interprétations et les pratiques.

La socialisation, c'est connaître les codes, les normes de politesse et du savoir-vivre, être capable de communiquer avec les autres... mais les mères interviewées n'en restent pas à cet aspect qui n'est qu'une condition de base pour s'intégrer, devenir membre à part entière de la société. Fabienne remarque : « Donc, je sais, ça se mélange un petit peu ». Blandine propose une vision d'ensemble :

« La socialisation, pour moi, c'est... je veux qu'ils puissent vivre dans le monde, mais en tant que personne responsable et en tant que personne... comment dire, je ne veux pas d'assisté... parce que je considère que les assistés on les achète, je ne veux pas qu'ils soient achetés, enfin je ne veux pas, c'est idiot, ils le seront, d'une manière ou d'une autre et puis chacun a son caractère, mais je souhaiterais leur donner un maximum de... d'indépendance d'esprit ».

---

[1] Gathercole R. (2007), p. 34.
[2] Webb J. (1989) ; Knowles J. G. (1991) ; Ray B. D. (2004)

Les parents éducateurs souhaitent à la fois transmettre des valeurs et libérer leur enfant d'un certain conformisme qu'ils attribuent à la socialisation scolaire par l'effet de la pression du groupe. Il s'agit de réfléchir de façon autonome à la façon dont Kant le développe dans *Qu'est-ce que les Lumières ?*[1] en usant de son entendement, en assumant des idées soigneusement réfléchies, appuyées sur son expérience du monde.

« Notre espoir pour eux, dit Stéphanie, c'est une capacité à contribuer à aider les autres et ne pas être excessivement influencés par la société dans laquelle ils travaillent. Savoir ce qu'ils croient, pourquoi ils le croient et pourquoi ils prennent les décisions qu'ils prennent... ».

Tout autant que s'adapter à la société, il s'agit d'y participer activement et de contribuer à la façonner.

## La vraie vie plutôt que l'école

L'un des grands avantages de l'instruction en famille est que les interactions ne sont pas cloisonnées : le contact se fait avec des gens de tous âges. Ainsi l'enfant est dans la « vraie » vie où les normes sociales se transmettent et s'expriment au quotidien, pas dans la microsociété particulière qu'est l'école. Ces parents adhèrent, sans crainte, à l'affirmation du grand précurseur de l'instruction en famille, John Holt : « S'il n'y avait pas d'autre raison de garder les enfants hors de l'école, la vie sociale serait une raison suffisante[2] ».

Stéphanie développe un point de vue largement partagé, même si sa famille, composée de douze enfants, offre un contexte peu fréquent :

« Personnellement, je pense que mes enfants sont mieux socialisés que leurs camarades qui vont à l'école. En tant qu'adulte, vous et moi et tous les autres dans le monde n'interagissons pas exclusivement avec les gens qui sont nés douze mois avant ou après nous. Nous interagissons avec les personnes âgées, les célibataires, les divorcés, les enfants, les adolescents, et toute une gamme de groupes de

---

[1] Kant E. (1784)
[2] Holt J. (1981)

personnes d'âges, de styles et d'expériences différents, et mes enfants font cette expérience également, non seulement au sein de notre foyer, mais dans leurs interactions avec nous en tant que parents, avec le reste de la famille et les personnes que nous, en tant que famille, rencontrons au quotidien ».

Le fonctionnement de l'école par classe d'âge est considéré comme une limite :
« Quand ils vont à l'école, ils n'osent pas parler aux grands qui sont dans la classe juste au-dessus, ou aux petits qui sont dans la classe juste en-dessous, parce que c'est dégradant de parler aux petits et on n'est pas assez vieux pour parler à ceux qui sont dans la classe au-dessus. Bon ben ça c'est fini… » dit Michelle.

L'environnement social, avec ses âges mélangés, des *homeschoolers* reflète mieux ce qui constituera la manière de vivre en tant qu'adulte :
« Les enfants qui vont pas à l'école, en général, ils ont un contact plus facile avec les autres générations, avec les adultes ou les bébés… Une fois qu'ils vont à l'école, en fait, ils se focalisent sur les enfants de leur âge, et les bébés ils y font presque plus gaffe du tout. Les adultes, enfin, ils sont vus comme une certaine autorité »

souligne un père sur un ton de regret. Ce contact plus important avec des gens en dehors de sa tranche d'âge est une des raisons les plus courantes données par les parents pour expliquer qu'ils trouvent leurs enfants aussi bien, ou plutôt, mieux socialisés que s'ils allaient à l'école.

**Stratégies de socialisation**

À la question « Faites-vous un effort particulier pour socialiser vos enfants ou bien estimez-vous que la socialisation est un processus naturel[1] ? », les parents ont répondu qu'ils considéraient la socialisation comme un processus naturel, mais

---

[1] Voir la présentation de l'enquête chapitre 8, « Portraits de familles françaises et nord-américaines ».

tous ont des stratégies pour stimuler ce processus. Thibault considère que la socialisation c'est voir les autres et il est très actif dans l'organisation de sorties pour les familles IEF de sa région. Pour son épouse, ces activités ont plutôt un but pédagogique. Dès lors que l'on est au milieu des autres, que l'on y apprend et que l'on y exerce ce que l'on a appris, les normes de politesse et les échanges de connaissances et d'arguments, entre socialisation, éducation et instruction, est-il judicieux de chercher des frontières ?

### *Fratrie et couple parental*

La famille est le lieu de vie, où se donnent en exemple des interactions, et de coopération au fondement de la socialisation, qu'il s'agisse de la fratrie, des régulations assumées par les parents et des manières d'être du couple parental lui-même.

Blandine et Stéphanie (mères respectivement de onze et douze enfants) pensent que le rôle des amitiés est diminué par le fait d'avoir une très grande famille : « Leurs meilleurs copains sont leurs frères et sœurs. Ils ont le plus en commun ». Isabelle, mère de cinq enfants, considère que la taille de la famille joue un rôle dans la socialisation :

« Ben oui, je pense quand même… parce qu'il y a des mamans qui me disent que leur enfant est scolarisé à la maison, mais il s'ennuie un peu… qu'ils pensent peut-être le remettre à l'école, moi c'est une question que je me suis pas posée. Donc je pense que c'est peut-être qu'avec un seul enfant à la maison euh… voilà.

Mais moi… si j'dois partir, parce que moi j'ai quand même des fois besoin… je vais faire des courses toute seule, mais ils sont ensemble, ils sont pas tous seuls… »

La taille de la fratrie est un aspect souvent évoqué. Blandine remarque que si elle n'avait eu qu'un ou deux enfants, elle ne les aurait pas scolarisés à domicile. Penser à des enfants uniques fait surgir le souci de leur socialisation. Pour Jennifer :

« Être gentil avec ses frères et sœurs est beaucoup plus difficile que d'être gentil avec ses amis. Donc quand ils font un effort pour s'entraider, quand ils partagent sans qu'on leur dise, quand ils se parlent gentiment, toutes ces choses me montrent qu'ils sont en train d'apprendre et qu'ils sont prêts pour plus de liberté ».

Le temps dont disposent parents et enfants pour vivre ensemble est considéré comme la condition de possibilité d'une meilleure connaissance et de liens plus solides :
> « J'ai l'impression, dit Nathalie, de connaître mes enfants réellement alors que je connais des gens qui ont leurs enfants qui sont à l'école huit à dix heures par jour, et ensuite ils rentrent à la maison pour faire trois ou quatre heures de devoirs et ils ne passent jamais de temps avec leur propres enfants, ils ne les connaissent pas vraiment, et j'ai l'impression que leurs liens familiaux sont plutôt faibles alors que les nôtres sont vraiment très forts alors… en ce qui concerne la socialisation, je crois que de négliger sa propre famille c'est… vous savez, ce sont des familles solides et fortes qui bâtissent une société forte, et notre société moderne manque de cela un petit peu ».

Dans le même esprit, Roselyn, qui n'a pas eu une vie familiale facile en grandissant, ajoute : « c'est une super manière de montrer à un enfant à quoi ressemble le mariage et pour les aider à résoudre des problèmes et ne pas claquer la porte et étouffer les choses… ».

Pour ces familles, le temps prolongé passé entre parents et enfants est précieux et, surtout, nécessaire. La résonnance n'est pas seulement affective et psychologique, elle est aussi politique.

### *Les interactions de proximité*

Dans la continuité de la vie familiale, « naturellement », des mères comme Roselyn, Agnès, Fabienne, Nathalie et Stéphanie gardent leurs enfants avec elles, quoi qu'elles fassent :
> « De toutes façons, on est tout le temps en train de sortir, de voir des gens, de participer aux fêtes du village de mes parents, de… on rencontre des tonnes de gens, en sortant dans la rue, ben voilà, on… c'est bête mais elles vont toujours à la poste avec moi, et comme elles sont toujours avec moi, ça fait aussi partie de la socialisation, de parler… de pouvoir répondre à des adultes… »

Un grand avantage de l'instruction en famille, c'est vivre avec ses enfants, tout au long de la journée et mettre en pratique les leçons de politesse apprises dans des situations très diversifiées. Nathalie a fait des efforts pour amener ses enfants à rendre visite à une personne âgée toute les semaines, au fil des années, afin de développer la communication avec une personne du troisième âge. Nadine a aussi une stratégie réfléchie et soutenue : ses enfants correspondent avec un enfant de Tanzanie, notamment pour découvrir un autre contexte, une autre culture et prendre conscience de leurs privilèges. Au début, Isabelle reconnaît avoir fait beaucoup d'efforts, pour susciter des occasions de voir d'autres personnes. Au fur et à mesure, elle s'est moins inquiétée et a simplement laissé ses enfants se socialiser « eux-mêmes ». Michelle l'avoue carrément, au départ, elle amenait ses filles à des sorties de familles IEF, pour « déculpabiliser ». Comme Isabelle, elle a fini par abandonner ce volontarisme et laisser ses filles se socialiser « de leur côté ».

Les recherches de Shyers (1992) et de Francis et Keith (2004) soutiennent que les interactions avec les adultes favorisent les comportements socialement acceptables plus que les interactions entre enfants. On peut donc s'interroger : quelles sortes d'interactions sont les plus importantes pour les parents ? Quel est le rôle des frères et sœurs ?

Les réponses les plus fréquentes soulignent : le contact, la communication avec les autres, pas forcément du même âge. Certains précisent : la compréhension, l'entente, être bien n'importe où, avec n'importe qui. L'une ou l'autre mère suggèrent l'amour du prochain, tandis que Roselyn évoque l'apprentissage du pardon :

> « Les enfants socialisés sont des enfants qui savent vivre dans une famille, qui savent s'entendre avec ceux dont ils sont le plus proches et… pardonner à ceux qui leur sont le plus proche et qui par conséquent leur font le plus de mal ».

### Amitiés et connaissances

L'étude de Reavis et Zakriski (2005) a mis en évidence l'un des risques de l'instruction en famille, la limitation des amitiés.

Or celles-ci sont à la fois un facteur de socialisation et son résultat. Les parents ont-il conscience de ce risque ? Que font-ils pour favoriser les amitiés de leurs enfants ?

Les amitiés permettent d'entretenir des relations régulières et approfondies. Les indications des parents quant aux amitiés de leurs enfants sont contrastées : pour certains leurs enfants ont peu d'amis, voire pas du tout, mais isoler ce constat de son contexte serait préjudiciable à sa compréhension. Tammy insiste sur le fait que ses fils ont peu d'amis de leur âge, mais des amitiés de qualité avec des gens plus âgés ou plus jeunes qu'eux. Nathalie précise que des amitiés avec des pairs font expérimenter le risque de perdre la face devant eux. D'autres s'interrogent : des amitiés qui n'ont de rôle que dans les loisirs, n'est-ce pas galvauder ce terme ? Le poids accordé à ce mot n'est pas pour rien dans l'appréciation du nombre des amis de leurs enfants. Et puis des parents précisent que c'est souvent fonction de la personnalité des enfants et qu'il y a de grandes différences au sein de la fratrie. Deux mères parlent des difficultés de leur enfant adolescent avec les jeunes de son âge. Mais est-ce une conséquence de l'instruction en famille ? Ce problème existait déjà pour le fils d'Isabelle quand il allait à l'école. En revanche, la fille de Nathalie a bien plus d'amis que n'importe qui d'autre dans sa famille, si bien que dans son groupe de chorale on la surnomme « le papillon sociable » !

Dans tous les cas, les parents soulignent que leurs enfants sont en contact avec un grand nombre de connaissances qu'il convient de différencier des amis. C'est ce qu'exprime Michelle :

> « Moi, à mon âge, des vrais amis, en qui j'ai totalement confiance, je dois en avoir trois, au maximum, sinon c'est des connaissances, et elles (ses filles) je pense que c'est pareil... Elles ont un grand réseau de connaissances et puis quelques copains, enfin je crois... »

De même Liliane, sa fille a peu d'amies « mais, des amies euh... nourrissantes ». Les enfants rencontrés dans le voisinage ou lors des activités extrascolaires sont nombreux, 800 à 1 000 à peu près, remarque Darlene ; parmi ces connaissances plus ou moins lointaines, son fils voit régulièrement une dizaine de garçons.

## L'environnement IEF

Cet environnement est marqué par la vie sociale liée aux associations regroupant des parents IEF. Une différence évidente provient du fait que l'IEF est beaucoup plus répandu aux États-Unis qu'en France. Selon Lyman (2000), 85 % des familles IEF américaines font partie ou ont le projet de faire partie d'une des nombreuses associations de *homeschooling*. Certaines mères américaines parlent de ce réseau comme un milieu social suffisant pour s'épanouir. Bien sûr, toutes les familles ne se limitent pas à ce type de contacts, mais ces derniers constituent tout de même une grande part des interactions qu'ont leurs enfants.

Il n'en est pas de même parmi les familles interrogées en France. Les associations sont évoquées par les parents, mais rares sont leurs enfants qui puisent leurs meilleures amitiés parmi les autres enfants IEF. Cela tient d'une certaine dispersion de ces familles, mais aussi au foisonnement des activités proposées localement. Cependant des initiatives voient le jour et se multiplient. Des parents cherchent à développer des réseaux plus denses et dynamiques pour donner des occasions d'interaction sociale à leurs enfants. D'ailleurs, à l'origine de leur choix, les parents américains sont souvent marqués par l'exemple d'enfants IEF ou par leur sentiment de responsabilité parentale, tandis que les parents français évoquent plus souvent des difficultés à l'école ou la qualité des relations familiales. Familles américaines et françaises se retrouvent sur le désir d'apprentissages libres et sur des raisons d'ordre social.

Les perspectives éducatives françaises correspondent à deux tendances principales : une éducation conservatrice et religieuse, et une éducation basée sur la liberté et l'épanouissement de l'enfant. Il est intéressant de noter que ces deux tendances correspondent à celles qui ont marqué l'émergence du mouvement du *homeschooling* aux États-Unis. Cependant, il semble qu'aujourd'hui les familles américaines puisent des idées et des théories ici et là[1] et que leur affiliation stricte à une tendance conservatrice soit moins fréquente. Quant aux familles françaises, peu nombreuses et relativement mal connues, aucune étude systématique n'ayant été réalisée, il est impossible de dresser une carte des différentes stratégies éducatives.

**Conclusion**

Les familles IEF ne négligent pas l'importance de la socialisation, ni la multiplicité de ses composantes. L'entrelacement de leurs arguments et de leurs pratiques montrent leur souci d'intégrer leurs enfants dans des collectifs qui dépassent le cadre familial. Dans l'ensemble, les parents trouvent leurs enfants bien socialisés et ont peu d'inquiétudes concernant leur intégration à l'âge adulte. Les évaluations parentales sont, certes, subjectives, mais la plupart des parents qui ont un ou des enfants adultes peuvent témoigner de la réussite de leurs études ou du commencement de leur vie d'adultes. Ils évoquent aussi les appréciations qu'ils entendent : les gens les complimentent souvent de ce que leurs enfants sont bien socialisés, d'autant plus qu'ils avaient des craintes. De plus, des familles en viennent à pratiquer l'IEF du fait de leur impression positive de leurs contacts avec des enfants non-scolarisés. Plusieurs expriment aussi une autre inquiétude qui peut paraître paradoxale : que leurs enfants aient un sentiment de supériorité parce qu'ils n'ont pas été à l'école !

Dans tous les cas, le lien familial est souligné comme étant primordial pour la socialisation des enfants. On retrouve ici la théorie de Parsons selon laquelle l'enfant a de grands besoins affectifs qui ne peuvent être comblés que dans la famille et qui sont essentiels pour la préparation à sa vie d'adulte. En Amérique du nord, quelques mères sont convaincues d'être entièrement responsables, en tant que parents, de l'éducation de leurs enfants. Avec l'IEF les liens familiaux sont fortifiés par le fait d'être « tout le temps ensemble ». Mais évitons un malentendu, être tout le temps ensemble ne signifie pas être à l'écart. Les activités extérieures sont souvent fréquentes et sont

---

[1] Voir chapitre 5

autant d'occasions de mettre à l'épreuve la socialisation qui a été apprise à la maison.

## 9 - 4. Devenir des enfants IEF

Katherine a 32 ans. Jeune maman, elle est infographiste. Son mari enseigne les mathématiques à l'université tout en terminant son doctorat.

Jeremy est ingénieur en informatique, il a décroché son premier poste avant même d'avoir terminé ses études supérieures, ce qui ne l'a pas empêché d'obtenir son diplôme avec les félicitations du jury. À 30 ans, il a si bien réussi que son père plaisante en disant que toute la famille se tourne vers lui plutôt que vers une banque pour emprunter de l'argent.

Sophie n'a appris à lire qu'à neuf ans. Cela ne l'a pas empêchée de réussir son *Bachelor* (diplôme de niveau bac+4) en développement de l'enfant. Après avoir travaillé plusieurs années dans une école maternelle, elle est mère au foyer et met à profit ses études et son expérience pour élever ses propres enfants.

Geneviève a découvert son amour pour la musique à l'adolescence. Elle a donc débuté le violon tardivement, à douze ans. Sa détermination lui permet de faire carrière dans la musique : à 27 ans, elle donne des cours de violon dans un programme à destination d'enfants défavorisés, tout en étant musicienne dans un orchestre.

Ces jeunes adultes instruits en famille s'épanouissent dans le domaine qui les passionne. Aucun n'a été à l'école primaire, ni secondaire, pourtant ils ont entrepris des études supérieures et décroché leur diplôme. Ces exemples sont-ils exceptionnels ? Ceux qui s'alarment quant aux résultats de l'instruction en famille ne sont pas les seuls à se demander ce que deviennent ces jeunes. Les parents aussi s'interrogent et s'inquiètent pour l'avenir. Mme V., dont les jumelles, inscrites au conservatoire, passaient le plus clair de leur temps à pratiquer leur instrument et consacraient moins d'une heure par jour à leur travail scolaire raconte :

« Ma fille va passer le bac de français à la fin de l'année, alors moi, de temps en temps, j'ai des bouffées d'angoisse... sa sœur Julie a passé le bac de français, l'année dernière, elle a eu 18 à l'écrit, je m'inquiète des fois parce je tiens à ce qu'elles aient un bagage en plus de la musique ».

Cette inquiétude des parents est inévitable, d'ailleurs qu'ils scolarisent ou non leurs enfants. Que montre l'expérience ? Nous allons nous attarder sur les bilans de recherches portant sur les résultats du *homeschooling*, autant scolaires que sociaux. Toutefois, nous ne répondrons à cette question qu'en recourant à des recherches nord-américaines, donc, il est vrai, dans un contexte et un système scolaire différents. Mais ce décalage tient à deux raisons : tout d'abord leurs pratiques sont déjà anciennes et permettent d'avoir du recul, de plus des réseaux de recherche se sont constitués sur ces questions, ce qui n'est pas le cas en France.

### Réussite scolaire

Comment peut-on comparer le niveau scolaire des enfants instruits en famille à celui des enfants scolarisés ? Cette question est délicate. Elle présume qu'un même enfant devrait réussir de la même manière dans des contextes radicalement différents et que la réussite scolaire est une sorte d'étalon universel. Toutefois, plusieurs tentatives ont été faites, aux États-Unis, pour évaluer le niveau des *homeschoolers*. Une première étude à grande échelle a été conduite par Rudner en 1998. Il a évalué les performances scolaires de 20 760 enfants instruits en famille et en a conclu qu'en moyenne, ils obtenaient un score supérieur de 30 points par rapport aux enfants scolarisés. Toutefois, ces résultats ont été considérés avec précaution : l'échantillonnage et le mode d'administration des tests présentaient des biais importants. Les premiers travaux de Ray ont également été critiqués comme n'étant représentatifs que d'une catégorie de *homeschoolers*. Dans sa dernière étude à grande échelle[1], il tente de dresser un portrait plus équilibré en croisant les performances scolaires et la situation familiale et socio-économique de 11 739 *homeschoolers*. Il conclut qu'ils ont un meilleur niveau scolaire que la moyenne nationale.

---

[1] Ray B. D. (2009)

Cependant, il faut reconnaître que le pourcentage des mères ayant un diplôme universitaire est très largement supérieur à celui de la population générale (62,5 % contre 28 %) et que la quasi-totalité des enfants vivent dans un foyer avec leurs deux parents. De plus, 98 % des pères ont un emploi à plein temps et 81 % des mères sont femmes au foyer. Les caractéristiques de ces familles sont éloignées de celles des familles contemporaines, *incertaines*, selon l'expression de Roussel[1]. Leur contexte familial et économique est stable, et il est probable qu'ils réussiraient tout aussi bien à l'école. Il est donc difficile d'attribuer au seul fait de l'instruction en famille la réussite scolaire de ces enfants.

Par ailleurs, vu la diversité du mouvement du *homeschooling*, il est intéressant de voir si toutes les philosophies éducatives et les pratiques qui s'ensuivent obtiennent des résultats comparables. Sandra Martin-Chang et ses collègues de Concordia University au Canada[2] ont mis en évidence que les enfants des familles utilisant des méthodes d'enseignement formelles et structurées obtenaient des résultats supérieurs à ceux d'un échantillon équivalent d'enfants scolarisés. En revanche, les enfants des familles ayant opté pour le *unschooling* obtenaient des résultats inférieurs à ceux des enfants scolarisés. Est-il étonnant que les enfants suivant un enseignement proche de la forme scolaire aient des performances comparables aux enfants scolarisés, quand celles-ci sont mesurées avec des tests standardisés ? Quand les méthodes d'enseignement divergent et sont plus ou moins informelles, les enfants n'ont pas l'habitude des exercices de type scolaire, ce mode d'évaluation les disqualifie. Déterminer leur niveau « scolaire » n'a donc qu'une pertinence relative, leurs compétences s'expriment dans des situations différentes de celles mises en œuvre à l'école. Comment peut-on mesurer l'expérience de la vie, l'envie d'apprendre ou les connaissances liées à un hobby ? Comment évaluer un enfant qui ne connait pas la subtilité des terminologies grammaticales mais qui se

---

[1] Roussel L. (1989)
[2] Martin-Chang S. (2011)

passionne pour le modélisme ou l'électronique ? La progression d'un *homeschooler* ne suit pas celle d'un enseignement classique et, pour cette raison, il est plus pertinent de s'interroger sur leurs résultats à long terme. Réussissent-ils à intégrer des études supérieures ?

**Entrer à l'université ?**

Les études comparant les résultats des enfants *homeschoolers* à ceux des enfants scolarisés et utilisant des tests standardisés sont, de plus, affectées par un biais majeur : les premiers sont des participants volontaires, ce qui sous-entend une certaine confiance en eux, alors que pour les seconds, les résultats prennent en compte tous les élèves. Leurs meilleurs résultats sont donc logiques. Si l'on est rigoureux et honnête, ils rassurent, en quelque sorte, à bon compte.

Cet écueil peut être évité lorsqu'on observe les résultats d'épreuves où tous les participants sont volontaires. C'est le cas aux États-Unis pour les tests SAT (Scholastic Assessment Test) et ACT (American College Testing) qui sont des examens pour l'admission à l'université. En l'absence d'un diplôme comme le Baccalauréat français qui, tout à la fois, valide la fin des études secondaires et ouvre les portes de l'université, ces examens permettent à toute personne désireuse de faire des études supérieures de se présenter et selon son score de s'inscrire dans telle ou telle université, les plus prestigieuses exigeant un score élevé. Les sessions de ces tests ont lieu une, voire plusieurs fois par mois et l'on peut s'y inscrire autant de fois qu'on le souhaite pour améliorer son score et obtenir l'université de son choix.

Les *homeschoolers* réussissent systématiquement mieux à l'ACT que la moyenne nationale. En 2002 et 2003, leur score moyen atteignait 22,5 alors que la moyenne nationale était de 20,8[1]. Dans une étude comparative des étudiants d'une université de taille moyenne du Midwest, les étudiants ayant été instruits à la maison arrivaient en première année avec un score moyen de 26,4, comparé à un score moyen de 25 pour les autres. Ces résultats ne sont pas pour autant homogènes : les

---

[1] Klicka C. (2004)

*homeschoolers* sont légèrement en dessous de la moyenne des autres en maths, légèrement au-dessus en sciences, mais ils sont très largement supérieurs en maîtrise de la langue et en compréhension pour la lecture[1]. Les administrateurs du test SAT remarquent également une supériorité dans le score moyen des *homeschoolers* : en 2002, 1092, la moyenne nationale étant de 1020[2].

Si ces résultats ne permettent pas d'affirmer que les *homeschoolers* réussissent mieux que s'ils avaient suivi une scolarité classique, ils montrent néanmoins que le *homeschooling* ne leur a pas porté préjudice.

Aux États-Unis, pour les pionniers du *homeschooling*, être accepté dans une université relevait d'un parcours du combattant, puisqu'ils n'avaient ni relevé de notes, ni dossier scolaire. Aujourd'hui, les universités sont de plus en plus nombreuses à accepter les *homeschoolers*, considérant que leur expérience éducative leur a donné un certain avantage, notamment dans le travail autonome ou l'esprit d'entreprise[3] Chaque année ils sont admis dans des centaines d'universités, dans au moins cinq pays[4] : les États-Unis, le Canada, le Royaume-Uni, l'Australie et la Nouvelle Zélande.

Dans certains états, en particulier en Californie où j'ai interrogé des familles[5], avant de s'inscrire à l'université proprement dite, les étudiants peuvent passer un premier cycle dans un « community college ». Ces écoles supérieures publiques permettent à toute personne d'accéder à des études supérieures sans condition. Ainsi, nombreux sont les *homeschoolers* profitant de ce système, souvent en douceur, à l'âge de 15 ou 16 ans, en ne commençant que par quelques cours[6].

Selon Ray[7], plus de 74 % des jeunes adultes de 18 à 24 ans, anciens IEF, ont suivi des études supérieures, comparé à 46 %

---

[1] Cogan M. F. (2010)
[2] Klicka C. (2004)
[3] Prue I. (1997)
[4] Romanoswski M. H. (2006)
[5] Voir chapitre 7 et ci-dessus.
[6] Bagwell J. N. (2010)
[7] Ray B. D. (2004)

de la population générale. Ces résultats sont comparables à ceux de Chang[1] selon lesquels 75 % des *homeschoolers* font des études supérieures alors que ce n'est le cas que de 50 % des élèves issus des lycées publics. Cela alors même que seuls 50 % environ des parents *homeschoolers* ont suivi des études supérieures. Les anciens *homeschoolers* gardent leur avance tout au long de leurs années universitaires[2] : à la fin de la première année, ils terminaient avec une moyenne de 3,41 GPA (*Grade Point Average*, la note parfaite étant 4,0) comparée à 3,12 GPA pour le reste de leur promotion. À l'issue de quatre années d'études (niveau *Bachelor*), leur moyenne était de 3,46 GPA contre 3,16 GPA pour les autres. De plus, ils étaient 66,7 % à terminer le cycle de ces quatre années, contre 57,5 % des autres étudiants.

Plusieurs chercheurs se sont aussi penchés sur l'intégration de ces étudiants[3]. Bolle et ses collègues ont étudié leur adaptation à l'université : développement émotionnel, estime de soi et niveau de dépression des étudiants ayant été *homeschoolers* pendant au moins une partie de leur scolarité. Ils n'ont trouvé aucune différence, si ce n'est moins de cas de dépression parmi eux. La vie universitaire constitue une importante rupture pour tous, que les *homeschoolers* n'aient pas eu l'habitude de cours collectifs ne semble pas constituer un facteur d'inadaptation particulier.

### Des adultes citoyens ?

Si le but de l'éducation est de préparer les jeunes générations à une vie d'adulte responsable et citoyenne, alors il convient d'examiner ce que les *homeschoolers* deviennent au-delà de leurs études. En 2004, Ray a publié une étude à grande échelle sur le devenir des anciens *homeschoolers*. Elle portait sur 7 300 adultes, dont 5 000 avaient été *homeschoolers* durant sept années au minimum. 49 % étaient encore étudiants à plein temps, et parmi les autres, se trouvaient : 7,3 % de parents au

---

[1] Martin Chang S. *et al.* (2011)
[2] Cogan M. F. (2010)
[3] Bolle-Brummond M. B. *et al.* (2007) ; Drenovski C. *et al.* (2012), Jones E. (2010)

foyer, et sur les quelques 43 % restant, 40 % s'assumaient financièrement de façons très variées.

Les anciens *homeschoolers* sont actifs et participent à la vie sociale : 71 % sont impliqués dans des activités sociales en tant qu'entraîneurs sportifs, bénévoles dans des écoles, actifs dans des associations locales ou cultuelles, à côté de seulement 37 % de la population générale de la même tranche d'âge. 88 % étaient membres d'une ou plusieurs associations, comparés à 50 % de la population générale. Seuls 4,2 % d'anciens enfants IEF considèrent la politique et le gouvernement trop compliqués pour s'y intéresser, à côté de 35 % de la population générale. 76 % des 18-24 ans ont voté dans les cinq années précédant l'enquête, à côté de 29 % de la population américaine du même âge. Pour les plus anciens, 95 % votent régulièrement, pour 53 % dans la population générale.

La recherche de Ray s'est aussi intéressée à l'appréciation de la vie par ces anciens élèves IEF : 59 % d'entre eux déclarent être « très heureux » de leur vie et 39 % « assez heureux ». Sont-ils reconnaissants d'avoir été enseignés à la maison ? Oui pour 95 % d'entre eux et ils considèrent que l'instruction à la maison n'a pas été un obstacle à la poursuite de leurs études ou à leur carrière. 82 % disent vouloir instruire leurs enfants à la maison ; parmi ceux ayant des enfants d'âge scolaire, 74 % la pratiquent déjà.

Cette étude nord-américaine confirme l'hypothèse selon laquelle les enfants instruits à la maison deviennent des adultes responsables, citoyens et actifs dans la vie sociale.

**Conclusion**

Comment expliquer la réussite sociale et académique des *homeschoolers* ? Cela tient-il aux conditions d'enseignement : pédagogie individualisée, relation affective forte entre l'enseignant-parent et l'élève-enfant, ratio adulte/enfant comparable à du tutorat… ? Tant d'aspects s'entrelacent qu'il serait prétentieux et hasardeux d'en valoriser un.

En revanche, l'intégration sociale des *homeschoolers* peut paraître, au premier abord, plus surprenante. Or les études relèvent plusieurs facteurs favorables : les parents sont les mieux placés pour comprendre leurs enfants et les respecter en tant qu'individus[1], ils s'entraident et offrent un environnement sécurisant qui étaye une stabilité émotionnelle durable. Profondément conscients des enjeux de socialisation, ils se mobilisent pour que leurs enfants rencontrent d'autres personnes, découvrent d'autres cultures et participent régulièrement à toutes sortes d'évènements sociaux. En choisissant ou en élaborant les occasions de socialisation, ils protègent leurs enfants d'une socialisation négative (harcèlement, insultes, violence à l'école) et, au lieu d'affaiblir, elle ne fait que mieux les préparer à être des adultes confiants et équilibrés[2].

La popularité croissante du mouvement du *homeschooling* peut s'expliquer, notamment, par les preuves vivantes que « ça marche » : comme l'indique le titre d'un article de Knowles : *Nous avons grandi et nous allons bien : une exploration d'adultes qui étaient instruits en famille en tant qu'enfants*[3]. Une maman m'avait dit avoir choisi l'IEF parce qu'elle « voulait des enfants comme ça », c'est-à-dire comme ces enfants instruits en famille qu'elle connaissait. Elle n'est pas la seule. Si les parents peuvent avoir besoin de preuves pour se rassurer, ces preuves les poussent vers ce choix éducatif : « Ce dont les parents ont besoin pour prendre une bonne décision éducative sont les faits qui accompagnent leurs options et la connaissance des résultats ou des implications liés à une décision plutôt qu'à une autre[4] ».

---

[1] Moreau K. (2012)
[2] Gathercole R. (2007)
[3] Knowles J. G. (1991)
[4] Moreau K. (2012)

# Conclusions

## *Un cheminement complexe, personnel, familial, biculturel et universitaire*

*Rébecca Sirmons*

Mon intérêt pour l'instruction en famille est né de mon expérience personnelle, mais cet ouvrage n'aurait jamais pu voir le jour sans un travail universitaire qui s'est poursuivi au delà pendant plusieurs années. Mon inscription en sciences de l'éducation pour poursuivre ma formation et y entreprendre des recherches sur l'instruction en famille a dépassé mes espoirs. Ma connaissance pratique du *homeschooling* a été reconnue et, avec Mme Guigue, nous avons formé un tandem pour explorer un phénomène de société grandissant et largement méconnu. Pourtant, l'instruction en famille mérite d'être étudié dans un contexte universitaire, et ce pour plusieurs raisons.

Tout d'abord, malgré son ancrage historique, c'est un phénomène relativement récent, c'est un sujet qui émerge dans le monde francophone. Cet ouvrage pourra, je l'espère, révéler son ampleur et les nombreuses questions qu'il soulève. Le contexte français reste méconnu, le profil des familles, leurs pratiques éducatives, leur engagement associatif et citoyen, le devenir des enfants IEF, les relations avec les institutions, voilà quelques thèmes parmi tant d'autres qui mériteraient d'être étudiés plus systématiquement. Toutefois, il serait dommage de se pencher sur ces questions sans se référer aux nombreux travaux déjà réalisés dans le monde anglophone. En effet, un des buts principaux de ce livre est de faire connaître, sans prétention à l'exhaustivité, les recherches conduites à l'étranger afin de s'inscrire dans un processus cumulatif et comparatif. Les constats et les réflexions issus de contextes différents peuvent permettre de repérer des spécificités nationales liées à l'histoire et à l'organisation des systèmes éducatifs et des systèmes politiques. La mondialisation, souvent invoquée aujourd'hui, n'est pas seulement celle de l'économie, c'est aussi celle des institutions éducatives et de leurs normes. De même que la forme scolaire s'est répandue, l'instruction en famille s'inscrit dans une dynamique internationale où les échanges et les déplacements franchissent les frontières.

Cela nous conduit à la seconde raison de poursuivre des recherches sur l'IEF. Cette pratique en expansion ne conduit-elle pas vers un nouveau paradigme éducatif ? Dans certains pays, en particulier aux États-Unis, elle est passée d'une pratique marginale à une pratique généralement acceptée, et acceptable. Cette tendance s'observe ailleurs, là où l'on trouve l'IEF. Les reportages sur l'IEF de plus en plus nombreux dans les médias en sont des indices. Là où ce choix n'existe pas, comme en Allemagne ou en Suède, pour ne citer que deux exemples, il y a des batailles législatives[1]. Il est incontestable que le nombre de *homeschoolers* augmente. Il s'agit d'un phénomène de société, influencé particulièrement par l'évolution de la place des enfants et du rapport aux institutions et qui, en retour, influence les mœurs et les mentalités. L'éducation prend de nouvelles formes, et étudier ces mutations semble de première importance pour mieux comprendre le présent et anticiper l'avenir.

Enfin, les travaux sur l'IEF, au delà d'objectifs de connaissance, auraient un impact d'un autre ordre, pratique et social. Ils lui permettraient de gagner en visibilité, mais aussi en légitimité, ainsi ils contribueraient à sa normalisation. Pour une mère qui pratique l'IEF et qui milite dans ses associations, ce n'est pas un aspect secondaire. Consciente qu'en France cette pratique restait sous-explorée, je souhaitais la faire connaître, mais aussi, assez égoïstement, prouver que je n'étais pas une illuminée en choisissant d'instruire mes enfants et que j'avais approfondi la question. Pouvoir publier une partie de mes recherches documentaires dépasse mes espérances. On pourra m'accuser de manquer de neutralité, mais je reconnais volontiers que l'implication du chercheur nécessite, en contre-partie, de l'honnêteté, de la prudence et une capacité à prendre du recul. Cependant ma position d'*insider*, c'est-à-dire de l'intérieur, n'est pas exceptionnelle. De nombreux chercheurs

---

[1] Certains de ces cas sont répertoriés et consultables sur le site *www.hslda.org*

en éducation ne sont-ils pas eux-aussi des membres du système éducatif ? Dans cette perspective, Mme Guigue et moi-même avons eu des positions, des rôles et, par là, des approches parfois décalées, mais toujours complémentaires.

Non seulement je suis une mère qui enseigne ses enfants à domicile, mais j'ai aussi, par mes liens familiaux, un pied de chaque côté de l'Atlantique. Même si en France, où je vis, le nombre de familles IEF est relativement restreint, je n'ai pas le sentiment d'être une pionnière. Je connais et je fréquente plusieurs familles américaines qui ont fait ce choix bien avant moi, et dont les enfants ont grandi. Quand j'étais à l'école primaire, je savais que le *homeschooling* existait, alors que la plupart des adultes de mon entourage ignoraient sa légalité en France, et je suppliais mes parents de me laisser tenter l'expérience. Plus tard, en rencontrant mon mari, américain, j'ai découvert l'expérience positive de sa famille et j'ai pu bénéficier de toute la connaissance de sa mère, accumulée au fil des années d'enseignement de plusieurs de ses enfants. Les discussions que j'ai pu avoir, les rencontres que j'ai pu faire aux États-Unis, ont enrichi ma propre conception de l'éducation et m'ont confortée dans mes choix.

C'est donc tout naturellement que mes premières lectures sur le sujet ont été anglophones. Que ce soit celles de pédagogues comme Charlotte Mason, John Holt, R. et D. Moore, Ruth Beechick, de chercheurs comme ceux cités dans ce livre, ou tout simplement de parents IEF ayant un blog. Mes premières influences sont donc principalement anglaises ou américaines. Mes convictions sont bien souvent nées de ces influences. Parallèlement, j'ai découvert des auteurs européens et québécois, comme J.-J. Lepri[1], André Stern, ou Léandre Bergeron. Basés sur des présupposés philosophiques souvent différents, je compare leurs parcours et conclusions. Ils m'éclairent sur des pratiques d'apparence semblables qui partent pourtant de points de vue divergents... Cette multiplicité des lectures m'aide à avoir un regard plus global sur l'IEF, ici ou

---

[1] Il publie régulièrement des articles sur un site : www.education-authentique.org

ailleurs, et une meilleure compréhension du contexte dans lequel nous vivons.

En effet, j'imagine difficilement pratiquer un mode d'instruction aussi peu répandu en France sans appartenir à un collectif de familles ayant fait le même choix. Je dépends énormément du soutien et de l'encouragement de ceux qui sont passés par là avant moi. Ce sentiment communautaire passe surtout par la lecture de blogs[1], ces sites où les mères IEF partagent leurs « secrets » d'enseignements, leurs astuces d'organisation, leurs réflexions pédagogiques, mais aussi leurs questionnements ou frustrations. C'est vital pour moi. D'un autre côté, ce sentiment passe également par les réseaux d'IEF, en France, physiques cette fois. Je fais partie d'une association locale qui regroupe les familles instruisant leurs enfants à domicile. Nos rencontres régulières permettent échanges et partages d'idées, ainsi que des camarades de jeux pour mes enfants. Ceux-ci sont rassurés de ne pas être les seuls à ne pas aller à l'école et, de mon côté, j'ai la satisfaction de pouvoir collaborer avec d'autres familles pour faire mieux connaître l'IEF et permettre à mes enfants des activités qui ne seraient pas possibles dans le seul cadre de la famille.

Ce lien avec les États-Unis passe également par une école à distance dans laquelle mes enfants sont inscrits. Plusieurs initiatives indépendantes ont conduit à la création de structures qui se situent à mi-chemin entre les cours par correspondance et le *homeschooling* libre[2]. Ce type d'école ne fournit pas de cours proprement dits, mais apporte soutien, conseil et encouragement aux familles, tout en assurant un suivi des progrès des enfants. Les difficultés d'apprentissage de mes deux aînés nous ont conduits à les inscrire dans une école de ce genre[3]. Au début de chaque année scolaire, nous leur fournissons nos projets pour l'année et le type de support pédagogique que nous allons utiliser, ce qui est soumis à une validation de leur part. Ensuite, tout au long de l'année, nous envoyons des rapports de ce que

---

[1] Par exemple : simplehomeschool.net, fimby.tougas.net, vitafamiliae.com
[2] Notamment : Clonlara School, Laurel Spring School, FACE School…
[3] AVCS, petite école d'environ 70 familles spécialisée dans le suivi d'enfants présentant des troubles de l'apprentissage.

nous avons fait, avec éventuellement des questions pour notre conseillère pédagogique. Nous bénéficions ainsi de l'expérience de professionnels et cette collaboration s'avère utile et fructueuse.

Nous ne sommes pas seuls dans ce cas. De nombreuses familles de *homeschoolers* ayant des enfants présentant des difficultés d'apprentissage se tournent vers des professionnels. Si l'IEF procure à de tels enfants un contexte sécurisant dans lequel ils peuvent s'épanouir à leur rythme, il ne s'agit pas de refuser des aides extérieures. La priorité est de leur assurer une stabilité émotionnelle, un bon équilibre et un contexte familial aimant, encourageant et valorisant. On peut se demander si, malgré tout ce qui existe dans le système scolaire pour venir en aide à ces enfants, être étiquetés, être comparés et se comparer aux autres enfants, subir leurs moqueries ou leurs brimades, ne sont pas autant d'expériences marquantes, voire traumatisantes. Pour des enfants en difficulté, tout particulièrement, le poids des valeurs académiques, des notes et des classements crée des situations pénibles. Le respect de leur rythme, le temps de développer leurs passions, l'absence de jugement porté sur leur différence, ne sont-ils pas quelques uns des ingrédients essentiels pour leur permettre de réaliser leur plein potentiel ?

À l'écart des stratégies de standardisation de l'école, reposant sur la définition des programmes, des rythmes et des normes d'évaluation, l'IEF présente un ensemble foisonnant de pratiques qui offre aux enfants à besoins particuliers, et plus largement à tout enfant, des modalités d'éducation susceptibles de préserver et d'encourager leur originalité et leur inventivité.

## *Des questions pour construire son regard sur l'IEF*

*Michèle Guigue*

L'instruction en famille ne concerne qu'une petite minorité d'enfants. Cependant, au début de l'été 2014, dans des regroupements d'ordres divers incluant des chercheurs et des cadres de l'éducation, elle est évoquée, c'est nouveau. Elle suscite des réactions vives, marquées par l'inquiétude. Ses effectifs augmentent-ils autant que le laissent penser « Les Enfants d'abord », la plus ancienne des associations regroupant les parents qui font ce choix ? Faire un bilan de la situation risque-t-il de lui conférer une visibilité ou une reconnaissance qui n'est pas souhaitée ? Malgré sa marginalité, ou plutôt à cause d'elle, l'IEF conduit à réfléchir, au delà d'elle-même, à la société d'aujourd'hui, aux fonctionnements des institutions éducatives et politiques, à la montée de la défiance, à la place faite aux enfants, à la famille et globalement aux acteurs sociaux.

À qui reviennent les décisions concernant les orientations éducatives ? Autrement dit, « À qui appartiennent les enfants ?[1] ». Le choix de ce verbe vient du XVIIIe siècle. Sa connotation économique renvoyant à la propriété, tout autant que sa radicalité, peut déranger. Un pas de côté est envisageable : pour le présent et l'avenir de qui l'enfant est-il un projet ? Pour la famille, pour la nation, pour le couple, pour maman, pour papa, voire encore pour lui-même ? L'enfant s'inscrit dans un contexte social large, comme membre d'une lignée, héritier d'un patrimoine culturel, social et économique, comme membre de nombreux groupes qui s'entrecroisent. Ce pluriel est essentiel ; ces groupes sont d'échelles diverses : la famille (maternelle, paternelle), le quartier, le pays ou la nation, voire des entités transnationales comme l'Europe ou le monde. Ces groupes ne sont pas imperméables les uns aux autres mais ils sont chacun soudés par des principes différents, citoyenneté, religion, droits de l'homme, etc. Le rôle respectif de la famille et de l'école dépendent de la manière dont on se situe dans ce panorama.

---

[1] Segalen M. (2010)

**L'école, un enjeu éducatif et social**

Alors que l'école est devenue une institution qui va de soi, instruire en famille apparaît à beaucoup comme un choix déconcertant, voire choquant. Il semble faire courir deux grands ensembles de risques, le premier affecterait la société tout entière par la fragilisation des liens sociaux et du monde commun, le second affecterait l'individu par la mise en cause des droits de l'enfant. Ces craintes s'inscrivent dans la problématique sociologique classique, la société et l'individu. Mais au delà de cette terminologie abstraite se trouvent des institutions et des personnes. L'école occupe une place centrale, à la croisée de deux configurations complémentaires, la plus manifeste relie l'école, les parents et l'ensemble de la société civile, l'autre, plus discrète, relie l'école aux instances de protection de l'enfance, son instruction dans des établissements assurant, indirectement, une fonction de veille. Ne pas scolariser ses enfants questionne sur ce qu'il en est de leur instruction et de leur bien-être.

***L'école, une institution d'État parmi d'autres ?***

L'école française est pilotée, depuis le ministère de l'Éducation nationale jusqu'aux établissements et aux enseignants, par une structure administrative spécifique, les rectorats. C'est le seul domaine des politiques publiques qui n'a jamais été du ressort des préfectures et qui bénéficie d'une organisation territoriale et hiérarchique séparée, autonome. Les lois de régionalisation des années 1980 ont amorcé une nouvelle répartition des compétences, mais l'histoire de l'école reste marquée par cette séparation à laquelle il faut ajouter l'idée qu'elle est un « sanctuaire ». Sa prise en compte tardive des textes sur la protection de l'enfance[1] est caractéristique de son rapport ambigu aux lois votées par l'Assemblée Nationale. L'Éducation nationale apparaît comme une sorte de forteresse.

Dans les débats du Sénat, en 1998, on perçoit des soupçons quant à la diligence de l'Éducation nationale pour respecter les

---

[1] Amorcée lorsque Ségolène Royal était ministre déléguée à l'enseignement scolaire, juin 1997 – mars 2000.

textes qui la concernent[1]. H. Portelli, qui suit ce qui concerne la protection et les droits de l'enfance, souhaite qu'elle soit mise en demeure de contrôler régulièrement l'instruction donnée par les familles et cela sans laisser traîner les situations litigieuses. Dans ce contexte, le suivi des procédures décidées a été confié à la Mission interministérielle de vigilance et de lutte contre les dérives sectaires (MIVILUDES). Ce que le ministère fait suivre à cette mission pour son rapport 2011-2012 est uniquement de l'ordre d'une activité administrative de rédaction de textes officiels sans mention pouvant donner une idée de cette pratique et de ses évolutions. D'ailleurs les publications des services de recherche internes du ministère, rapport sur l'état de l'école et statistiques diverses sur le système scolaire, ne font pas de place à l'IEF.

Arpenter internet permet, malgré tout, de trouver une information officielle. En juillet 2012, H. Portelli pose une nouvelle question. Suite à la circulaire du 26 décembre 2011, il souhaite « connaître le nombre d'enfants concernés par l'enseignement familial à domicile et la typologie actuelle de ces familles[2] ». Le ministère répond en décembre : « Pour la période de référence 2010-2011, une enquête a été menée auprès des directions des services départementaux de l'Éducation nationale. Il en ressort que 18 818 enfants sont inscrits à domicile, dont 13 755 inscrits au Centre national d'enseignement à distance (CNED) en classe à inscription réglementée (inscription après avis favorable du directeur académique des services de l'éducation nationale[3]) et 5 063 enfants sont instruits à domicile en dehors d'une inscription au CNED ; 1 766 enfants sont inscrits dans un organisme d'enseignement à distance (OED) ou au CNED en classe à inscription libre et 3 297 d'entre eux sont inscrits à domicile sans inscription déclarée dans un OED[4] ». Ces distinctions ne sont qu'administratives, mais elles rendent

---

[1] Voir chapitre 2, « L'instruction en famille sous contrôle ».
[2] Publié dans le JO, Sénat du 19 juillet 2012, http://www.senat.fr/questions/base/2012/qSEQ120700714.html
[3] C'est le cas de Benjamin (chapitre 5).
[4] C'est le cas de la plupart des enfants (français) dont les parents ont été interviewés.

possibles des comparaisons avec des effectifs antérieurs[1], notamment d'avant 2007 alors que l'inscription au CNED dispensait de tout contrôle. Ces chiffres sont donnés à l'état brut, sans analyse, ni mise en perspective.

C'est une journaliste, Cécile Bontron, qui, à la rentrée 2013, fait un travail documentaire dans un article intitulé « L'école hors circuit » dans *M le magazine du Monde*[2] :
> « 978 enfants étaient instruits en famille (sans cours à distance) en 1999, un chiffre qui grimpe à 1 883 en 2008, puis à 3 297 en 2011. Et il est vraisemblablement sous-estimé. "Nous observons de plus en plus de parents qui ne se déclarent pas pour éviter les contrôles", témoigne Bernadette Nozarian, de l'association *Les Enfants d'abord*, qui promeut l'instruction en famille. "Il y a encore cinq ans, dans les rencontres, nous en parlions à mots couverts, aujourd'hui, c'est un sujet à l'ordre du jour" ».

L'Éducation nationale restait laconique : « Enfin, s'agissant des contrôles pédagogiques, 9,5 % d'entre eux ont révélé des insuffisances dans l'instruction des enfants. Lorsqu'un deuxième contrôle a été effectué, 66 % de ces deuxièmes contrôles se sont révélés satisfaisants ». On ne peut manquer de se poser deux questions : d'une part, ces pourcentages ne sont pas différenciés selon le recours, ou non, à un organisme d'enseignement à distance, d'autre part, la non déclaration n'est envisagée que d'un point de vue formel, normatif et punitif : « Les personnes responsables sont passibles d'une amende de 1 500 euros maximum et doivent être signalées au procureur de la République ». Combien de cas ont été repérés et signalés ? Quelle suite a été

---

[1] Le blog du monde, « Droits des enfants. Analyser la société à travers le prisme des droits de l'enfant », tenu par J.-P. Rosencsveig, Président du Tribunal pour enfants de Bobigny, aborde la question de l'IEF le 18 juillet 2012 : La liberté de scolariser à domicile est surveillée. L'objectif est de présenter le cadrage juridique en soulignant la marginalité de ce choix : « Une infime minorité – 6 000 – bénéficie d'une scolarisation sur mesure, en famille ».
http://jprosen.blog.lemonde.fr/2012/07/18/la-liberte-de-scolariser-a-domicile-est-surveillee-480/
[2] Consultable sur internet : www.lemonde.fr/le-magazine/article/2013/08/30/l-ecole-hors-circuit_3468203_1616923.html

donnée ? Ce n'est pas indiqué. Certes, l'Éducation nationale a répondu au Sénat plus précisément qu'à la MIVILUDES. Même si l'Éducation nationale s'inscrit dans une organisation qui bénéficie d'une grande indépendance, il n'empêche que c'est un service public qui a des comptes à rendre. Certes, elle résiste et louvoie en s'en tenant à des informations minimales, semblant considérer que les textes et la peur de la sanction tiennent lieu de politique éducative. Avec les parents, elle est en position de force, elle paraît parfois brutale et menaçante, et l'on peut se demander si cette rigidité ne contribue pas à développer le retrait radical qu'est l'IEF.

### L'école face aux parents non scolarisants

Les textes officiels encouragent la co-éducation parents/ professionnels et confèrent une place aux parents, soit par l'intermédiaire de leurs représentants dans des instances collectives, soit pour des décisions qui concernent leur enfant[1]. Cependant ces espaces de concertation sont souvent biaisés par le poids de l'inégalité des compétences, par l'urgence, par la délimitation stricte des thèmes des échanges… L'autorité des parents scolarisants fait l'objet de multiples remarques liées au fait que leur enfant est un élève plus ou moins préparé aux attentes de l'école et qu'ils sont présents, ou non, aux réunions institutionnelles. De nombreuses doléances invoquent leurs défaillances. Entre démission et intrusion, les parents sont des auxiliaires qu'il convient de cadrer.

Les parents non scolarisants ne sont pas totalement à l'extérieur de l'école. Ils ont à prouver, une fois par an, qu'ils respectent le droit à l'instruction de leur enfant. Pour cela, des inspecteurs se rendent à leur domicile, du moins pour les enfants dont l'âge correspond à l'école élémentaire. Ce déplacement engendre une position très particulière. Ils ne sont plus à l'abri sur leur territoire institutionnel, en quelque sorte protégés par le voisinage d'autres professionnels et par des murs symboliques. Ils sont sous le regard direct de parents dont le choix dément les représentations si fréquentes de parents démissionnaires ou consommateurs. On comprend que la

---

[1] Lorcerie F. (1998)

détermination du choix du lieu ait fait l'objet de débats âpres et de recours juridiques. Celui-ci marque un enjeu : la redéfinition des positions habituelles. Qui doit se déplacer et se rendre sur le territoire de l'autre ? Les inspecteurs ou les parents ? De plus, les repères de progression proposés par le ministère sont inadaptés. L'évaluation des acquisitions des enfants IEF doit se faire « en fonction de la progression globale définie et mise en œuvre par les personnes responsables en fonction de leurs choix éducatifs tels qu'elles ont pu les présenter à l'inspecteur d'académie chargé du contrôle[1] ». Les interprétations de ces lignes sont variables et les pratiques très contrastées. Nombre de ces professionnels se retranchent derrière leur rôle et leurs routines au point de refuser des supports de lecture appartenant à la littérature de jeunesse ou de se méprendre sur des formulations inattendues.

Ainsi, malgré son cadrage, ce contrôle comporte beaucoup d'incertitudes. Quelques parents, les plus sûrs d'entre eux, en font un moment d'éclaircissement et de militantisme en faveur de l'IEF. En effet, sur quelle information et formation ces professionnels peuvent-ils compter pour cette tâche ? Ils semblent bien solitaires, juste pilotés à distance par une circulaire. Leurs pratiques sont influencées conjointement par leur position dans une institution scolaire hiérarchisée qui les protège et par la ténacité de ces parents qui échangent et se soutiennent via leurs associations et semblent ne pas hésiter à recourir à la justice pour des décisions considérées comme arbitraires ou inacceptables.

### Les relations avec les parents, des problèmes à gérer !

Finalement, on peut se demander si les parents scolarisants ne sont pas traités avec plus de rigueur : la pédagogie est affirmée avec force comme le domaine réservé des enseignants. L'espace d'échanges et de décisions des conseils d'école auxquels les parents participent, concerne la vie de l'école (restauration, activités périscolaires…) et son règlement intérieur. N'y a-t-il pas un paradoxe à invoquer l'autorité des

---

[1] L'IEF, circulaire n° 2011-238 du 26-12-2011.
www.education.gouv.fr/pid25535/bulletin_officiel.html?cid_bo=58902

parents vis-à-vis de leur(s) enfant(s) et à la nier quand il s'agit des relations à l'institution scolaire ? L'école fonctionne en institution qui affirme son pouvoir de normalisation en menaçant et en invoquant les sanctions en cas de manquement à l'assiduité. Les professionnels sont accoutumés à des directives descendantes, les parents se trouvent absorbés dans cette logique hiérarchique au mépris de leur statut de partenaire et de membre de la communauté éducative. Dans ces circonstances la co-éducation professionnels/parents apparaît comme une rhétorique illusoire. Peut-on s'étonner de leur mobilisation réduite s'il s'agit juste, pour eux, de faire de la figuration ?

Les malentendus et les tensions ne sont pas rares, que leurs enfants soient ou non scolarisés. Parfois, en cas de désaccords conflictuels graves, on repère un recours à des procédures d'ordre judiciaire. Il arrive désormais que les parents mobilisent un avocat pour les assister au cours d'un Conseil de discipline, instance qui peut prononcer l'exclusion de leur enfant et son inscription dans un autre établissement. La justice peut être mobilisée pour remettre en cause une injonction de scolarisation. Les procédures prévues dans les textes en viennent à être mieux respectées, mais la lourdeur et la longueur de ces recours est pénible et coûteuse.

L'Éducation nationale a l'habitude de traiter les problèmes à l'interne, d'être juge et partie. Elle ne se préoccupe guère d'informer, d'expliquer, d'encourager et de valoriser l'adhésion. Ne vaudrait-il pas mieux communiquer et concevoir des instances de régulation avec des tiers ? Une proportion non négligeable des désaccords pourrait probablement être résolue grâce à des médiations. L'objectif ne serait pas de créer une instance bureaucratique supplémentaire qui ne susciterait pas l'adhésion et qui ne ferait que ralentir l'effectivité du droit des enfants à être instruits, comme le craignait le sénateur H. Portelli. Des concertations avec les associations de parents IEF sont indispensables pour concevoir des dispositifs et s'accorder sur des médiateurs mobilisables, reconnus et acceptés de part et d'autre.

L'institution scolaire ne peut plus rester fermée sur elle-même, mais son histoire, ses traditions et le poids d'une organisation qui quadrille le territoire ne se transforme ni facilement, ni tout d'un bloc. Les relations avec les parents sont perçues comme des problèmes à gérer[1] plutôt que comme des situations faisant partie intégrante des activités professionnelles.

**Éduquer à l'âge de la défiance**

L'école considère que l'obligation d'instruction, la noblesse de ses missions, l'universalité de ses valeurs vont de soi. Mais est-ce toujours aussi manifeste ? L'historien P. Rosanvallon désigne la période que nous vivons comme « l'âge de la défiance[2] ».

**La promotion par l'école, un espoir contrarié**

L'école, comme les autres institutions, a déçu. Cette déception affecte des enjeux particulièrement graves : quel espoir pour l'avenir de ses enfants ? Il est devenu banal de dire que, malgré ses idéaux, l'école est inégalitaire, qu'elle contribue grandement à reproduire la structure hiérarchique de la société. La mixité sociale dépend de l'implantation de l'école et un sociologue qui a étudié longuement un collège d'une banlieue populaire de la région parisienne, M. Mohammed, se demande si cette mixité constitue un atout ou bien, aussi, l'occasion de faire l'expérience des inégalités d'orientation[3], autrement dit l'expérience de l'injustice.

Dans un contexte où s'entrelacent la montée de la défiance et l'attention inquiète des parents pour leur(s) enfant(s), les institutions éducatives ne peuvent pas rester repliées sur elles-mêmes. Pour autant, malgré des injonctions formelles, la fermeté et la complexité de leurs structures, leur profession-nalisme, ces institutions ne facilitent pas l'émergence de pratiques de dialogue et de participation. La plupart des parents qui choisissent d'instruire leur(s) enfant(s) ne méprisent pas les savoirs, ni la capacité à réfléchir par soi-même, mais ils ne

---

[1] En train de mettre un point final à ce texte, émerge sur internet un texte de J.-L. Auduc, en date du 25 septembre 2014 : *Dix conseils pour bien gérer les relations parents-enseignants*, in l'Expresso Le café pédagogique.
http://www.cafepedagogique.net/lexpresso/Pages/2012/11/08112012Article6348795589 35759373.aspx
[2] Rosanvallon, P. (2006)
[3] Mohammed, M. (2011)

veulent pas être marginalisés, dépossédés de leurs responsabilités éducatives au profit d'une institution qui décide de tout, de l'organisation des établissements, des contenus d'enseignement et du rythme des progressions, qui définit des filières et détermine des orientations. Ils ont des doutes quant à leur démarche, mais ils ne doutent pas que l'école crée du stress sans gage de réussite.

L'existence des contrôles semble, aux parents IEF, une atteinte à leur liberté, même plus largement à La Liberté. Ils s'inquiètent d'un contrôle négatif qui interromprait leur démarche et ils se sentent atteints, personnellement, dans leur choix et dans leur projet de faire le mieux pour leurs enfants. Que l'État prétende vérifier si les enfants instruits en famille sont bien instruits – alors même que l'école ne parvient pas à diminuer les inégalités, les échecs, les sorties sans diplôme – est dénoncé. Une telle prétention est perçue comme malvenue et inacceptable.

### Éduquer, « un métier impossible » ?

La critique de l'école est récurrente, probablement, comme le souligne Rosanvallon, à la hauteur des espoirs dont elle était porteuse. Néanmoins, on peut penser à la remarque de Freud : « Il y a très longtemps déjà, j'ai fait mien le mot plaisant qui veut qu'il y ait trois métiers impossibles : éduquer, guérir, gouverner[1] ». En effet, on peut d'emblée être sûr que le succès est insuffisant au regard des objectifs espérés. Quelle norme permettrait d'apprécier la réussite ou l'échec ? Et au regard de qui ? De celui qui a éduqué ou de celui qui a été éduqué ? S'intéresser à l'éducation conduirait donc, inéluctablement, au désenchantement et à des discours critiques virulents.

Ma génération a été marquée par les critiques de la famille. En 1971, sortait un film de Ken Loach, *Family life*, où l'on suivait Janice, en conflit avec ses parents, que les pressions psychologiques et les traitements psychiatriques font sombrer dans la psychose. L'œuvre de Gide et sa formule « Familles, je vous hais ! Foyers clos ; portes refermées ; possession jalouse du bonheur. » était fort présente. De même, le philosophe Alain

---

[1] Cité par M. Cifali (1999)

que l'on ne peut accuser d'une certaine exaltation des sens mais dont les convictions s'exprimaient sans nuance : « La famille instruit mal et même élève mal. La communauté du sang y développe des affections inimitables, mais mal réglées […] On ne permet point la dissidence parce que l'on espère trop l'accord ». Symétriquement l'école y est présentée tout à fait positivement : « Qui n'a point connu l'école ne sait rien de sa pensée. […] La démarche de l'esprit n'y a rien de tragique […]. Il est assez clair que l'enfant qui fait une faute de calcul n'est pas ruiné pour cela. Ici l'erreur trouve sa place ; on lave l'ardoise, et il ne reste rien de la faute[1] ». Certes, certaines considérations de cet ouvrage de 1932 ont vieilli : « c'est au père qu'il convient d'agir en père, au maître en maître », la mère est absente. Néanmoins, d'autres développements entrent directement en résonnance, par opposition, avec les propos de certaines interviewées : « À l'école se montre la justice, qui se passe d'aimer, et qui n'a pas à pardonner, parce qu'elle n'est jamais réellement offensée[2] ». La proximité, l'affection, le pardon sont des thèmes importants pour les interviewés, c'est justement ce que prévoyait et critiquait Alain dans une éducation qui s'en tiendrait à la sphère familiale ; il y repère des risques de dérapage.

Parallèlement, la même année que *Family life*, l'école est l'objet de critiques majeures et diversifiées. C'est en observant l'impact et les failles de l'école qu'Illich intitule son ouvrage *Une société sans école*. Pour lui, la dépendance aux institutions a de nombreux effets pervers : « Dans le monde entier, l'école nuit à l'éducation parce qu'on la considère comme seule capable de s'en charger[3] ». Il souligne les capacités d'apprentissage naturelles de l'enfant et l'éloignement des jeunes diplômés devenus étrangers à leur propre peuple. Il prône des stratégies de formation par compagnonnage, ancrées dans des situations réelles, dans le voisinage, mais la famille n'est pas présentée comme une solution.

---

[1] Alain (1932), citations issues du chapitre 8.
[2] *Op. cit.*, citations issues du chapitre 9.
[3] Illich I. (1971), p. 22.

D'une certaine façon la famille et l'école sont renvoyées dos-à-dos et l'éducation semble bien un « métier impossible » !

## Résister à la socialisation scolaire

À côté de ces réflexions critiques les parents se situent dans une perspective pragmatique, s'adaptent et bricolent, marqués par leur propre histoire et par l'air du temps. La vie collective, souligne Lévi-Strauss, touche l'individu dans ses profondeurs, certaines de ses démonstrations « peuvent être inconsidérées et devenir dangereuses comme cela se produit dans diverses sociétés, notamment dans la nôtre en raison de l'âge précoce auquel nous assujettissons nos enfants aux disciplines scolaires. Les prétendus primitifs ont, en général, plus d'égards pour la fragilité psychique et morale du très jeune enfant[1] ». De ce point de vue, il étaye les réticences des parents IEF vis-à-vis d'une séparation et d'un recours précoces à l'école, à ses contraintes collectives et à ses rythmes.

Puis, négligeant l'entre deux, Lévi-Strauss revient sur ses souvenirs de lycéen[2] « où l'entrée et la sortie de chaque classe se faisait au tambour et où les moindres manquements à la discipline étaient sévèrement punis, où les compositions se préparaient dans l'angoisse ». Il commente « je ne sache pas qu'enfants, la grande majorité d'entre nous en aient conçu haine ou dégoût ». Or justement nombre de jeunes instruits en famille se rapprochent du système scolaire, tardivement, pour passer le baccalauréat et entreprendre des études supérieures[3]. Ainsi ils court-circuitent de nombreuses années d'école et évitent les pressions d'une socialisation collective rude. Les parents inquiets de l'âpreté de la vie scolaire et d'un environnement qui échappe à leurs régulations et à leur protection les en ont protégés. De ce fait, ils les ont aussi tenus à l'écart de normes fixées par les politiques éducatives. Ainsi, jusque dans les années 1960-1970, il y avait des classes de garçons et des

---

[1] Levi-Strauss C. (1983), p. 366.
[2] Pour sa génération, le lycée commençait à la fin de l'école élémentaire, dès la classe de 6e, qui est, pour nous, la première année du collège.
[3] S'il existe des bilans pour les États-Unis, pour la France aucun ne permet de connaître quelle proportion de jeunes IEF s'inscrit dans les dernières années du cursus scolaire ou bien directement au bac, en candidat libre, pour pourvoir entrer à l'université.

classes de filles. Depuis, dans toutes les catégories d'établissements, la mixité et des regroupements en fonction du niveau d'enseignement ont été privilégiés. Pourtant, il n'a guère été question de ce changement, aujourd'hui cela va de soi[1]. Seuls les grands parents se souviennent de leurs classes de filles ou de garçons. L'historien A. Prost considère que c'est une révolution silencieuse majeure.

L'école implique de multiples catégorisations et fractionnements auxquels les parents doivent faire face pour accompagner leur enfant. C'est sur les parents que repose la continuité éducative mais l'IEF permet de contourner les multiples découpages auxquels notre société moderne procède. En tout premier lieu, la tripartition classique chez les sociologues des usages sociaux du temps : le temps consacré à la vie et à son entretien (se nourrir, se reposer, prendre soin de son corps), le temps consacré au travail ou à l'école, et le temps consacré aux loisirs. Avec l'IEF la socialisation familiale n'est pas morcelée. « On est toujours ensemble » remarquent de nombreuses mères, l'organisation est simplifiée, l'environnement maîtrisé. Être ensemble, ce n'est pas seulement entre parents et enfants, c'est aussi entre enfants de la même famille. La fratrie, aussi étalée soit-elle de l'aîné au benjamin, est prise dans ce mouvement du vivre ensemble. Des mères soulignent l'entraide dans les charges du quotidien, mais elles insistent aussi sur leur rôle spécifique dans les apprentissages. Il ne faudrait pas que la fratrie devienne un environnement pénible. La richesse des interactions ne leur échappe pas, au point que l'instruction en famille avec un enfant unique est envisagée avec réticence : ne risquerait-il pas de s'ennuyer ? La vie relationnelle de la fratrie est dense, on a pu entendre que les meilleurs amis ce sont les frères et sœurs ou que la passion de l'un ou l'autre entraine la maisonnée toute entière dans sa mouvance.

Ainsi jamais personne n'est loin du regard d'un autre. Pour autant l'individualisation est importante. Les parents interviewés, qu'ils habitent d'un côté ou de l'autre de l'Atlantique,

---

[1] Toutefois, il y a quelques débats sur le poids de la mixité dans les écarts de réussite des garçons et des filles et, par conséquent, sur l'opportunité qu'il pourrait y avoir à les séparer pour prendre en compte des différences de développement et de comportement.

indiquent tous que leur démarche éducative se fait dans le cours de la vie quotidienne, dans des activités ordinaires, les courses, la cuisine, le jardinage et le bricolage... Néanmoins, la résistance ou le rejet de la socialisation scolaire ne s'étend pas à d'autres institutions collectives. L'éducation s'opère dans un enchevêtrement d'institutions et, parmi elles, les parents recourent à celles qu'ils choisissent à l'écoute des goûts de leur(s) enfant(s) : clubs de sport, écoles de musique ou conservatoires, activités de toutes sortes (danse, aquariophilie, aéromodélisme, cerfs-volants...). Des démarches exigeantes, avec des examens, voire des concours ou des compétitions dont le formalisme et la rigidité des règles s'apparentent à celles de l'école ne sont pas exclues. Toutefois, et c'est une différence essentielle, elles n'ont pas la même visée sociale englobante.

La Cité des sciences et de l'industrie est un musée scientifique. Elle propose aussi des « classes Villette », dispositif qui s'adresse à des groupes classes accompagnés de leur enseignant. Ceux-ci sont accueillis toute une semaine durant laquelle sont proposées des activités pédagogiques permettant de développer l'autonomie et de stimuler la curiosité dans un environnement riche en informations et en supports divers. En 2012, partant de ce dispositif, la Cité a proposé une initiative originale : un ensemble de visites pour un groupe de parents et d'enfants non scolarisés[1]. Cette expérimentation a été conduite avec un réseau associatif de l'IEF. Lors de leur première rencontre, les médiateurs s'étonnaient, d'emblée, de l'hétérogénéité des âges des enfants, mais la plupart participait, de plus de façon agréable et dynamique. L'implication des parents a contribué à la réussite de cette expérience. Ils ont étonné car ils ne faisaient pas à la place des enfants, leur confiance dans leurs capacités était solide. Sans raison précise, cette démarche n'a pas été poursuivie. On peut le regretter. Les parents étaient heureux qu'une institution prestigieuse les prenne en considération et les interactions parents-médiateurs-enfants avaient été enrichissantes pour tous.

---

[1] Cité des sciences et de l'industrie, 2012.

Le recours à ces institutions éducatives non scolaires fait l'objet de choix. Dans certaines s'élaborent des collectifs auxquels les parents peuvent participer, en influant sur leur projet éducatif. Ni les parents, ni les enfants ne sont pris dans une institution hégémonique qui pèse sur leur quotidien des années durant.

**L'enfant et sa famille**

L'enfant est le destinataire du projet éducatif de ses parents et de celui de l'État par l'intermédiaire, principalement, de l'institution scolaire. Ces projets entrent d'autant plus en tension que la place de l'enfant est devenue plus importante dans la famille et que de nombreux parents souhaitent se faire entendre.

*L'attachement des parents*

Les psychologues ont travaillé sur l'importance de l'attachement dans le développement des tout jeunes enfants. Il ne faudrait pas négliger la réciproque : les parents d'aujourd'hui sont très attachés à leurs enfants. Dans un ouvrage novateur, Ariès[1] avait montré que le sentiment d'enfance s'était développé tardivement. Yonnet, quant à lui, reprenant les travaux démographiques sur la diminution de la mortalité infantile, les croisant avec l'émergence d'une contraception sûre et facile, a souligné que les statuts de la femme et de l'enfant se sont considérablement transformés et que ce dernier est devenu (souvent), « l'enfant du désir d'enfant ».

Cette évolution ne se limite pas aux pays occidentaux. Ainsi, chez les Baruya, groupe découvert en 1951 dans les montagnes de Nouvelle Guinée, Godelier[2] a pu constater une évolution accélérée. En 1967, lors de son premier séjour, les chemins empruntés par les hommes et par les femmes étaient séparés. Lorsqu'un groupe d'hommes les croisait, les petites filles et les femmes s'immobilisaient, tournaient le dos, se cachaient le visage et les tabous étaient nombreux. Vingt ans après les premiers contacts, la durée des tabous se restreignait et les

---

[1] Ariès P. (1973)
[2] Godelier, M. (2004), p. 78.

hommes qui, avant l'arrivée des Européens, ne touchaient jamais un bébé, ont, un à un, commencé à tenir dans leur bras leurs enfants en bas âge, les garçons d'abord, puis leurs filles. Toute la configuration des relations familiales s'est modifiée et les bébés ne sont plus de petits êtres sales et dangereux pour la virilité dont les soins étaient l'exclusivité des femmes. Désormais les pères peuvent, tout à la fois, éprouver et transmettre des sentiments d'attachement. Ces mutations rapides fonctionnent comme une loupe et engagent à regarder ce qu'il en est en Occident. La généralisation de la scolarisation, puis le développement de l'IEF participent au changement de place de l'enfant, mais elles en sont aussi la conséquence[1].

## *« Le culte de l'enfance »*

Cet attachement, l'émerveillement devant les actions et les bons mots des enfants remettent en question les interventions éducatives qui reposaient sur une position d'autorité. En 1964, George Boas, philosophe américain, rédige une étude intitulée *Le Culte de l'enfance*. Ce travail s'inscrivait dans un projet amorcé dès les années 30 et retardé par la guerre. Boas part d'un constat : « On cède tout aux enfants aux États-Unis, a-t-on souvent remarqué, […] on les a présentés comme de petits êtres chéris et gâtés autorisés à donner libre cours à leurs envies sans jamais être punis ou réprimandés. Ce tableau est évidemment très largement exagéré, mais il faut bien qu'il contienne quelque part de vérité pour que tout le monde l'ait observé ». Comment dire – non ! à un enfant, si l'on pense que cela peut le « traumatiser » comme on l'entend ici ou là ? L'attachement à son enfant conduit-il nécessairement à le gâter et à lui céder ?

Il peut être difficile, pour des parents, de se situer dans des face-à-face que rien ne médiatise, surtout que, dans un contexte individualiste, l'enfant n'est-il pas le mieux placé pour identifier ses goûts ? Ceux du moment et ceux qui engagent son avenir. Boas poursuit « On a avancé l'idée que les préférences de l'enfant devraient être déterminantes dans le choix de ses études. L'important aux yeux de tous, c'est qu'il puisse

---

[1] Ce que l'on appelle « la boucle cybernétique ».

exprimer son être profond[1] ». Cette perspective correspond précisément aux conceptions des parents IEF.

Sollicité pour participer à une table ronde sur « L'école et l'enfant créateur », Lévi-Strauss s'étonne : « Quelle société, autre que la nôtre, s'est interrogée sur ce sujet ? On n'en voit guère, et, même chez nous, le souci d'encourager les dons de création de l'enfant semble d'apparition récente ; il date au plus de quelques décennies[2] ». Lévi-Strauss développe deux lignes argumentatives. D'une part, il souligne que les créations et les créateurs n'ont pas manqué au cours de l'histoire de l'humanité et que les « règles pointilleuses des anciennes corporations, (que) l'apprentissage technique ou artistique » n'ont pas stérilisé les capacités d'invention. Il poursuit : « La contrainte de l'école, qu'on se plaît à dénoncer, n'est qu'un aspect ou une expression de la contrainte que toute réalité – et la société en est une – exerce normalement sur ses participants ». Faire faire l'économie des contraintes aux enfants n'est-ce pas les élever dans un monde irréel ?

D'autre part, s'appuyant sur son expérience, il remarque que « Les ethnologues étudient des sociétés qui ne se posent pas le problème de l'enfant créateur ; et l'école n'y existe pas non plus. […] leurs jeux consistaient dans l'imitation des adultes. […] Mais dans la plupart des sociétés cet apprentissage diffus ne suffit pas. Il faut aussi qu'à un moment déterminé de l'enfance ou de l'adolescence une expérience traumatique se déroule, dont la durée varie selon les cas de quelques semaines à plusieurs mois. […] Et elle met en œuvre ce que j'appelle des émotions fortes – anxiété, peur et fierté – pour consolider de façon brutale et définitive, les enseignements reçus au cours des ans à l'état dilué ». Bien sûr, les temps ont changé, on n'inscrit plus sur les corps les marques d'initiations pénibles et douloureuses, mais le passage à l'âge adulte peut-il se faire sans une « expérience traumatique » encadrée dans des rituels ?

---

[1] Boas G. (2013), pp. 38-39.
[2] Lévi-Strauss C. (1983)

### *Des valeurs familiales à partager*

L'enfant, aujourd'hui, est considéré comme une personne, on souhaite le protéger, autant que faire ce peut, d'épreuves pénibles. On l'écoute, on échange sur ses goûts et on négocie sur toutes sortes de choses : un achat vestimentaire, le menu du soir, le choix d'un sport, une orientation professionnelle... L'association « Les enfants d'abord » a choisi un nom caractéristique et ambigu. C'est une injonction plus qu'un constat : les enfants doivent passer en premier. Pourtant ce sont de nouveaux venus, des héritiers qui s'inscrivent dans un groupe, une société dont l'histoire est longue et leur lègue tout un patrimoine langagier et culturel. À ce titre l'affirmation de Durkheim est sans équivoque : « En dehors de l'individu, il n'existe qu'un seul être psychique, un seul être moral empiriquement observable, auquel votre volonté puisse s'attacher, c'est la société[1] ».

Au premier abord, l'IEF semble caractéristique d'une conception individualiste : l'enfant est reconnu comme un être unique dont l'observation et l'écoute sont indispensables pour lui offrir un milieu épanouissant. Comment l'organisation collective de l'école pourrait-elle y parvenir et rivaliser avec l'individualisation familiale, sans leurrer et décevoir ?

Pourtant la famille est un contrepoint essentiel. C'est ce que l'on nomme en philosophie politique « un corps intermédiaire », au sens où elle se situe entre ses membres, pris un par un, et la société. Quand la famille revendique de pouvoir éduquer ses enfants, à l'écart de l'école, selon ses choix pédagogiques et ses valeurs, elle suscite des questions : est-elle médiatrice ou bien écran risquant de s'interposer entre l'enfant et la société ? L'impact de l'éducation familiale dans la construction identitaire n'est alors considéré que sous l'angle d'une alternative, renforcement ou délitement des liens sociaux. La problématique binaire société/individu, portée par Durkheim, se heurte ici à des limites. Elle ne permet pas de faire une place aux corps intermédiaires, au rôle actif qu'ils peuvent jouer, à l'attachement et à l'affiliation qu'ils peuvent

---

[1] Cité par Paugam S. (2014), p. 27.

engendrer. Dans ce contexte, l'IEF suscite des craintes parce que, sans la complémentarité de l'école, la famille est soupçonnée de véhiculer des valeurs décalées, susceptibles de fragiliser la cohésion sociale. Dans une période où se manifestent publiquement des désaccords majeurs sur des valeurs fondamentales, par exemple la famille et le mariage, l'égalité filles/garçons, la laïcité, cette crainte est exacerbée.

Se trouvent en jeu deux conceptions de la société et de l'État, une conception binaire individu/société, et une conception ternaire, individu/corps intermédiaire/société. En France, ce sont l'histoire et les sciences politiques[1] qui permettent de penser dans une perspective ternaire, sans la disqualifier, radicalement et définitivement, au nom de l'universalisme. Chaque enfant est pris dans un réseau d'appartenances multiples, ses amis, ses loisirs, son quartier, son époque, éventuellement sa religion, quoique fasse sa famille, il se trouve ainsi placé au cœur de la complexité contemporaine. Dans quelle mesure son éducation lui permettra-t-elle de s'orienter dans cet enchevêtrement ? Pour les parents, l'école risque d'être trop rigide pour l'épanouir et le faire réussir. Pour l'école, la famille risque de le façonner à son image sans ouvrir de possibles. Mais, en grandissant, chaque individu ne conserve-t-il pas une capacité à explorer des marges de manœuvre, entre résistances et adhésions ?

**L'IEF, un choix dans une société post-scolaire**

Considérer que l'IEF c'est simplement l'absence d'école, comme si l'époque ou le contexte socioculturel n'avaient pas d'incidence, serait une vision erronée. Un exposé de S. Lallemand, qui s'est intéressée tout particulièrement aux enfants dans des sociétés agricoles en voie de développement, peut l'attester. Que ce soit en Afrique, en Asie ou en Océanie, elle décrit la mobilisation des enfants dès trois ou quatre ans pour aider à la vie domestique, agricole et artisanale de leur famille. Ils s'occupent d'un nourrisson, vont chercher de l'eau, gardent un troupeau… Pour cette participation intense, cinq ans

---

[1] Rosanvallon P. (2004)

est un « âge fatidique ». Le jeu associé au labeur est toléré, les éducateurs sont nombreux et d'âges différents, mais, pour un occidental, « la demande de compétence et d'énergie faite à l'enfant s'avère très précoce[1] ».

Évoquer l'IEF, dans des conversations, fait découvrir toutes sortes d'expériences que l'on ne soupçonnait pas : une enfance à la maison à l'abri de la guerre, un tour du monde en bateau, des expatriations, des déscolarisations pour éviter l'ennui et la lenteur... Des exemples sont mentionnés par les associations, ils concernent des notabilités aux parcours extra-ordinaires. Ce biais est inévitable. Mentionnons quelques français ayant été enfants après les lois des années 1880, aussi différents qu'Irène Jolliot-Curie, Jean d'Ormesson, Gisèle Casadesus, Luc Ferry... Leurs itinéraires ont été divers et l'on peut se demander s'ils zigzaguaient au gré des occasions ou de leurs envies avant de passer des concours, voire d'obtenir un prix Nobel. Comme nous l'avons souligné les représentations et les pratiques concernant les enfants et leur éducation évoluent.

### Un choix de parents scolarisés et diplômés

L'instruction en famille est le choix de parents appartenant à des sociétés où la scolarisation a été menée à bien, où plusieurs générations sont allées à l'école, y compris pour des études longues. À l'opposé, dans des pays où la population est en grande partie analphabète, l'école paraît une conquête qui justifie des efforts considérables. Un documentaire associé à un ouvrage, « Sur le chemin de l'école[2] », montre combien, chaque jour, aller à l'école nécessite du courage pour surmonter la fatigue et des initiatives pour faire face à de nombreux aléas. Les parents soutiennent leurs enfants et leur font confiance pour s'orienter dans des environnements dangereux. Pour eux, l'école, même fort éloignée, en vaut la peine.

Malgré le refus d'école, une grande partie du vocabulaire de l'IEF s'élabore par rapport à l'école : la maison-école, l'école à la maison, l'école à domicile, les mamans-profs... Comment parler des apprentissages sans emprunter un terme embléma-

---

[1] Lallemand S. (2013), p. 54.
[2] Javoy M.-C. (2014)

tique de l'univers scolaire : « enseigner » ? Ce terme est associé à toutes sortes de contenus, par exemple la socialisation où il est illustré par les formules de politesse et les bonnes manières, ou encore le pardon. On peut s'étonner, mais n'est-ce pas aussi une façon d'afficher un projet clair et volontariste de transmission ? L'usage de ces expressions montre combien l'école a imprégné les façons de concevoir les apprentissages, combien ont été oubliées les stratégies de transmission de métiers traditionnels[1], combien sont méconnues celles de peuples sans école.

Ce sont donc des parents éduqués qui souhaitent éviter à leurs enfants la fréquentation d'une institution qui s'est banalisée et qui suscite pénibilité, souffrances et déceptions. Leur confiance dans les capacités et les motivations de leurs enfants est sous-tendue par une sorte de vitalisme que l'on pouvait déjà repérer chez Freinet et qui s'exprimait dans sa « méthode naturelle ». L'enfant est un explorateur plein d'énergie et de goût d'apprendre et les parents IEF pensent que l'école va éteindre ce dynamisme créateur et conquérant. Mais ce sont les pédagogies nouvelles conçues par des enseignants comme Freinet ou par des créateurs d'établissements scolaires novateurs comme Montessori qui constituent des références explicites. Il ne faut pas se méprendre, l'école et la psychologie du développement de l'enfant constituent, sciemment ou non, la toile de fond permanente des parents IEF.

### *Les enfants IEF sont-ils "bien" instruits ?*

L'instruction en famille suscite, y compris aux États-Unis, des débats animés quant à ses résultats, à son efficacité, à l'impact respectif de l'école et du *homeschooling*, voire du *unschooling*. Les tenants de l'école et ceux de l'IEF s'accusent de partis pris, de préjugés. Face aux représentations négatives, les partisans de l'IEF revendiquent : prouvez ! Prouvez, selon des démarches scientifiques reconnues, que nos enfants ne peuvent pas s'inscrire à l'université parce qu'ils seraient trop faibles, que devenus adultes ils sont aux marges de la société, mal intégrés socialement et professionnellement… Cette revendication s'accorde aux valeurs de nos sociétés et si les biais de

---

[1] Delbos G., Jorion P. (1984)

certaines recherches nord-américaines sont critiquées, elles sont nombreuses et, au fil du temps, par leurs réajustements et leur accumulation elles sont éclairantes.

En France, ce sont plutôt quelques étudiants, de-ci de-là, qui s'intéressent à l'IEF. Leurs travaux sont ponctuels et restent sur des étagères. Des articles proposent des éclairages ciblés sur les aspects juridiques[1] ou sur les contrôles[2]. Comment apprécier et débattre en connaissance de cause ?

À côté des données administratives dont se contente l'Éducation nationale, des recherches mériteraient d'être entreprises. Au delà d'approches sociodémographiques caractéristiques de la sociologie, des dimensions spécifiques seraient à explorer, par exemple combien de parents sont dans l'enseignement, la formation, l'éducation spécialisée, autrement dit dans des métiers de l'institution scolaire ou d'autres institutions éducatives ? De plus, l'enfant/élève est une unité peu pertinente dans la mesure où cette modalité d'éducation est un choix familial qui concerne la fratrie, même si l'un ou l'autre enfant est scolarisé. Si l'on se soucie de la socialisation ou de la réussite scolaire, l'analyse des parcours serait nécessaire. En imaginant des procédures pour garantir l'anonymat (ce n'est jamais simple), il faudrait suivre une petite cohorte avec une approche familiale et individualisée, en s'assurant de coopérations durables.

Différents thèmes mériteraient d'attirer l'attention :
- Quel rapport à l'institution scolaire ? Les motifs de non scolarisation (décision qui s'effectue en même temps que le projet d'enfant) ou de déscolarisation (souffrance, difficultés), ont été abordés, mais sur de petits effectifs. L'usage d'organismes d'enseignement à distance (et lesquels ? la Belgique semble offrir des services appréciés…). Les (éventuelles) alternances de scolarisation et de déscolarisation. L'obtention de diplômes. Le choix de cursus ou d'établissement pour entrer dans le système

---

[1] Desrameaux A. (2009)
[2] Quatrevaux A. (2011)

scolaire. L'entrée à l'université ou dans des formations diplômantes…
- Quels recours à des institutions éducatives, artistiques, culturelles, sportives ? Quelle intégration dans des modalités d'apprentissage et de socialisation collectives et très structurées : fréquentation de clubs, notamment sportifs, participation à des compétitions, développement de formations spécifiques (instrument, conservatoire ou école de musique, de danse…)
- Quelle insertion dans la vie professionnelle ? Pour quelles activités ? Dans quels secteurs ? L'art ? L'artisanat ou des professions libérales ?… En effet, on peut se demander si le contournement de l'organisation bureaucratique qu'est l'école a un impact sur les choix de formation professionnelle et l'intégration dans une catégorie d'entreprise plutôt qu'une autre.
- Quel impact de ce choix sur les parents ? Abandon de l'activité professionnelle, reconversion, temps partiel, RSA… Quelle répartition des tâches ? Quelle implantation pour la résidence familiale ?
- Que l'IEF soit en but à des préjugés globalisants et simplificateurs, n'est-ce pas quelque peu incohérent de la part d'une institution qui se donne pour objectif de transmettre les savoirs et les méthodes du travail intellectuel ?

**La liberté d'instruire en famille, une inquiétude paradoxale ?**

Revenons sur les deux grandes craintes suscitées par la liberté d'instruire en famille.

En premier lieu, nous avons souligné les enjeux en matière de protection et de droit de l'enfant à l'instruction. Ils concernent chaque enfant et chaque fratrie. Les contrôles sociaux comme ceux de l'Éducation nationale sont rassurants. Si, en 1998, un fait divers a mis l'IEF à l'agenda politique, ces dernières années ce sont plutôt quelques ratés de la protection d'enfants qui étaient scolarisés qui ont fait la une des journaux.

En second lieu, qu'en est-il des risques du point de vue de la cohésion sociale ? Quelques mises en perspective chiffrées conduisent à se demander si cette inquiétude n'est pas décalée. En effet, les facteurs de fracture sociale sont d'ordres divers. Situer l'IEF dans un environnement plus large peut être judicieux.

Les données administratives font état, en 2011, de 3 297 enfants instruits en famille. Ils sont probablement un peu plus en 2014.

Pour l'année 2013-2014, l'Institut national de la statistique et des études économiques (INSEE) annonce 3 552 062 élèves scolarisés à l'école élémentaire (c'est-à-dire du cours préparatoire au cours moyen $2^e$ année), plus 44 014 en « Adaptation scolaire et scolarisation des enfants handicapés ». S'y ajoutent respectivement 580 000 et 3 163 élèves dans l'enseignement privé[1].

Pour 2008, une note de la Direction de l'évaluation, de la prospective et de la performance (DEPP, ministère de l'Éducation nationale) indique que « Le nombre d'élèves quittant le système éducatif sans un niveau de qualification reconnu a considérablement baissé en trente ans, passant de 170 000 à 42 000[2] ».

Un autre état des lieux mérite d'être souligné, dans un rapport, l'INSEE indique : « 2,7 millions d'enfants vivent dans des familles pauvres en 2010[3] ».

Nous n'avons retenu que quelques aspects liés à des données objectives, quantitatives et économiques, afin de contextualiser l'instruction en famille en regardant autour : les effectifs scolarisés et ceux des sorties sans qualification, les conditions de vie des enfants... La pauvreté affectant aussi massivement des enfants qui vivent à côté de nous ne fait-elle pas courir plus de risques à la cohésion sociale que quelques milliers d'enfants non scolarisés ?

La liberté d'instruire en famille serait-elle si dangereuse, pour les enfants et pour la société, qu'il faudrait envisager sa

---

[1] http://www.insee.fr/fr/themes/tableau.asp?reg_id=3&ref_id=edutc07101
[2] http://www.education.gouv.fr/cid20801/les-sorties-sans-qualification-la-baisse-se-poursuit.html
[3] http://www.insee.fr/fr/themes/document.asp?reg_id=0&ref_id=REVPMEN13b_VE_p auvre

suppression ? Dans une société qui a fait le choix de l'institutionnalisation de l'éducation, on comprend que l'autonomie de l'IEF dérange. Ce parti pris égratigne la forteresse qu'est l'école. Mais s'agit-il de protéger les enfants ou bien une des institutions emblématiques de notre société ? À moins qu'il ne faille identifier une $3^e$ crainte, celle de la contagion ? Mais faut-il retirer sa confiance aux modes de régulation et aux procédures de contrôle, somme toute convenables ? Se laisser emporter par une défiance envahissante, ne serait-ce pas penser et agir exactement à l'inverse du but visé et contribuer à une société soupçonneuse et émiettée ?

# Références bibliographiques

Alain (1932). *Propos sur l'éducation*. Récupéré du site Les classiques des sciences sociales de l'université du Québec : http://classiques.uqac.ca/classiques/Alain/propos_sur_educati on/propos_sur_education.html

Allison, S. et Qunintero Johnson J. (2009). The Role of Parental Modeling and Family Communication Patterns in Developing Communication Competence. Dans *Homeschooled Children*. Article présenté à la réunion annuelle de l'International Communication Association, Marriott, Chicago.

Apostoleris, N. (1999). *The Development of Children's Motivation in the Homeschool Setting*, article présenté à la rencontre biannuelle de la Society for Research in Child Development, Albuquerque, New Mexico, États-Unis.

Apple, M. W. (2000). The Cultural Politics of Home Schooling, *Peabody Journal of Education, 75*(1-2), 256-271.

Apple, M. W. (2006). The Complexities of Black Home Schooling, *Teachers College Record*. Récupéré du site : http://www.tcrecord.org/Content.asp?ContentId=12903

Arai, A. B. (1999). Homeschooling and the Redefinition of Citizenship, *Education Policy Analysis Archives, 7*(27). Récupéré du site : http://epaa.asu.edu/ojs/article/view/562

Arai, A. B. (2000). Reasons for Home Schooling in Canada, *Canadian Journal of Education, 25*(3), 204-217.

Arasse, D. (2008). *Le détail. Pour une histoire rapprochée de la peinture*. Paris : Flammarion.

Ariès, P. (1973). *L'enfant et la vie familiale sous l'Ancien régime*. Paris : Seuil.

Arthur (1991). *Mon école buissonnière*. Fixot.

Aurini, J. et Davies, S. (2005). Choice without markets : homeschooling in the context of private education, *British Journal of Sociology of Education, 26*(4), 461-474.

Austin, J. L. (1970). *Quand dire c'est faire*. Paris : Seuil.

Bachelard, G. (1966). *La philosophie du non*. Paris : PUF.

Bacqué, M.-H., Biewener C. (2013). *L'empowerment, une pratique émancipatrice*. Paris : La Découverte.

Bagwell, J. N. (2010). *The Academic Success of Homeschooled Students in a South Carolina Technical College*, University of Nebraska.

Baillon, R. (1990). *Les consommateurs d'école*. Paris : Stock.

Baker, C. (1988). *Insoumission à l'école obligatoire*. Récupéré du site des éditions Tahin Party : http://tahin-party.org/cbaker.html

Barrère, A. (2005). De la critique endogène à l'empathie critique, *Les sciences de l'éducation pour l'ère nouvelle, 38*(1), Université de Caen, 61-73.

Barwegen, L. M. *et al.* (2004). Academic Achievement of Homeschool and Public School Students and Student Perception of Parent Involvement, *The School Community Journal, 14*(1), p. 39-58. Récupéré du site de l'Academic Development Institute : http://www.adi.org/journal/ss04/Barwegen,%20et%20al.pdf

Basham, P. *et al.* (2007, octobre). Home Schooling : From the Extreme to the Mainstream, 2nd edition, *Studies in Education Policy*, A Fraser Institute Occasional Paper. Récupéré du site : http://www.fraserinstitute.org/research-news/display.aspx?id=13089

Bauman, K. (2002). Home Schooling in the United States : Trends and Characteristics, *Education Policy Analysis Archives, 10*(26).

Bauman, Z. (2005). *La Société assiégée*. Paris : Éditions du Rouergue /Chambon.

Beck, C. W. (2004, 18 septembre) *Home Education - Globalisation otherwise ?*, Paper presented at the BERA conference in Manchester.

Becquemin, M. (2014). Enfance, école, famille. Perspective historique et enjeux actuels du contrôle de la fréquentation scolaire, *Politiques sociales et familiales, 116*, 15-26. Récupéré du site de la Caisse d'allocations familiales : http://www.caf.fr/sites/default/files/cnaf/Documents/Dser/PSF/116/PSF116_1_MicheleBecquemin.pdf

Bedon, J.-M. et de Chalup A. (2007). Allocations familiales et obligation scolaire. Sanction et soutien à la parentalité, *Informations sociales, 4*(140), 112-119.

Beechick, R. (1993). *You Can Teach Your Child Successfully*. Pollock Pines, CA : Arrow Press.

Berger, P. et Luckmann, T. (1989). *La construction sociale de la réalité*. Paris : Méridiens Klincksieck.

Bergeron, L. (2002). *Comme des invitées de marque*. Breuillet : Éditions l'Instant Présent.

Berthier, P. (1996). *L'ethnographie de l'école*. Paris : Anthropos.

Bertozzi, V. (2006, 12 mai). *Unschooling Media : Participatory Practices among Progressive Homeschoolers*, Master's of Science Thesis in Comparative Media Studies, Massachussetts Institute of Technology. Récupéré du site Comparative Media Studies Writing : http://cmsw.mit.edu/unschooling-media-participatory-practices-among-progressive-homeschoolers

Bielick, S., Chandler K. et Broughman S.P. (2001). *Homeschooling in the United States : 1999, Washington*, Department of Education, National Center for Education Statistics.

Blanpain, N. (2007). Les conditions de vie des familles nombreuses, *Études et Résultats, 555*, DREES.

Blok, H. (2004). Performance in Home Schooling : an argument against compulsory schooling, *Netherlands, International Review of Education, 50*(1), 39-51.

Boas, G. (2013). *Le culte de l'enfance* (Olivier Moroni trad.). Trocy-en-Multien : Éditions de la revue Conférence.

Bock, G. (1992). Pauvreté féminine, droits des mères et États-providence. Dans F. Thébaud (dir.), *Histoire des femmes. Le XX$^e$ siècle* (p. 381-409). Paris : Plon.

Bolle-Brummond, M. B. *et al.* (2007). Homeschooled Students in College: Background Influences, College Integration, and Environmental Pull Factors, *Journal of Research in Education, 22* (1).

Bolliett, D. et Schmidt, J.-P. (2002). *La socialisation*. France : Bréal.

Bouchard, K. (2011). *Homeschooling and reading difficulties : parents learning how to read to their child who struggles with reading*, (thèse, Capella University, Minneapolis, E.U.)

Boulot, É. (2003). La famille, l'État et les droits des mineurs aux États-Unis, *Revue française d'études américaines, 97*, p. 81-98. Récupéré du site Cairn.info : www.cairn.info/revue-francaise-d-etudes-americaines-2003-3-page-81.htm

Bourdieu, P. et Passeron, J.-C. (1970). *La reproduction. Éléments pour une théorie du système d'enseignement*. Paris : Éditions de Minuit.

Bourdieu, P. (1987). *Choses dites*. Paris : Éditions de Minuit.

Bourdieu, P. (2012). *Sur l'État. Cours au Collège de France, 1989-1992*. Paris : Seuil.

Brabant, C., Bourdon S. et Jutras F. (2004), L'école à la maison au Québec : l'expression d'un choix familial marginal, *Enfances, Familles, Générations*, *1*(1), 59-83. Récupéré du site de la revue : http://www.efg.inrs.ca/index.php/EFG/article/download/7/6

Brabant, C. (2013). *L'école à la maison au Québec. Un projet familial, social et démocratique*. Québec : Presses de l'Université du Québec.

Brady, M. (2003). Social Development in Traditionally Schooled and Homeschooled Children, a Case for Increased Parental Monitoring and Decreased Peer Interaction, *Home School Researcher*, *15*(4), 11-18.

Breal, M. (1872). *Quelques mots sur l'instruction publique en France*. Paris : Hachette. Récupéré du site de la BNF, Gallica : http://gallica.bnf.fr/ark:/12148/bpt6k205247d

Brisset, C. (2005). *15 millions d'enfants à défendre. Ils sont la prunelle de nos yeux*. Paris : Albin Michel.

Bunday, K. (1995). Homeschooling is Growing Worldwide, *Learn in Freedom*. Récupéré du site : http://learninfreedom.org/homeschool_growth.html

Cardiff, C. (1998). The Seduction of Homeschooling Families, The Freeman Ideas on Liberty, *The Foundation for Economic Education*, *48*(3).

Certeau, M. de (1980). *L'invention du quotidien 1. Arts de faire*. Paris : UGE.

Chanet, J.-F. (1996). *L'école républicaine et les petites patries*. Paris : Aubier.

Chapoulie, J.-M. (2010). *L'école d'État conquiert la France. Deux siècles de politique scolaire*. Rennes : PUR.

Charvoz, A. (1988). Reactions to the Home School Research : Dialogues with Practitioners, *Education and Urban Society*, *21*(1), 85-95.

Cifali, M. (1999). *Métier « impossible » ? une boutade inépuisable. le portiQue*, Récupéré du site de la revue : http://leportique.revues.org/271

Cité des sciences et de l'industrie, (2012). *Programme éducation et parents. Instruire en famille*, Universcience, DMSE Département éducation-formation, Lorena Sanders.

Clements, A. D. (2002, février-mars). *Variety of Teaching Methods Used By Homeschoolers : Case-Studies of Three Homeschooling Families*, Paper presented at the Annual Meeting of the Eastern Research Association, Saratosa, Florida.

CNDP (2004). *Repenser l'école obligatoire*. Paris : SCÉREN/Albin Michel.

Cogan, M. F. (2010). Exploring Academic Outcomes of Homeschooled Students, *Journal of College Admission, 208*.

Collom, E. D. (2005). The ins and outs of homeschooling the determinants of parental motivations and student achievement, *Education and Urban Society, 37*(3), 307-335.

Davis, S. et Aurini, J. (2005, 12 août). *Homeschooling and Canadian Educational Politics : Rights, Pluralism and Pedagogical Individualism*, Paper presented at the annual meeting of the American Sociological Association, Marriott Hotel, Loews Philadelphia Hotel, Philadelphia, PA.

De Waal, E. et Theron, T. (2003). Homeschooling as an Alternative Form of Educational Provision in South Africa and the USA, *Evaluation & Research in Education, 1747-7514, 17*(2), 144-156.

Dehaene, S. (2011). *Apprendre à lire : des sciences cognitives à la salle de classe*. Paris : Odile Jacob.

Dejoie, L. et Harrissou, A. (2014). *Les enfants fantômes, Préface de R. Badinter*. Paris : Albin Michel.

Delalande, J. (2001). *La cour de récréation. Pour une anthropologie de l'enfance*. Rennes : PUR.

Delbos, G. et Jorion, P. (1984). *La transmission des savoirs*, Paris : Ed. de la Maison des sciences de l'homme. Récupéré du site Persée : http://www.persee.fr/web/revues/home/prescript/article/hom_0439-4216_1985_num_25_96_368631

Desrameaux, A. (2009). L'instruction à domicile : une survivance sous surveillance, *L'actualité juridique. Droit administratif, 3*, 135-141.

DeSwaan, A. (1995). *Sous l'aile protectrice de l'état*. Paris : PUF.

Dien, C. (2013). *Instruire en famille*. Paris : Rue de l'échiquier.

Donzelot, J. (1977). *La police des familles*. Paris : Éditions de Minuit.

Drenovski, C. et Cohen, I. (2012). The impact of homeschooling on the adjustment of college students, *International Social Science Review Publisher: Pi Gamma Mu*, *87*(1&2). Récupéré du site Biomedsearch : http://www.biomedsearch.com/article/impact-homeschooling-adjustment-college-students/294895885.html

Duffey, J. (2002). Home Schooling Children with Special Needs, *Home School Researcher*, *15*(2).

Durkheim, E. (1903). *L'éducation morale*, version numérique éditée par J.-M. Tremblay. Récupéré du site Les classiques des sciences sociales de l'université du Québec à Chicoutimi : http://classiques.uqac.ca/classiques/Durkheim_emile/educatio n_morale/education_morale.pdf

Durkheim, E. (1922). *Éducation et Sociologie*. Paris : Quadrige/PUF

Durning, P. (2006). *Éducation familiale*. Paris : L'Harmattan

Duvall, S. (2005). The Effectiveness of Homeschooling Students with Special Needs Dans Bruce S. Cooper (Ed.), *Homeschooling in full view: A reader*. Greenwich, Connecticut: Information Age Publishing.

Ensign, J. (2000). Defying the Stereotypes of Special Education : Home School Students, *Peabody Journal of Education*, *75*(1&2), 147-158.

Espinosa, G. (2003). *L'affectivité à l'école. L'élève dans ses rapports à l'école, au savoir et au maître*. PUF : Paris.

Farris, M. P. et Woodruff, S. A. (2000). The Future of Home Schooling, *Peabody Journal of Education*, *75*(1&2), 233-255.

Feyfant, A. (2010). L'éducation à la citoyenneté, *Dossier d'actualité de la Veille scientifique et technologique*, *57*.

Flyvberg, B. (2006). Five Misunderstandings About Case-Study Research, *Qualitative Inquiry*, *12*(2), 219-245.

Forestier, C. et Thélot C. (2007). *Que vaut l'enseignement en France ?*. Paris : Stock.

Francis, D. J. et Keith, T. Z. (2004). Social Skills of Home Schooled and Conventionally Schooled Children : A Comparison Study, *Home School Researcher*, *16*(1), 15-24.

Freinet, C. (1960). L'originalité des techniques Freinet, *Techniques de vie, 3*.

Furet, F. et Ozouf, M. (1977). *Lire et écrire. L'alphabétisation des français de Calvin à Jules Ferry, tome 1*. Paris : Éditions de Minuit.

Gaither, M. (2008). Why Homeschooling Happened, *Education Horizon, 86*(4), 226-237.

Gaither, M. (2009). Home Schooling Goes Mainstream, *Education Next*, Winter 2009, 11-18.

Galloway, R.S. (1998, juin). *The home schooled student's potential for success in college*, discours prononcé à la Convention du Homeschooling en Floride, Orlando, Floride.

Galvao, I. (2007). Apprentissage scolaire et vie quotidienne : l'exemple de deux écoles-familles agricoles au Brésil, *Revue française de pédagogie, 160*, 51-61.

Gather-Thurler, M. et Maulini, O. (dir.) (2014). *Enseigner, un métier sous contrôle ?*. Paris : ESF.

Gathercole, R. (2007). *The Well-Adjusted Child, The Social Benefits of Homeschooling*, Denver Colorado : Maple Tree Publishing Company.

Gauchet, M. (1985). *Le désenchantement du monde. Une histoire politique de la religion*. Paris : Gallimard.

Glanzer, P. L. (2008). Rethinking the Bounderies and Burdens of Parental Authority over Education : a Response to Rob Reich's Case Study of Homeschooling, *Educational Theory, 58*(1), 1-16.

Godelier M. (2004). *Métamorphoses de la parenté*. Paris : Fayard.

Goffman, E. (1968). *Asiles. Études sur la condition sociale des malades mentaux*. Paris : Éditions de Minuit.

Green, C. L. et Hoover-Dempsey (2007) Why Do Parents Homeschool? A Systematic Examination of Parental Involvement, *Education and Urban Society, 39*(2), 264-285.

Guigue, M. (2001). Les enseignants, professionnels solitaires de la transmission de savoir ?, *Connexions, 75*, 85-96.

Guigue, M. (2003). Quelques heures de classe en lycée, entre ordinaire et « bons moments », *Le Télémaque, 24* (Description de l'ordinaire des classes), 35-49.

Guigue, M. (2009). Scolariser aux marges de la classe. Dans N. Euriat, H. Lhotel et E. Prairat (coord.), *L'école et ses transformations* (p. 31-45). Nancy : PUN.

Guigue, M. (2014). *Ethnographies de l'école*. Bruxelles : De Boeck.

Guigue, M. (dir.) (2002). Ethnographie de l'école, *Spirale, 30*. Récupéré du site de la revue : http://spirale-edu-revue.fr/spip.php?rubrique63

Guigue, M. (dir.) (2005). La familiarité avec l'objet de recherche, *Les sciences de l'éducation – Pour l'ère nouvelle, 38*(1), Université de Caen. Récupéré du site : http://www.cairn.info/revue-les-sciences-de-l-education-pour-l-ere-nouvelle-2005-1.htm.

Guigue, M. (dir.) (2013). *Les déchirements des institutions éducatives. Jeux d'acteurs face au décrochage solaire*. Paris : L'Harmattan.

Guigue, M. et Tillard, B. (2010). Parents et professionnels du travail éducatif : une relation en tension. Regards croisés autour de vingt jeunes en difficulté, *La revue internationale de l'éducation familiale, 27*, 57-82.

Guigue, M. et Nébia, M.-J. (2012). Pratiques de dons à l'École Maternelle. Cadrages, contournements et débordements. *Les sciences de l'éducation pour l'ère nouvelle (Université de Caen)*, *3*, 89-108.

Hadderman, M. (2002). Homeschooling : Trends and Issues, ERIC Clearinghouse on Educatio-nal Management, *University of Oregon*. Récupéré du site The Education Resources Information Center : http://www.eric.ed.gov/PDFS/ED473001.pdf

Hardenbergh, N. (2005). Through the Lens of Homeschooling: A Response to Michael Apple and Bob Reich. Dans B. S. Cooper, *Homeschooling in Full View: A Reader* (p. 97-108). Greenwich, CT: Information Age Publishing.

Hill, P. T. (2000). Home Schooling and the Future of Public Education, *Peabody Journal of Education, 75*(1&2), 20-31.

Holt, J. (1981). *Teach Your Own: A Hopeful Path for Education*. New York : Delacorte.

Howell, C. L. (2007). Justice, Inequality, and Home Schooling. Dans R. Curren (dir.) *Philosophy of Education : an Anthology*. Victoria, Australie : Blackwell Publishing.

Ice, C. L. et Hoover-Dempsey, K. (2010). Linking Parental Motivations for Involvement and Student Proximal Achievement Outcomes. Dans *Homeschooling and Public Schooling Settings, Education and Urban Society, 42*(6), 1-31.

Illich, I. (1971). *Une société sans école*. Paris : Seuil.

Isenberg, E. J. (2007). What Have We Learned About Homeschooling ?, *Peabody Journal of Education, 82*(2&3), 387-409.

Jablonka, I. (2006). *Ni père, ni mère*. Paris : Seuil.

Jablonka, I. (2007). *Enfants en exil. Transfert de pupilles réunionnais en métropole (1963-1982)*. Paris : Seuil.

Jackson, G. (2007). Home Education Transitions with Formal Schooling : Student Perspectives, Issues, *Educational Research, 17*(1), 62-84. Récupéré du site : http://www.iier.org.au/iier17/jackson.html

Jackson, G. (2008). Australian Home Education and Vygotskian Learning Theory, *Journal of Australian Research in Early Childhood Education, 15*(1), 39-48.

Jackson, G. (2009). *Summary of Australian Research on Home Education*, Faculty of Education, Monash University, Australie.

Jackson, G. et Allen, S. (2009). Fundamental elements in examining a child's right to education: A study of home education research and regulation in Australia, *International Electronic Journal of Elementary Education, 2*(3), 349-364. Récupéré du site : http://www.iejee.com/2_3_2010/349-364.pdf

Jacquet-Francillon, F. (1995). *Naissances de l'école du peuple 1815-1870*. Paris : Éditions de l'Atelier. Blog de l'auteur : http://societe-culture-education.eklablog.com

Javoy, M.-C. (2014). *Sur le chemin de l'école*. Paris : L'Éditeur.

Jones, E. (2010). Transition from Home Education to Higher Education: Academic and Social Issues, *Home School Researcher, 25*(3), 1-9.

Jones, P. et Gloeckner, G. (2004). First-Year College Performance: A Study of Home School Graduates and Traditional School Graduates, *The Journal of College Admission, 183*, 17-20.

Julia, D. (1981). *Les trois couleurs du tableau noir. La Révolution*. Paris : Éditions Belin.

Kant, E. (1784). *Réponse à la question : qu'est-ce que les Lumières ?*

Kidd, T. et Kaczmarek, E. (2010). The experience of mothers home educating their children with autisme spectrum disorder, *Issues in Educational Research*, *20*(3).

Killen, M. F. (2000). *Curricular and Instructional Landscapes in Home Schools for Gifted Learners*. Utah State University.

Klicka, C. (2004). The Facts Are In: Homeschoolers Excel, *Practical Homeschooling*, *57*. Récupéré du site : http://www.homeschool.com/Articles/the-facts-are-in-homeschoolers-excel.php

Knowles, J. G. (1988 a). Parents' Rationales and Teaching Methods for Home Schooling : The Role of Biography, *Education and Urban Society, 21*(1), 69-84.

Knowles, J. G. (1988 b). The Context of Home Schooling in the United States, *Education and Urban Society, 21*(1), 5-15.

Knowles, J. G. (1991). *We've grown up and we're OK: An exploration of adults who were home-educated as students*. Article présenté à la 13th National Conference of the New Zealand Association for Research in Education.

Koehler, L. et al. (2002). Socialization Skills in Home Schooled Children Versus Conventionally Schooled Children, *Journal of Undergraduate Research V*, 469-474.

Lallemand, S. (2013). Approche ethno-anthropologique de la famille dans son rapport à l'éducation. Dans G. Bergonnier-Dupuy, H. Join-Lambert, P. Durning (dir.), *Traité d'éducation familiale* (p. 35-55). Paris : Dunod.

Lefaucheur, N. (1992). Maternité, famille, État. Dans F. Thébaud (dir.), *Histoire des femmes. Le XXe siècle* (p. 411-430). Paris : Plon.

Legros-Bawin, B. (1996). *Sociologie de la famille*. Paris : De Boeck Université

Lelièvre, C. (1990). *Histoire des institutions scolaires (1789-1989)*. Paris : Nathan.

Lelièvre, C. (2004). *L'École obligatoire : Pourquoi faire ? Une question trop souvent éludée*. Paris : Retz. Blog de l'auteur : http://blog.educpros.fr/claudelelievre/

Levi Strauss, C. (1983). Propos retardataires sur l'enfant créateur. Dans C. Levi Strauss, *Le regard éloigné* (p. 357-370). Paris : Plon.

Lines, P. (1999). *Homeschoolers: Estimating Numbers and Growth*, National Institute on Student Achievement, Curriculum, and Assessment, Office of Educational Research and Improvement, US Departement of Education. Récupéré sur le site Louis J. Blume Library, St Mary's University : http://library.stmarytx.edu/acadlib/edocs/homeschoolers.pdf

Lines, P. (2000). Homeschooling Comes of Age, *The Public Interest*, *140*, 74-85. National Affairs, Inc. Récupéré du site Discovery Institute : http://www.discovery.org/a/277

Lines, P. (2000). When Home Schoolers Go to School : A Partnership Between Families and Schools, *Peabody Journal of Education*, *75*(1&2), 159-186.

Lorcerie, F. (1998). La coopération des parents et des maîtres. Une approche non psychologique, *Ville École Intégration*, *114*, 20-34.

Loten, S. E. (2011). *Melissa, Trisha, and Ruth : Hearing the Voices of three Home Schooled Adloescents with Learning Disabilities*. Mémoire de Master en Sciences de l'Éducation, Queen's University, Kingston, Ontario, Canada.

Lubiensky, C. (2000). Whither the Common Good ? A Critique of Home Schooling, *Peabody Journal of Education*, *75*(1&2), 207-232.

Lyman, I. (1998). Homeschooling : Back to the future ?, *Cato Policy Analysis*, *293*. Récupéré du site Cato Institute : http://www.cato.org/pubs/pas/pa-294.html

Lyman, I. (2000, mai). *Home Schooling and Histrionics*, Cato Institute. Récupéré du site : http://object.cato.org/publications/commentary/home-schooling-histrionics-0

Lyon, J. (1994). Reclaiming the Schools : Reconciling Home and Education, 8 *The Family in America 8,6* : 3.

Machard, L. (2003). *Les manquements à l'obligation scolaire*, Rapport au Ministère délégué à la famille. Récupéré du site de la Documentation française : http://www.ladocumentationfrancaise.fr/var/storage/rapports-publics/034000020/0000.pdf

Malglaive, G. (1990). *Enseigner à des adultes*. Paris : PUF.

Martin-Chang *et al.* (2011). The Impact of Schooling on Academic Achievement: Evidence From Homeschooled and Traditionally Schooled Students, *Canadian Journal of Behavioural Science*, *43*(3), 195-202.

Martin-Rodriguez, S. (2008). *Les 10 plus gros mensonges sur… l'école à la maison*. Labège : Éditions Dangles.

Mason, C. Ouvrages consultables en ligne, par exemple : http://www.amblesideonline.org/CM/toc.html

Masson, P. (1999). *Les coulisses d'un lycée ordinaire. Enquête sur les établissements secondaires des années 1990*. Paris : PUF.

Mayberry, M. (1988). Characteristics and Attitudes of Families Who Home School, *Education and Urban Society*, *21* (1), 32-41.

McDowell, S. A. (2000). The Home Schooling Mother-Teacher : Toward a Theory of Social Integration, *Peabody Journal of Education*, *75*(1&2), 187-206.

McDowell, S. A. (2004) *But What About Socialization? Answering the Perpetual Home Schooling Question: A Review of the Literature*. Nashville, TN : Philodeus Press.

McDowell, S. A. *et al.* (2000). Participation and Perception : Looking at Home Schooling Through a Multicultural Lens, *Peabody Journal of Education*, *75*(1&2), 124-146.

McKeon, C. (2007). *A Mixed Methods Nested Analysis of Homeschooling Styles, Instructional Practices, and Reading Methodologies*, Ph.D. Dissertation, Capella University.

Medlin, R. G. (2000). Home Schooling and the Question of Socialization, *Peabody Journal of Education*, *75* (1&2), 107-123.

Meighan, R. (1995). Home-based education effectiveness research and some of its implications, *Educational Review*, *47*(3), 275-287.

Michiels-Philippe, M. P. (dir.) (1984). *L'observation*. Neuchâtel/Paris : Delachaux & Niestlé.

Miron, J.-M. (2004). La difficile reconnaissance de « l'expertise parentale », *Recherche et Formation*, *47*, 55-68.

Mohammed, M. (2011). *La formation des bandes. Entre la famille, l'école et la rue*. Paris : PUF.

Montaigne, (1588) (2009). *L'éducation des enfants, dans Les Essais, chapitre XXVI*, (Adaptation au français moderne par A. Lanly). Paris : Gallimard.

Moore, R. et Moore, D. (1975). *Better Late Than Early*. New York : Reader's Digest Press .

Moreau, K. (2012). *Specific Differences in the Educational Outcomes of those Students who are Homeschooled Vs. Students in a Traditional School Setting*, Northern Michigan University

Nemer, K. M. (2002). Understudied Education : Toward Building a Homeschooling Research Agenda, *Occasional Paper No. 48, National Center for the Study of Privatization in Education, Teachers College*, Columbia University. Récupéré du site : http://www.ncspe.org/publications_files/114_OP48.pdf

Newman, A. et Aviram, A. (2003). Homeschooling as a Fundamental Change in Lifestyle, *Evaluation and Research in Education, 17*(2&3), 132-143.

Pain, A. (1990). L'éducation informelle, les effets formateurs dans le quotidien. Paris : L'Harmattan.

Patterson, J. A. *et al.* (2007). Resisting Bureaucracy : A Case-Study of Home Schooling, *Journal of Thought, 3/4*, 71-86.

Paugam, S. (2014). *Vivre ensemble dans un monde incertain*. Paris : Éditions de l'Aube.

Perrenoud, P. (1994). Ce que l'école fait aux familles. Dans C. Montandon et P. Perrenoud (dir.), *Entre parents et enseignants : un dialogue impossible ?*. Berne : Lang.

Petrie, A (2001). Home Education in Europe and the Implementation of Changes to the Law, *International Review of Education, 47*(5), 477-500.

Piaget, J. (1975). *L'équilibration des structures cognitives*. Paris : P.U.F.

Plaisance, E. (1986). *L'enfant, la maternelle, la société*. Paris : PUF.

Prost, A. (1968). *Histoire de l'enseignement en France, 1800-1967*. Paris : Armand Colin.

Prost, A. (2013). *Du changement dans l'école. Les réformes de l'éducation de 1936 à nos jours*. Paris : Seuil.

Prue, I. (1997). *A Nation-Wide Survey of Admissions Personnel's Knowledge, Attitudes, and Experiences with Home Schooled Applicants*, Thèse de Doctorat, Universty of Georgia.

Quatrevaux, A. (2011). Le système scolaire face à l'instruction dans la famille, *Cahiers de la recherche sur l'éducation et les savoirs, 10*, 29-43.

Ray, B. D. (1988). Home Schools : A Synthesis of Research on Characteristics and Learner Outcome, *Education and Urban Society, 21*(1), 16-31.

Ray, B. D. (2000). Home Schooling : The Ameliorator of Negative Influences on Learning ?, *Peabody Journal of Education, 75*(1&2), 71-106.

Ray, B. D. (2000). Home Schooling for Individuals' Gain and Society's Common Good, *Peabody Journal of Education, 75*(1&2), 272-293.

Ray, B. D. (2000). *Homeschooling Teaching Strategies*, ERIC Clearinghouse on Teaching and Teacher Education. Récupéré du site Education Resources Information Center : http://files.eric.ed.gov/fulltext/ED501189.pdf

Ray, B. D. (2001). Homeschooling in Canada, *Education Canada, 41*(1), 28-31.

Ray, B. D. (2004). *Home Educated and Now Adults: Their Community and Civic Involvement, Views about Homeschooling, and Other Traits*, National Home Education Research Institute.

Ray, B. D. (2009). *Homeschool Progress Report 2009 : Academic achievement and demographics*. Purcellville, VA : HSLDA. Récupéré du site Home School Legal Defense Association : http://www.hslda.org/docs/study/ray2009/2009_Ray_StudyFINAL.pdf

Ray, B. D. (2010). *2,04 Million Homeschool Students in the United States in 2010,* report from the National Home Education Research Institute. Récupéré du site National Home Education Research Institute : http://www.nheri.org/HomeschoolPopulationReport2010.pdf

Ray, B. D. (2010). Academic Achievement and Demographic Traits of Homeschool Students: A Nationwide Study, *Academic Leadership, 8*(1), 1.

Reavis, R. et Zakriski, A. (2005). Are home-schooled children socially at-risk or socially protected?, *The Brown University Child and Adolescent Behavior Letter, 21*(9). Récupéré du site : http://www.childresearch.net/projects/past/brownU/2005_09.html

Reich, R. (2002). Testing the Boundaries of Parental Authority Over Education: The Case of Homeschooling, in Political and Moral Education. Dans *Political and Moral Education, NOMOS XLIII*, Stephen Macedo and Yael Tamir, eds. New York : New York University Press. Récupéré du site Haz Politica : http://www.hazpolitica.org/pdfs/homeschooling2002.pdf

Reich, R. (2002). The Civic Perils of Homeschooling, *Educational Leadership, 59*(7), 56-59.

Reich, R. (2008). On Regulating Homeschooling : A Reply to Glanzer, *Educational Theory, 58*(1), 17-23.

Renaud, R. (2006). Comment les parents éducateurs voient-ils la citoyenneté responsable ? *Liaison, Université de Sherbrooke 40*(19). Récupéré du site de l'Université de Sherbrooke : http://www.usherbrooke.ca/liaison_vol40/n19/a_brabant.html

Robespierre, *Rapport du 18 floréal an II*. Voir dans Julia D. (1981).

Robinson, S. K. (1999). *All Our Futures: Creativity, Culture and Education*, National Advisory Committee on Creative and Cultural Education. Récupéré du site de l'auteur : http://sirkenrobinson.com/pdf/allourfutures.pdf

Romanoswski, M. H. (2006). Revisiting the common myths about homeschooling, *Center for Teacher Education, 79*(3), 125-129.

Rosanvallon, P. (2004). *Le modèle politique français. La société civile contre le jacobinisme de 1789 à nos jours*. Paris : Seuil.

Rosanvallon, P. (2006). *La contre-démocratie. La politique à l'âge de la défiance*. Paris : Seuil.

Rosental, P.-A. (2004). Familles « nombreuses » et familles « normales » : un regard historique (1900-1950), *Informations sociales, 115*(3), 44-57.

Rothermel, P. (2002). *Home-Education: Rationales, Practices and Outcomes*. Ph.D. Dissertation, University of Durham.

Rothermel, P. (2003). Can we Classify Motives for Home Education ? *Evaluation and research in Education, 17*(2&3), 74-89.

Rothermel, P. (2004). Comparison of Home- and School-Educated Children on PIPS Baseline Assessments, *Journal of Early Childhood Research, 2*(3), 273-299.

Rousseau, J.-J. (1762) (1964) *L'Émile ou de l'éducation*. Paris : Éditions Garnier.

Rousseau, J.-J. (1762) (1964). *Le contrat social, Œuvres complètes, T. 3*. Paris : Bibliothèque de la Pléiade.

Roussel, L. (1989). *La famille incertaine*. Paris : Éditions Odile Jacob.

Rudner, L. M. (1998). Achievement and Demographics of Home School Students, *Education Policy Analysis Archives, 7*(8). Récupéré du site de l'éditeur : http://epaa.asu.edu/ojs/article/view/543/666

Rudner, L. M. (1999). Scholastic Achievement and Demographic Characteristics of Home School Students in 1998. *Educational Policy Analysis Archives, 7*(8).

Scott, A. et Quintero-Johnson, J. (2009). *The Role of Parental Modeling and Family Communication Patterns in Developing Communication Competence in Homeschooled Children*. Article présenté à la réunion annuelle de l'International Communication Association, Marriott, Chicago.

Segalen, M. (2010). *A qui appartiennent les enfants ?*. Paris : Tallandier.

Seiter, W. B. et Seiter, H. (2008). *A correlational study of social anxiousness in home schooled and traditionally schooled children*. Missouri Western State University.

Shyers, L. (1992). *Comparison of Social Adjustment Between Home and Traditionally Schooled Students*. Thèse doctorale, University of Florida.

Smedley, T. (1992). *Socialization of Home Schooled Children: A Communication Approach*. Thèse de M. S., Radford University.

Soczka, A. (2007). *The Challenges of Researching the Homeschool Population*. Master's Degree Research Paper, University of Wisconsin-Stout.

Soppelsa, R. et Albaret, J.-M. (2014). Caractéristiques de la dysgraphie ou du trouble de l'apprentissage de la graphomotricité (TAG) au collège. *Approche Neuropsychologique des Apprentissages chez l'Enfant, 128*.

Sous-Commandant Marcos (1996). *Ya Basta ! Les insurgés zapatistes racontent un an de lutte au Chiapas*. Paris : Éditions Dagorno.

Stern, A. (2011). *... Et je ne suis jamais allé à l'école*. Arles : Actes Sud.

Stevens, M. L. (2003). The Normalisation of Homeschooling in the USA, *Evaluation and Research in Education, 17*(2&3), 99-100.

Stewart, K. P. et Neeley, R. A. (2005). The Impact of Homeschooling Regulations on Educational Enrollments in the United States, *Education, 126*(2), 353-363.

Stough, L. (1992). *Social and Emotional Status of Home Schooled Children and Conventionally Schooled Children in West Virginia.* M.S. Thesis, University of West Virginia.

Strauss, L. (1989). *La persécution et l'art d'écrire.* Paris : Presses Pocket.

Strobant, E. (2006). *Dancing to the Music of Your Heart : Home-Schooling the School-Resistant Child.* Thèse de Doctorat en Philosophie de l'Éducation, University of Auckland.

Tardif, M. et Levasseur, L. (2010). *La division du travail éducatif. Une perspective nord-américaine.* Paris : PUF.

Taylor, J. W. (1986). *Self-Concept in Home-Schooling Children.* Andrews University

Taylor, L. A. et Petrie, A. J. (2000). Home Education Regulations in Europe and Recent U.K. Research. *Peabody Journal of Education, 75*(1&2), 49-70.

Terrillon, N. (2002). *L'instruction dans la famille comme alternative à l'école.* Mémoire de DHEPS, Université de Lyon II.

Thélot, C. (2008). La principale faiblesse de l'évaluation et du contrôle de l'école en France, *Revue internationale d'éducation de Sèvres, 48.* Récupéré du site : http://ries.revues.org/443.

Théry, I. (1992, mars). *Nouveaux droits de l'enfant, la potion magique ?* Revue Esprit.

Thomas-Desplebin, M. (2009). *L'éducation en famille « très nombreuse », une école de réussite.* Paris : L'Harmattan.

Tillard, B., Lemoine, M. et Bruggeman, D. (2009). Itinéraire de place en place : l'exemple de Kelly. *Sociétés et jeunesses en difficulté, 8.* Récupéré du site : http://sejed.revues.org/6431

Trudal, P. (1998). La relation pédagogique. Dans J. Gaudreau (Dir.) *Croissance de l'enfant et école primaire.* Montréal : Gaëtan Morin éditeur

Tyler, Z. P. et Carper, J. C. (2000). From Confrontation to Accomodation : Home Schooling in South Carolina, *Peabody Journal of Education, 75*(1&2), 32-48.

Van Galen, J. A. (1988). Ideology, Curriculum, and Pedagogy in Home Education, *Education and Urban Society, 21*(1), 52-68.

Vega, A. (2000). *Une ethnologue à l'hôpital. L'ambiguïté du quotidien infirmier*. Paris : Archives contemporaines.

Vellard, D. (1988). Anthropologie et sciences cognitives : une étude des procédures de calcul mental utilisées par une population analphabète. *Intellectica, 6*, 169-209.

Vellard, D. (1994). Pragmatique cognitive : de l'arithmétique du quotidien à l'intelligence artificielle, *Sociologie du travail, 4*, 501-522.

Vincent, G. (dir.) (1994). *L'éducation prisonnière de la forme scolaire ? Scolarisation et socialisation dans les sociétés industrielles*. Lyon : Presses universitaires de Lyon.

Wartes, J. (1988). The Washington Home School Project : Quantitative Measures for Informing Policy Decisions, *Education and Urban Society, 21*(1), 42-51.

Webb, J. (1989). The Outcomes of Home-Based Education: Employment and Other Issues, *Educational Review, 41*(2), 121-133.

Webb, N.M. (1989). Peer interaction and learning in small groups. *International Journal of Educational Research, 13*, 21-40.

Webb, N.M. et Palincsar, A.S. (1996). Group processes in the classroom. Dans D. Berliner and R. Calfee (Eds.), *Handbook of Educational Psychology, Third Edition* (pp. 841-873). New-York : Macmillan.

Welner, K. G. et Welner, K. M. (1999). Contextualizing homeschooling data: A response to Rudner, *Education Policy Analysis Archives, 7*(13). Récupéré du site : http://epaa.asu.edu/ojs/article/download/548/671

Wichers, M. (2001). Homeschooling : Adventitious or Detrimental for Proficiency, *Higher Education, Education, 122*(1), 145-150.

Wilhelm, G. M. et Firmin, M. W. (2009). Historical and Contemporary Developments in the Home School Education, *Journal of Research on Christian Education, 18*(3), 303-315.

Winstanleyl, C. (2009). Too cool for school ? : Gifted children and homeschooling , *Theory and Research in Education, 7*, 347.

Woods, P. (1997). Les stratégies de « survie » des enseignants. Dans J.-C. Forquin, *Les sociologues de l'éducation américains et britanniques*. Bruxelles/Paris : De Boeck, p. 351-376.

Wright, C. (1988). Home School Research : Critique and Suggestions for the Future, *Education and Urban Society, 21*(1), 96-113.

Yonnet, P. (2006). *Le recul de la mort : l'avènement de l'individu contemporain*. Paris : Gallimard.

Ziegler, J.C., et Montant, M. (2005). L'apprentissage de la lecture dans différentes langues: un problème de taille. *Le Langage et l'Homme, XXXX*(2), 149-160.

# Présentation des auteurs

**Michèle Guigue**, Professeure des Universités, émérite, laboratoire Proféor-Cirel, Université Charles de Gaulle - Lille 3, travaille sur l'école et ses marges, principalement sur les interactions entre les multiples acteurs et institutions éducatives.

**Rébecca Sirmons**, titulaire d'un Master de Recherche en Sciences de l'Éducation de l'Université Lille 3, se consacre aujourd'hui à plein temps à l'instruction de ses cinq enfants.

**Laetitia Branciard**, Ingénieure de Recherche à l'ENFA (École nationale de formation agronomique), membre de l'UMR Éducation - Formation - Travail - Savoirs, Toulouse II, travaille sur l'appropriation des technologies de l'information et de la communication, et notamment leur adaptation aux situations de handicap.

**Aleksandra Pawlowska**, post-doctorante en sociologie à l'Université de Strasbourg, membre de DynamE (Dynamiques européennes), travaille sur corps et enfance, et sur la petite enfance, dans des perspectives comparatives, notamment avec L'Europe centrale et orientale.

# ÉDUCATION ET FORMATION

## AUX ÉDITIONS L'HARMATTAN

### Dernières parutions

**ÉCRIRE POUR APPRENDRE**
**La démarche ECLER**
*Ferrand Noël*
Dans la démarche ECLER, ceux et celles qui disent ne pas savoir sont autorisés à écrire. Ils sont invités à s'appuyer sur ce qu'ils savent déjà, pour construire de nouvelles compétences. Dans une posture «d'accompagnement-expert», le formateur accueille, conseille, oriente en construisant avec chacun, pas à pas, une progression sur mesure des connaissances à acquérir. Depuis plus de 25 ans, ECLER fait de l'hétérogénéité un levier pour l'apprentissage et développe chez les apprenants, initiative, créativité, autonomie et responsabilité.
*(32.00 euros, 318 p.)*
*ISBN : 978-2-343-04351-7, ISBN EBOOK : 978-2-336-36318-9*

**RÉSEAU (LE) IDEKI**
**Objets de recherche d'éducation et de formation émergents, problématisés, mis en tension, réélaborés**
*Frisch Muriel - Préface de Joel Lebeaume*
Créatrice du concept IDEKI (Information - Innovation - Didactiques - Documentation - Education - Knowledge - Ingénierie), Muriel Frisch intervient en formation auprès de publics variés, en articulant ses objets de recherche à ses interventions en formation. Les enjeux sont de mettre au jour des émergences, des constructions de savoirs, de rendre compte de savoirs «chauds» sans les figer.
*(Coll. ID/Émergences, cheminements et constructions de savoirs, 38.50 euros, 392 p.)*
*ISBN : 978-2-343-04772-0, ISBN EBOOK : 978-2-336-36441-4*

**ENTRETIEN (L') D'EXPLICATION**
**Usages diversifiés en recherche et en formation**
*Sous la direction d'Alain Mouchet*
Ce livre a pour objectif de diffuser les usages diversifiés de la psychophénoménologie et de la méthode d'entretien d'explication, dans les recherches et les formations qui s'intéressent à l'expérience subjective. C'est l'occasion de répondre à des interrogations de nature scientifique à propos de la dimension implicite, sensible, intuitive, de l'expérience vécue en situation.
*(Coll. Action et savoir, 34.00 euros, 302 p.)*
*ISBN : 978-2-343-03993-0, ISBN EBOOK : 978-2-336-36299-1*

**ÉCHEC (L') SCOLAIRE DES ENFANTS DE MIGRANTS**
**Pour une éducation interculturelle**
*Boukli-Hacène Nadia*
Les enfants de migrants (ou pas), ne sont pas que des élèves qui doivent subir les aléas et exigences d'un programme illisible. En chaque élève, il y a d'abord un enfant et l'enfance est cette période privilégiée de la vie où tout est possible. Elle sert de référence, de point d'appui. L'école doit être le lieu où l'enfant est impliqué dans son apprentissage, car en chaque enfant, un adulte se prépare. Enseignants, pédagogues, formateurs, n'égarons pas cette clé, elle est précieuse, afin que nos enfants puissent accéder à l'essentiel. L'Éducation peut mieux faire, elle est l'instrument de cette quête fondamentale !
*(Coll. Questions contemporaines, 19.00 euros, 188 p.)*
*ISBN : 978-2-343-04078-3, ISBN EBOOK : 978-2-336-36418-6*

**DOCTORAT ET MONDE PROFESSIONNEL**
*Coordonné par Françoise Cros, Edwige Bombaron et Marie-Laure Vitali*
La société actuelle interroge de manière vive les qualités économiques et professionnelles de l'ensemble des diplômes accordés par l'Université. Dans cette perspective, cet ouvrage questionne les forces et les faiblesses du doctorat en sciences sociales et humaines face au monde économique, à travers une triple orientation : historique, de comparaison internationale avec des pays comme la Finlande ou le Canada et épistémologique.
*(Coll. Action et savoir, série Rencontres, 15.50 euros, 156 p.)*
*ISBN : 978-2-343-03997-8, ISBN EBOOK : 978-2-336-35974-8*

**DE LA RECHERCHE BIOGRAPHIQUE EN ÉDUCATION**
**Fondements, méthodes, pratiques**
*Delory-Momberger Christine*
Le recherche biographique se donne pour projet d'explorer les configurations qui permettent à l'individu de donner forme et sens à son expérience dans les registres pluriels de son existence. Dans le domaine de l'éducation, elle s'attache à mieux comprendre la manière dont les acteurs font signifier leurs expériences de formation et d'apprentissage, le rôle que jouent les institutions éducatives et formatives dans les constructions biographiques individuelles et dans les processus de socialisation.
*(Téraèdre, Coll. Autobiographie et éducation, 21.50 euros, 274 p.)*
*ISBN : 978-2-36085-058-7, ISBN EBOOK : 978-2-336-36162-8*

**ENSEIGNER PAR SON CORPS**
*Sous la direction de Bernard Andrieu, Aline Paintendre et Nicolas Burel*
Le corps incarne par ses gestes, postures et attitudes, un mode d'exister dans les gestes professionnels. A travers notre corps, les émotions, les affects, les gestes involontaires, le stress, le désir ou le plaisir, se trahissent malgré nous dans l'interaction pédagogique. Cet ouvrage s'intéresse, dans une première partie, au corps de l'enseignant en situation d'enseignement, une seconde partie est consacrée à la santé de l'enseignant et au bien-être de l'élève.
*(Coll. Mouvements des Savoirs, 27.00 euros, 260 p.)*
*ISBN : 978-2-343-04727-0, ISBN EBOOK : 978-2-336-36146-8*

**ÉVALUATION DES BESOINS DES ENFANTS ET QUALITÉ DE VIE**
**Regards croisés France-Canada**
*Sous la direction de Philippe Guimard et Catherine Sellenet*
D'un continent à l'autre, des chercheurs et praticiens se répondent pour travailler ensemble à l'amélioration des conditions de vie des enfants. Ici l'accent a été mis sur les études les plus récentes : celles qui concernent la place du père et son influence dans le bien-être des enfants, celles qui pénètrent au cœur de l'école en interrogeant la satisfaction des enfants, leur préparation scolaire à la maternelle, les troubles du comportement, sans oublier le champ de la protection de l'enfance.
*(Coll. Savoir et formation, série Protection de l'enfance, 26.00 euros, 268 p.)*
*ISBN : 978-2-343-04684-6, ISBN EBOOK : 978-2-336-36250-2*

**POUVOIR DEVENIR SUJET**
**Un itinéraire de formation à la reliance**
*Beauchesne Marie - Préface de Bernard Honoré*
Marie Beauchesne propose ici une immersion radicale dans son parcours de vie, marqué notamment par l'éclatement familial caractéristique du Québec contemporain. Elle explore également son itinéraire de formation ainsi que sa pratique d'accompagnement du changement humain en milieu organisationnel, afin de répondre à une question brûlante : « Comment peut-on, par une pratique approfondie de soi, participer à la transformation de nos relations, de nos institutions, voire même de notre société ? »
*(Coll. Histoire de vie et formation, 23.00 euros, 228 p.)*
*ISBN : 978-2-343-04407-1, ISBN EBOOK : 978-2-336-36111-6*

**TABLEAUX NOIRS**
**Bribes de vie à l'école**
*Nhu Nathalie*
Mais que se passe-t-il dans nos écoles ? L'école qui se donne une image lisse et parfaite, mais qui derrière ses portes, cache son mal-être. *Tableaux Noirs* fixe comme le ferait un photographe des histoires vraies, des instantanés qui dressent le portrait d'enseignants, d'élèves ou de parents à un moment donné de leur vie. Ces histoires courtes de l'école montrent la difficulté d'un métier passionnant, qui plonge l'enseignant dans une profonde solitude.
*(18.00 euros, 194 p.)*
*ISBN : 978-2-343-04192-6, ISBN EBOOK : 978-2-336-36137-6*

**SE FORMER PAR UN TRAVAIL DE MODÉLISATION**
**Une expérience collective à l'œuvre**
*Sous la direction de Jean-Philippe Gillier*
Cet ouvrage dévoile les principes d'accès à une expérience individuelle et collective d'action-recherche dans le champ de l'éducation. Chacun des auteurs témoigne sur sa propre façon de se former par un travail de modélisation. En s'appuyant sur leurs trajets personnels et professionnels les onze auteurs s'engagent dans un processus dynamique de réflexion et de formalisation des connaissances à partir des expériences et actions conscientisées.
*(Coll. Cognition et Formation, 27.50 euros, 280 p.)*
*ISBN : 978-2-343-03205-4, ISBN EBOOK : 978-2-336-36115-4*

## POUR UNE VIE ÉPANOUISSANTE, UNE ÉDUCATION MOTIVANTE
**Essai sur la métamotivation**
*André Jacques - Avec la collaboration d'Anthony Pouliquen*
Jacques André centre ici sa réflexion sur la métamotivation que constitue l'accomplissement de soi, finalité éducative essentielle. Pour lui, se réaliser c'est réussir sa vie en la construisant à partir de rencontres marquantes et d'expériences fondatrices. Des extraits de récits de vie authentiques et émouvants, choisis pour leur exemplarité, sont éclairés par des références théoriques et permettent de définir les conditions les plus favorables pour entrer dans le processus de réalisation de soi.
*(21.00 euros, 212 p.)*
*ISBN : 978-2-343-04033-2, ISBN EBOOK : 978-2-336-35749-2*

## ÉTHIQUE ET FORMATION
**De la recherche à l'ingénierie**
*Coordonné par Martine Beauvais Azzaro, Agathe Haudiquet et Pamela Miceli*
Dans le champ de l'éducation et de la formation, les « objets-sujets » d'étude et de recherche concernent avant tout l'Humain d'aujourd'hui et de demain. Dès lors, il importe que les praticiens-chercheurs questionnent leurs choix théoriques, épistémologiques et méthodologiques, leur posture, ou encore les contextes au sein desquels ils agissent. Voici réunies quatorze contributions de praticiens-chercheurs qui interrogent les aspects éthiques de leurs pratiques de recherche et d'ingénierie.
*(Coll. Ingénieries et formations, 26.00 euros, 252 p.)*
*ISBN : 978-2-343-04187-2, ISBN EBOOK : 978-2-336-35771-3*

## USAGES ET PRATIQUES DE L'AUTONOMIE
**Décoder pour agir**
*Sous la direction de Patricia Loncle - Coordination Maurice Corond*
La question de l'autonomie est omniprésente dans le champ de l'éducation populaire, mais elle est difficile à circonscrire : de quoi parle-t-on exactement ? S'agit-il d'autonomie individuelle ou collective ? À quelle norme sociale ou politique se réfère-t-on ? La notion évolue-t-elle avec le temps ? Le conseil scientifique des Francas a souhaité travailler cette question pour souligner la multiplicité de ses acceptions, pour réfléchir à sa portée et s'intéresser à des mises en œuvre concrètes.
*(Coédition Les Francas, 19.00 euros, 196 p.)*
*ISBN : 978-2-343-04491-0, ISBN EBOOK : 978-2-336-35850-5*

**L'HARMATTAN ITALIA**
Via Degli Artisti 15; 10124 Torino

**L'HARMATTAN HONGRIE**
Könyvesbolt ; Kossuth L. u. 14-16
1053 Budapest

**L'HARMATTAN KINSHASA**
185, avenue Nyangwe
Commune de Lingwala
Kinshasa, R.D. Congo
(00243) 998697603 ou (00243) 999229662

**L'HARMATTAN CONGO**
67, av. E. P. Lumumba
Bât. – Congo Pharmacie (Bib. Nat.)
BP2874 Brazzaville
harmattan.congo@yahoo.fr

**L'HARMATTAN GUINÉE**
Almamya Rue KA 028, en face
du restaurant Le Cèdre
OKB agency BP 3470 Conakry
(00224) 657 20 85 08 / 664 28 91 96
harmattanguinee@yahoo.fr

**L'HARMATTAN MALI**
Rue 73, Porte 536, Niamakoro,
Cité Unicef, Bamako
Tél. 00 (223) 20205724 / +(223) 76378082
poudiougopaul@yahoo.fr
pp.harmattan@gmail.com

**L'HARMATTAN CAMEROUN**
BP 11486
Face à la SNI, immeuble Don Bosco
Yaoundé
(00237) 99 76 61 66
harmattancam@yahoo.fr

**L'HARMATTAN CÔTE D'IVOIRE**
Résidence Karl / cité des arts
Abidjan-Cocody 03 BP 1588 Abidjan 03
(00225) 05 77 87 31
etien_nda@yahoo.fr

**L'HARMATTAN BURKINA**
Penou Achille Some
Ouagadougou
(+226) 70 26 88 27

**L'HARMATTAN SÉNÉGAL**
10 VDN en face Mermoz, après le pont de Fann
BP 45034 Dakar Fann
33 825 98 58 / 33 860 9858
senharmattan@gmail.com / senlibraire@gmail.com
www.harmattansenegal.com

**L'HARMATTAN BÉNIN**
ISOR-BENIN
01 BP 359 COTONOU-RP
Quartier Gbèdjromèdé,
Rue Agbélenco, Lot 1247 I
Tél : 00 229 21 32 53 79
christian_dablaka123@yahoo.fr

656108 -  Mai 2016
Achevé d'imprimer par